서병태 수필집

자유인에의 환상
幻想

소소리

자유인에의 환상

서병태 수필집

1판 1쇄 인쇄/ 2013년 2월 25일
1판 1쇄 발행/ 2013년 2월 28일

지은이 / 서 병 태
펴낸이 / 우 희 정
펴낸곳 / 도서출판 소소리

등록 / 제300-2007-21호
주소 110-521 서울 종로구 명륜동 1가 33-90
경주이씨 중앙회빌딩 302-1호
전화 / 765-5663, 766-5663(Fax)
e-mail: sosori39@hanmail.net
www.sosori.net
값 10,000 원

*잘못된 책은 바꿔드립니다.

ISBN 978-89-97294-29-9 03810

자유인에의 환상

서병태 수필집

소소리

서문

충실한 이모작

복거일 (소설가)

사람의 수명이 빠르게 늘어나면서, 일생의 후기를 가치 있게 보내는 일이 개인적으로나 사회적으로나 중요한 과제가 되었다. 고령화 사회의 도래를 일찍 예견한 피터 드러커는 새로운 커리어를 적극적으로 개척하는 자세가 중요하다고 역설했다. 그리고 그런 주장을 담은 논문을 90세가 넘어 발표해서, 모범을 보였다. 이제 우리 사회에서도 '인생 이모작'이라는 얘기가 나온 지 오래다.

나이가 들면, 몸도 마음도 젊을 때보다 못하므로, 두 번째 커리어는 어쩔 수 없이 제약이 많고 생산성도 낮다. 그래서 가벼운 마음으로 큰 힘이 들지 않는 일들을 고르게 된다. 바쁘게 살면서 하지 못했던 봉사 활동이나 일찍부터 하고 싶었던 일들을 하는 경우들이 많다. 후자의 경우, 하고 싶거나 남기고 싶은 생각들을 글로 쓰는 사람들이 많다. 노년의 취미로서 글쓰기만한 것도 드물다.

그렇게 이모작을 하는 길로 글을 쓰는 경우, 수필을 쓰는 것은 좋은 선택이다. 문학의 다른 장르들과는 달리, 편한 마음으로 자신의 삶과 생각을 소개할 수 있다. 이제는 글을 발표하고 책을 펴내는 일이 이전보다 훨씬 쉬워져서, 이모작으로 글쓰기를 고른 사람들 가운데 많은 사람들이 수필가로 성공했다.

서병태 씨는 경영학을 전공했고 기업가로 성공했다. 나이가 들면서, 자신의 문재를 깨닫고 좋은 수필을 쓰기 시작하더니, 마침내 수필가로 입신했다. 이것은 결코 작은 성취가 아니다. 사람이 첫 커리어에서 물러나면, 자신의 건강과 노후 대책에 마음이 쏠려 지적 지평이 갑자기 좁아지게 마련이다. 그래서 새로운 길을 찾을 엄두를 내지 못하고, 친구들의 모임에선 건강 얘기로 시종한다. 이 수필집을 펴냄으로써 서병태 씨는 그런 행태에서 훌쩍 벗어나는 길 하나를 산뜻하게 보여주었다.

여기 실린 글들은 나이든 사람들에겐 공감을 부르고 지적 탐구의 가치를 일깨워주며 젊은 사람들에겐 경험에서 나온 지혜와 통찰을 선사할 것이다. 이만큼 충실한 이모작을 한 사람들은 결코 많지 않다. 이 수필집이 널리 읽히기를 기원한다. 아울러, 서병태 씨의 다음 수필집을 고대한다.

▷ 차 례

1. 내가 지나가는 소리

2. 여행에서 만난 시간

3. 자유인에의 환상

4. 황색호수

5. 여정 낙수

6. 어르신으로 살기

1.

내가 지나가는 소리

내가 지나가는 소리

우주의 천지간에는 수많은 소리가 있다.

물리적으로 움직이거나 화학적으로 반응을 하는 사물에는 소리가 따르며, 생명체가 내는 소리들도 많다. 한편 인간의 귀로 들을 수 없는 동물의 소리는 인간에게는 '침묵의 소리'이다. 예를 들자면, 박쥐는 초음파의 소리를 내는데 사람의 귀는 그들의 높은 주파수를 따라잡지 못하여 듣지 못한다.

코끼리의 무리가 가던 길을 멈추고 몇 분 동안이나 꼼짝 않은 채 귀를 펄쳐들고 수 킬로미터 떨어진 다른 무리들의 소리를 들은 다음, 방향을 바꾸는 것은 사람에게는 신기한 광경이다. 코끼리가 의사소통을 하는 초저음파의 소리는 주파수가 너무 낮아 사람의 귀로는 감지될 수 없으나, 그 파장은 십 리까지 간다는 것이다.

인간의 가청 주파수는 20Hz~20KHZ인데 코끼리와 박쥐는 이 주파수대를 벗어난 소리를 내는 것이다. 현대과학의 발달은 주파수의 특성을 이용하여 인간이 개발하는 기계의 소음을 없애는 데에까지 이르고 있다. 즉 시끄러운 기계의 전력주파수를 고주파로 변환시키는 기술을 사용함으로써 그 기계가 내는 소음을 없앤다. 엄밀히 말하면 없앤다기보다 인간의 가청주파수대를 피하게 하는 것이며, 그 기계가 내는 소리는 존재하므로, 인간이 아닌 다른 생물은 그 소리를 들을지도 모른다.

우주를 주관하시는 하느님의 귀는 주파수대역이 무한대일 것이므로 하느님은 단 한순간도 조용할 수 없는 소음 속에서 사실 것이다.

아이슬란드 포피(화초 양귀비)가 꽃피는 것을 본 적이 있다. 꽃망울이 벌어지기 시작해서 꽃잎들이 만개하기까지 걸린 시간은 약 5초였다. 그 꽃잎들에 공기가 살랑인 소리를 나는 들을 수 없었지만 구도자나 시인의 귀라면, 풀잎에 맺힌 이슬방울 속에서 우주를 본다는 그들의 세계에서라면 그 소리도 들릴 것이다.

소리는 그것을 듣는 정황에 따라 매우 다른 느낌과 의미를 부여한다. 천둥소리를 예로 들자면, 나는 어느 여름날 낮잠에서 깨어나면서 먼 천둥소리를 듣다가 문득 내가 이 세상에 태어나기 전에는 저 천둥소리 나는 곳에 있었을 것이라는 생각을 한 적이 있다. 가까움이 현실이요 생활이라면, 멂은 원천이요 본질일 것이다. 우리가 어디에서 왔으며 어디로 갈 것인지는 먼 천둥소리의 영역이 아닐까 하고….

어른이 세상을 하직하면 '돌아가신다.' 한다. 어디서 왔는지는 몰라도 아마 우리가 돌아갈 곳은 태어난 곳의 영역이 아닐까.

나는 밤의 정적을 가르며 지나가는 자동차 소리 듣기를 좋아한다. 질주하는 차량이 남겨놓고 가는 그 소리의 의미를 나는 '지나감'에 둔다. 인생은 만남과 떠남과 머무름의 연속이지만 그것은 결국 지나감이며, 나는 밤의 적막 속에서 나의 인생을, 나의 지나감을 음미해 보곤 하는 것이다.

나에게는 먼 비행기 소리의 아련한 추억이 있다. 그것은 6·25 동란이 일어난 여섯 살 때의 기억이다.

우리 집이 있던 대구는 다른 지역과는 달리 전화(戰禍)를 입지는 않았지만 비행기는 쉬지 않고 하늘을 누볐는데, 대개는 먼 하늘을 지나가는 수송기였다. 마당이 넓고, 우물이 깊고, 큰 감나무가 있었던 우리 집에서 나는 긴 여름날의 반나절 동안 혼자서 집을 지키곤 했다. 아마도 어머니는 가계를 도우시느라 막내둥이인 나를 자주 혼자 내버려둘 상황이셨던가 보다. 나는 친구들을 불러다 마당에서 구슬치기와 땅뺏기, 숨바꼭질 등을 하였고, 그런 것들이 시들해지거나 점심때가 가까워오면 우리는 으레 닭싸움을 하였는데 그러다가 한꺼번에 친구들이 다 가버리면 나는 꼼짝없이 외톨이가 되었다. 그때 멀리 비행기 지나가는 소리가 들리면 그렇게 서러울 수가 없었다. 그 외로움과 서러움과 무서움이란!

그러나 그럴 때마다 나는 신통하게도, 우물물을 길어 걸레를 빨고 마루를 닦기 시작했다. 마당에 물을 뿌려 빗자루로 쓸고 대문 밖까지 빗자루 쓴 자국을 남긴 다음 누나와 형들과 어머니를 기다리다가 마당에 뿌린 물이 마르면 물을 자꾸 뿌리면서 조마조마해 했다. 어린 마음에 칭찬이 듣고 싶은 것이었다. 나는 어머니와 누나에게 여러 번 칭찬을 들었고, 동네 아주머니들에게서도 착한 아이라고 칭찬받았던 기억이 난다.

혼자만 있는 공간을 창조적 공간이라고 했던가. 생각해보면, 마당이 넓고 큰 감나무가 있는 빈 집, 그곳은 어린 나에게 창조적 공간이었음에 틀림없다. 그때 들었던 '착한 아이'의 자긍심은 외로움 속에서 이루어낸 창조였을 터이다. 그 외로웠던 비행기 소리의 기억은 지금 내 의식 속에 아름다운 추억으로 자리 잡고 있다.

우주의 수많은 소리들 속에서 나는 나의 소리를 내면서 지나가고 있다. 내가 지나가는 소리는 어떤 소리일까. 남들이 듣기 싫은 소리만 내면서 지나가고 있지는 않을까. 어쩌다 한 번씩은 남의 추억에 남을 소리를 내기는 하는 것인지….

나는 먼 천둥소리 나는 곳에서 태어났고, 한밤의 자동차 소리처럼 지나가고 있으며, 아련한 비행기 소리의 외로움을 아름다운 추억으로 간직하기도 하면서 살아가고 있다.

가끔은 남에게 작은 감동이나마 안겨줄 수 있는 소리를 내고 싶다. 그 소리는 크거나 요란하지 않아도 좋고, 아이슬란드 포피의 꽃 피는 소리만큼이나 작아도 괜찮겠다. 그것이 인정(人情)의 낌새(機微)를 느끼게 할 수만 있다면, 미세한 정(情)의 흐름을 감지하여 전달시켜주는 소리이기만 하다면….

멀리서 자동차 한 대가 질주한다. 나는 지금 그 소리를 듣고 있다.

내가 지나가는 소리가 들리는 밤이다. (1995년 가을)

**선배 정영숙님은 '문학마을' 2002년 가을호 '수필마당 산책'에 이렇게 썼다.

-내가 본 모연(慕緣) 서병태씨는 목이 유난히 긴 게 특징이다. 아마 목 길어진 이유가 있다면, 여섯 살 무렵의 그 여름 탓이지 싶다. 엄마를 기다리느라, 말라가는 마당에 자꾸자꾸 물을 뿌리느라, 그래서 칭찬이라도 들어 그 한낮의 서러움을 만회하

고 싶은 바람 때문에, 작은 고사리 손으로 걸레를 빨고 마당을 쓸었을, 여섯 살 소년의 순결한 이마가 명치끝이 아리도록 아름답다. 어릴 때 칭찬 듣고 싶은 마음은 그 나이 나름의 자기구원이라 생각된다. 그 순진한 정서가 자기 역사성의 바탕이 되고, 곧 한 사람의 순후(淳厚)한 인격이 된다고 믿는다.

그가 다루는 채료(彩料)는 눈에 보이는 물감이 아니다. 어쩌면 극도의 고요에서나 잠청(潛聽)해냈을, 낯설지만 독특한 내면의 동심원을 그려내고 있다. 한 편의 문학이면서 단아한 그림이며, 소리의 정체성을 밀도 있게 추적한다. (2008년 봄)

검정우산

며칠 전이다. 화랑에 들렀더니 검정우산을 그린 판화가 있었다. 나는 그 그림을 사려고 했다.

그러나 검정우산 그림은, 그 옆에 나란히 걸려있는 빨간 장미꽃 그림과 한 짝으로 판다고 화랑주인이 말했다. 따로따로는 팔지 않는다는 것이다.

나는 망설였다. 작가의 의도가 얼핏 이해가 됨직도 했지만, 그렇다고 두 점을 나란히 걸어두면, 검정우산이 내게 주는 오롯한 연상작용이 그 장미꽃으로 인해 방해될 것 같았기 때문이다.

나는 화랑주인에게 검정우산만 사겠다고 졸랐다. 하지만 두 그림을 한 짝으로 이해하지 못하는 사람에게는 팔지 않겠다는 화랑주인의 자존심 같은 게 어찌나 강하게 느껴져 오던지, 나는 두 점을 사서 각각 따로 걸어둘 엄두를 내지 못한 채 화랑을 나오고 말았다.

비치파라솔을 써야할 때 검정우산으로 때우는, 그와 비슷한 경우들이 우리 생활 가운데 더러 있다. 그런 때 우리는 약간 창피한 기분을 느낀다. 하지만 그것이 나름대로 어떤 의미를 우리에게 부여할 경우에는 괘념치 않는다.

내 마음 속에 남아 있는, 20년 전 어느 날 피서지에서의 검정우산이 바로 그런 경우에 해당된다. 그것을 회상해 보자면, 이야기는 그날보다 2년 전인, 그러니까 지금부터 22년 전의 내 결혼식 날부터 시작한다.

장인어른은 신혼여행을 떠나는 사위와 딸을 앉히고 이렇게 말씀하셨다.

"좋은 꿈꾸고 와야 한다. 신행여행 중에 인생설계를 잘 해서 그것을 평생의 꿈으로 삼아야 해!"

아버지가 아니 계시는 나에게 장인의 말씀은 두 분 아버지의 몫으로 들렸고, 신혼여행 동안 우리 부부는 좋은 꿈들을 꾸며 보냈다.

신혼생활이 시작되었다. 그런데 3개월 예정의 시집살이를 다 채우지도 못한 어느 날엔가, 아내는 나쁜 열병에 감염되었다. 대장절제수술을 두 번 씩이나 받으며 사경을 헤매는 동안 나를 쳐다보는 아내의 눈은 숯덩이처럼 새까맣고, 눈빛은 이상하리만치 초롱초롱하였다. 한계체중까지 떨어진 아내의 몸, 그러나 눈에서만은 회생의 의지와 가능성이 보였다.

원래 속눈썹이 짙은 편이기는 하지만, 그 당시 아내의 눈을 보고 어떤 이는 섬뜩하다고 했고, 어떤 이는 죽지 않겠다고 했다.

절망적인 시간들이 지나고, 회임이 어려울 테니 자녀는 기대하지 않는 게 좋겠다는 의사의 조건을 담보로 아내는 극적으로 회생하였다. 퇴원 후에 그녀는 자신을 지탱해준 힘이 신혼여행 중에 함께 설계한

꿈 때문이었다고 말했다. 오직 그것만 생각하며 누워 있었다고 했다. 그 꿈은 평범하다면 평범한, 하지만 스물넷, 신혼의 여자로서 송두리째 포기할 수는 없는 꿈들이라고 했다. '신랑을 너무 사랑하므로 그에게 큰 슬픔을 줄 수는 없다, 오래오래 그에게 사랑을 받고 싶다, 내 집 마련은 언제쯤 하고, 자녀를 키우며, 언덕 위에 2층 집을 지어서 살고 싶다….' 그 후 또 한 번의 입원과 친정에서의 요양기간 등을 거쳐 우리는 신혼생활을 2년 만에 새로 시작하였다. 결혼하여 그해 여름과 다음해 여름을 넘기고 다시 여름이 왔다.

그동안 회사의 여름휴가를 휴가답게 보낼 수 없었던 나는 건강을 회복한 아내를 동반한 멋진 여행을 생각하고 있었다.

행선지를 의논하던 중에 아내는 뜻밖에 서울 근교의 한강변에나 하루 다녀오자고 했다. 이유인 즉, 우리들의 신혼설계에 내 집 마련이 3년 이내인데, 그 계획을 이루자니 휴가보너스조차 쓸 수 없다는 것이었다.

언젠가는 빨간 융단이 깔린 언덕 위의 2층집을 지으리라 꿈꾸던 아내는 그 출발점인 내 집 마련의 꿈부터 차질 없이 이룰 결심을 했던 게다.

나는 그때 마침 근검절약을 최고의 미덕으로 가르친 '새마을 연수'를 다녀온 직후인 데다, 다시 살아난 아내가 고마워서도, 내 생각을 바꾸어 그 제안에 순순히 따르기로 했던 것 같다.

어쨌거나, 버스를 두 번씩 바꿔 타며 간 곳이 덕소유원지였다. 도착하여 보니 멀리 내려다보이는 강변은 가뭄 끝에 물이 줄어 강폭이 좁아지고, 모래와 자갈밭이 드넓게 보였다. 배낭을 풀고 비닐

돗자리와 음식들을 꺼내는데 그때 검정우산이 나왔다. 반으로 접은 여행용 우산이었다. 아내가 챙겨 넣은 것이었다.

한낮이 되면서 햇살이 뜨거워졌다.

아내는 찬 음료수를 사러 간다며 자리를 떴다.

나는 우산을 펴려고 하다가 난감한 생각이 들었다. 검정우산이 주변의 분위기에 어울리지 않았기 때문이다. 천막과 비치파라솔과 양산들만 울긋불긋 보이고, 검정우산은 없었다. 지금과 같은 개성시대에는 차라리 있을 법한 검정우산이 그때는 보이지 않았다. 바캉스라는 말이 막 유행하던 시절이다.

아내는 돌아와서 내 옆에 앉더니 왜 우산을 펴지 않았느냐고 했다. 그러면서 천연덕스럽게 우산을 폈다. 그러는 그녀의 행동은 조금도 거리낌이 없었다. 화사한 비치파라솔을 펴들며 내 옆에 앉는 여인. 아내의 모습은 그런 것이었다.

이렇게 하여 우리는 한더위에 개가 할딱거리듯이 검정우산 밑에 앉아 결혼 후 처음 맞는 바캉스를 보냈다.

나중에 안 사실이지만 아내는 양산이란 걸 안 쓰는 여자였다. 원래 피부가 가무잡잡하여 양산은 쓰나마나라고 했다.

세월이 흘러 아내는 연년생으로 아이 둘을 낳았다. 수술을 맡았던 의사가 깜짝 놀랄 일을 해낸 것이다.

가족 넷이 제주도에 피서를 가던 언제였던가, 아내는 이런 말을 했다.

"택시도 많았는데… 그 긴 버스 줄을 기다려… 두 번 씩이나 갈아타고…."

아내의 말은 덕소에서 할딱거린 것까지는 좋았는데, 돌아올 때도 버스를 갈아타면서 오느라 그 하루가 너무 고단했었다는 것이다.

"지갑은 당신이 갖고 있었소! 난 그저 당신 눈치만 보았는데."

내 말에 아내는 웃었다. 그리고는 조용히 미소를 띤 채로 눈을 감고 있었다. 나는 그녀가 '그날의 검정우산'을 생각하고 있음을 알 수 있었다. 왜냐하면 한참 만에 눈을 뜬 아내는 이렇게 말했기 때문이다.

"그러고 보니, 신혼의 꿈이 꽤 많이 이루어진 것 같아요!"

나는 검정우산 그림을 구해다 걸어둘 작정이다. 그러나 처음 그 그림을 봤을 때의 생각을 바꾸어, 장미꽃 그림까지도 함께 걸 생각을 한다. 짝이 아니면 결코 팔지 않겠다던 화랑주인의 말이 옳다는 결론에 접근했기 때문이다.

'빨간 색은 발산하는 정렬의 색'

'검은 색은 흡수하는 준비의 색'

그 둘을 나란히 걸어놓고 보면 꽤나 멋진 조화의 삶을 그려볼 수 있을 테니까.

그날 강변에서의 한 나절을 다시 떠올려 본다. 비치파라솔과 검정우산, 화려한 발산의 꿈과 그 꿈의 실현을 위한 흡수의 과정… 그렇다면 그때의 아내의 검정우산에는 이미 화려한 비치파라솔이 깊숙이 잉태되어 있었던 것이다.

이제 장미꽃은 꿈의 실체로서 다가와 서 있다. 나는 내일 화랑에 다시 들러야겠다. (1994년 여름)

말(言)

말만 잘 하면 천 냥 빚도 갚는다는 속담이 있다.

그런가 하면 말 한마디에 살인도 한다 했다. 촌철살인(寸鐵殺人) 짧은 경구로 사람의 마음을 찔러 감동시킨다.

말이 씨가 되어 일이 그르쳐졌다는 말은 말을 하지 말았어야 할 때이고, 주문을 잘 외웠더니 일이 신통하게 풀렸다고 할 때는 말을 공들여 잘 한 경우이다.

'그립다. 말을 할까 하니 그리워.(김소월 시 「가는 길」)'

말 빚 때문에 안 해 주어도 될 일을 해 준 것은 약속을 헤프게 한, 말의 악의 없는 낭비에 해당한다.

말을 명쾌하게 하여 일을 해결해 넘긴 일이 기억난다.

우리나라가 한창 수출 드라이브 정책을 쓰고 있던 1979년도에 나는 종합상사 (주)대우의 라고스(LAGOS 나이지리아 수도) 지사장으로 근무하고 있었다. 그때 빅터라는 이름의 바이어가 주문한 소금이 도착하였다.

어느 날 일본 배가 들어왔다기에 좋은 쌀을 구할 수 있을까 하여 부두에 나갔다가 마침 빅터가 소금을 통관하러 나와 있어 만나게 되었다.

트럭에 소금부대가 실리고 있는 것이 보인 것과 빅터가 나에게 뛰어오며 대갈일성, 큰소리를 지른 것은 거의 동시에 일어난 일이다.

"This is fine salt(이건 고운 소금이다)!"

나는 아찔하였다. 보통 소금을 주문했는데 식탁용 가루소금이 온 것이다.

다시 내 시야에 들어온 건 많은 트럭과, 그 옆에 상차(上車)를 기다리는 엄청난 양의 소금부대였다. 그때 내가 빅터에게 한 말은 지금 생각해도 웃음이 난다.

"Salt is salt(소금은 소금이다)!"

그것은 짠 맛을 내는 소금이면 되었지 뭐 굵고 가는 것 가려 찾느냐는 배짱으로 내 지른 말이었다.

그런 투의 말버릇은 사실은 내가 그들에게서 배운 것이다. 그네들은 비즈니스에서 우선 불평부터 늘어놓은 다음 자기들에 유리한 쪽으로 일을 진행시키는 것이다.

내 말을 들은 빅터의 두 눈에 불꽃이 튀었다. 어느 누가 그런 말을 듣고 화가 나지 않겠는가? 나는 그럴 것을 미리 예상하고 있었던 터라 목소리를 낮추면서, 그러나 무게 있는 톤으로 말했다.

"Twenty percent discount(20% 할인해 주겠소)!"

그것은, 선적에 착오를 일으켰다 해도 20% 할인은 본사로서 쉽게 승인하지 않을 것이라는 생각과, 문제의 심각성을 가장 잘 아는 현지 지사장으로서 그 정도까지 감수해야 될 것 같은 두 가지 생각이 내 머릿속에서 교차하면서 내린 순간적인 판단이었다.

닥쳐오는 우기(雨期)에 저 엄청난 소금이 창고에서 굳어버리기라도 하면 소금 값 이외의 귀찮은 문제도 발생할 수 있다. 더구나 지구의 반대편, 아프리카에까지 와서 땀 흘리며 뛰는데 신용을 잃는 것보다 더 심각한 것은 없다. 빅터는 한국에서 각종 건축자재를 수입하는 빅 바이어이다. 소금은 처음이었다.

그 당시 한국은 나이지리아와 국교 관계도 없는데, 북한은 대사관이 4년 전에 들어와 있고, 아프리카 외교의 본부로서 공관원들도 16명이나 활동 중인 때였으므로 현지인들에게 잘못 보였다가는 우리는 신분의 위협까지 받게 될 형편이었다.(한국과는 이듬해인 '80년 4월에 국교 수립)

어쨌거나, 나의 진지하고 즉각적인 제안에 빅터는 눈이 수그러들면서, 그 '고운' 소금을 인수하고 클레임을 걸지 않겠다고 했다. 그 후 그는 여러 곳에 일부씩 나누어 판매하는 방법으로 소금을 처분은 하였으나, 대금을 받지 못해 쩔쩔 매었는데 그러는 동안 내가 그를 만났을 때마다 귀에 딱지가 앉도록 들은 말은 "Too fine! It's too fine!"이었다. 그게, '너무 좋아서'였으면 좋았는데, '너무 고와서'여서 나는 혼이 났었다.

아프리카의 소금 이야기를 회고컨대, 말은 결정적인 순간에 명쾌하게 해야 한다는 것이다.

말은 따뜻하게 하면 듣는 사람이 살 맛 난다. 절망을 느끼거나 인생이 무미건조하여 도무지 자기 마음을 남에게 주지도, 받으려고

도 않던 사람이 어린 아이나 바보 같은 사람의 순수하고 따뜻한 말을 듣고 세상을 다시 보게 된다는 이야기는 우리 주변에 더러 있다.

또, 말은 너무 많이 하다보면 실언도 잦다. 윗자리에 있는 이가 하지 않아도 될 말을 자꾸 하거나, 비슷한 얘기를 자주 하면 그것을 잔소리라고 한다.

내가 회사에서 모셨던 P사장님.

그는 워낙 말하기를 좋아해서 한 번 말을 시작하면 몇 시간씩 신명 들린 듯 말을 하였다.

나는 여러 사람이 함께 그의 말을 들을 때는 잠깐씩 잠을 청하곤 했다. 전에도 들은 비슷한 얘기가 가지를 치면서 이어지면 '또 그거구나. 잠이나 자 두자.' 하면서.

그런데 잠을 청하는 이유는 또 하나 있었다. 그것은, 나도 말이 하고 싶은 것이었다. 말을 주고받으면 아랫사람으로서는 감히 졸 수가 없을 터인데, 그분은 남의 말은 짧게 듣고 자기 말은 대단히 길게 하였으므로 때로 나는 '참을 인(忍)의 지혜'를 생각해서 앉아 있곤 했다.

'인일일지념(忍一日之念)이면, 면백일지우(免百日之憂)라, 하루의 생각을 참으면, 백일 동안의 우환을 미리 면할 수 있느니. 그렇다면 진정 인(忍)은 살아가는 지혜로다!'

'말은 은이요, 침묵은 금'이라는 말도 생각하면서….

내 경우는 말하기를 좋아하는 쪽인지 듣기를 좋아하는 쪽인지 생각해본다. P사장님처럼 화려하게 말하는 것은 그럴 재주도 없지만,

그렇다고 남의 얘기를 느긋하게 듣고 있지를 못하는 것만 봐도 나는 말하기를 좋아하는 쪽이다. 말을 하다보면 기분이 좋아지고, 대화를 하다가 가끔 남을 웃기기도 한다.

또, 하고 싶은 말이나 감정을 마음속에 숨기거나 담아 두지를 못한다.

그런데, 나이가 들수록 하고 싶은 말을 삼가고, 점점 말조심을 하게 되는 나를 발견하게 된다. '지명'의 나이를 눈앞에 두고 철이 드는 것인가?

어떤 빌딩의 엘리베이터를 탔더니 '금주의 명언'을 써 붙여 두었는데 그 말은 이러하였다.

"하고 싶은 말을 잘 하는 사람은 웅변가일 수 있으나, 현자(賢者)는 하지 않아도 될 말을 아니 하는 사람이다."

나는 내 생활의 덕목이 되는 좌우명 몇 개를 갖고 있는데, 위의 명언을 그 좌우명에 하나 추가해 둘 생각이다. (1993년 겨울)

*15년이 흐른 지금 나는 '대화의 3법칙'을 실천하며 산다.
'1분 말하고, 2분 듣고, 3분 박수 친다!' (2008년 여름)

**2000년 가을 심근경색으로 쓰러졌는데 의사가 말을 많이 하라고, 회복에 도움이 된다고, 그래서 지금은 말을 아끼지 않고 하려고 노력 중임.

오늘 신문에 소개되어 있는 말을 명쾌하게, 해학적으로 한 일화를 소개한다. 간디는 인도가 독립했지만 경제적 종속이 계속되는 한 진정한 독립이 불가능하다고 보았다. 간디가 면섬유의 자급자족을 강조하는 강연을 하고 있었는데, 청중 한 명이 소리쳤다. "답답한 소리 그만 집어치우고, 차라리 목이나 매시오!" 그러자 간디는 화내지 않고 침착하게 대답했다. "그것도 괜찮은 생각입니다. 그러나 우선 목을 매는데 필요한 끈을 생산한 다음에나 할 일이지요." 이 일화처럼 상황에 맞는 언어 사용 능력은 정말 중요하다. 여유 있는 말 한마디의 힘을 느낄 수 있는 이야기 하나를 소개한다.

영국에서 실제로 있었던 일이라고 한다. 수의학과를 갓 졸업한 젊은이가 정치 초년생으로 국회의원에 출마했다. 그는 대학에서 정치학 과목을 많이 수강하면서 정치 이론을 익혔다. 그런데 상대는 쟁쟁한 다선 의원이었다. 합동 선거 유세장에서 현역 의원이 젊은 후보를 제압하기 위해 이렇게 물었다.

"당신 수의학과 출신이라면서요?"

짐승들의 병이나 고치지 무슨 정치냐는 투의 비아냥거림이었지만, 젊은 후보는 당황하지 않고 이렇게 말했다고 한다.

"왜요? 어디 편찮으십니까?"

청중은 폭소를 터뜨리며 환호했고, 이 한마디는 젊은 후보에게 선거의 승리를 안겨 주었다고 한다. (2008년 겨울)

과유불급(過猶不及)

사회는 그 자체가 일종의 유기체로서 대단히 강력하기도 하다.
그러나 불행하게도 지혜로운 유기체는 아니다.

\- 아이작 아시모프

출근하여 현관에 들어서니 접견대 위에 카네이션 꽃바구니가 놓여있다. 내 방에도 같은 바구니가 보인다. 리본의 한쪽 가닥에는 '축 어버이 날'이라 쓰여 있고 다른 쪽 가닥에는 보낸 곳이 적혀 있다. 거래 은행의 지점장이 보낸 것이다. 꽃을 유난히 좋아하면서도 이 꽃바구니에 대해서는 감사의 마음이 들지 않는다. 어버이날이 가까워 오면서 꽃값이 터무니없이 높은 가격으로 유통되고 있다는 TV보도가 있었는데 이 바구니들도 그런 현상에 한몫을 했을 것이고, 오늘 같은 날은 한 송이 한 송이가 소중한 것이지, 이렇게 다발을 거래처에 보내는 것이 무슨 의미가 있을까 하는 생각 때문이다. 축하의 의미가 기본을 벗어나니 감사의 의미도 명분을 잃은 것이다.

'감사의 의미'가 자연스럽게 받아들여지지 않고 내 머리를 혼란스럽게 했던 한 '사건'이 얼마 전에 있었다. 그것은 어수선하기만 했던 국회 한보 청문회의 와중에 일어났고, 이 사회의 상류지도층들이 벌이는 살아남기 연극이 국민들의 웃음거리가 되는 통에 나의 그 혼란은 점점 무게를 더하여 갔다.

사건의 내용 자체는 간단하다. 한 고등학생이 중학교 때 누나와 함께 백화점에 갔다가 남몰래 마신 요구르트 한 병이 마음에 걸렸다. 3년 후에 그 학생은 '요구르트 값 5백 원에다 양심을 판 값 5백 원도 얹어 보냅니다.'라는 편지와 함께 1천원을 우송했다. 백화점 측은 감사와 칭찬의 뜻으로 십만 원짜리 상품권을 보냈다. 중학교 때의 젓값이 3년 후에 2배가 되어 돌려지고, 그것은 다시 100배의 상이 되어 되돌려진 셈이다. 신문과 방송은 이 사실을 보도했다.

어떤 칼럼니스트는 청문회를 겨냥하여 "양심 불량을 자복하는 뜻을 담아 '양심을 판 값'이라고 동전 한 닢이라도 내미는 이가 나온다면, 그 사람이야말로 의인일지도 모르겠다."라고 썼다. 이것이 그 사건의 전부이다. 그런데 나는 백화점 측이 취한 감사의 행위는 차라리 없었거나 보도라도 되지 않았더라면 하는 아쉬움을 지울 수가 없었다. 감사의 본질이 대가성(代價性)임에 반하여 양심은 그 자체가 원초적 순수성인데, 너무도 그 순수성이 소중하게 느껴진 나머지 대가성이 순수성을 훼손하는 것 같았기 때문이다.

얼마나 사회가 혼탁하면 내가 그런 생각을 했을까. 우리 국민들은, 직업정치인이란 곧 남의 돈을 쓰기만 하는 부류임을, 다 아는 사실이지만 새삼스럽게 확인하였다. 우리나라는 정치자금의 원죄성(原罪性)에서 한 발자국도 빠져나오지 못한 정치 미개국임을 새삼

부끄러워해야 하고 허탈해 했다.

이런 상상은 해볼 수 있다. 상품권을 받은 그 학생은 부모님 선물을 샀거나, 손잡고 갔던 누나의 선물과 가난한 친구에게 주고 싶은 생일선물을 샀을지도 모른다. 상품권을 그대로 고아원에 보냈을 수도 있겠다. 그런데도 현실세계인 감사보다는 정신세계인 양심을 더 우위에 놓고 싶고, 그 어떤 보상도 필요로 하지 않는 것이 양심이라고 고집하고 싶은 내 마음은 어쩔 수 없는 것이었다.

마음은 그렇다 하더라도 생각을 정리해 보면, 백화점 측의 감사의 표시 그 자체가 잘못된 것이라고 비평하는 것은 옳지 않다. 일반적으로 감사의 표시 행위에 있어 비평의 대상이 되는 것은 표시의 양(量)이 너무 적을 때이며, 그 양의 많음을 두고 비평의 소리를 듣는 것은 사실상 억울하다. 내게 이런 일이 있었다.

소련이 독립국가연합으로 나누어지기 전에 소련에 출장을 갔었다. (전전자 교환기 개발 성공을 선전하러…) 개방정책이 시작되고 있을 때이다. 저녁에 발레공연을 보러 갔는데, 코트 보관소에서 일하는 직원에게 팁으로 5불을 준 것이 너무 많다고 현지에 주재하는 한국인으로부터 질책에 가까운 충고를 받은 것이다. 이유는, 50센트 상당의 현지화인 1루불을 주어야 하는데 그 10배에 해당하는 팁을 주면, 상주하는 자기들이 팁 인플레이션에 시달리게 된다는 것이었다. 그의 말에는, 소득수준이 갑자기 높아진 한국인들이 그렇지 못한 나라의 순진한 사람들을 스포일(Spoil) 시킨다는 뜻이 강하게 담겨 있기도 했다. 그러나 나는 내 등 뒤에서 두 팔을 벌리게 하고 친절하게 코트를 입혀주는 노인 같은 직원에게 진심으로 고마움을 표시한, 단순한 인정의 표시가 생각 없는 행동으로 취급받는 것에 몹시 섭섭했다.

그 후 며칠 동안 현지경제사정을 파악하고 나니 그의 충고는 이해할 만도 했다. 지하철 요금이 50P(0.5루블)이며 10년 만에 30P에서 한 번에 50P로 오른 것을 두고 고르바초프의 인기가 급락하였고, '약간의 친절'에 대해 내가 지불한 10루블 상당의 팁은 지하철 20회 요금에 해당하는 것이며, 발레공연장 직원의 월급은 450루블이었다. 사회주의 경제의 두드러진 현상은 물가수준이 매우 낮은 것이었으니, 감사의 표시도 이쯤 되면 주는 사람의 마음과 받는 사람의 사정이 조화를 이루어야 한다고 해야 할까. 지하철 검표원의 월급이 500루블, 대학교수가 600루블, 의사가 650루블인 '이상한 나라'에서의 그때 그 충고는 지금까지 내 사회생활의 행동규범에 영향을 미치고 있다.

백화점은 그 고등학생에게 2~3만원이나, 5만원을 넘지 않는 수준의 감사표시를 했으면 좋지 않았을까 싶다. 주인공을 돋보이게 하려고 조연이 취한 역할이 주연보다 두드러진다면 작품의 주제가 흐려질 염려가 있는 것이다.

술잔은 차야 맛이지만 좋은 술자리에서 술이 넘치는 것은 예의가 아니다. 술잔이 넘쳐야 할 때가 있기는 하다. 한풀이나 살풀이에서 그렇고, 춤사위 한마당에서나 그렇다. 우리에게는 이제 한풀이나 살풀이를 해야 할 시대는 가까스로 넘어가고 있으며, 춤사위 한마당을 벌이기보다는 동족의 배고픔을 다 함께 걱정해야 할 시대를 맞고 있다.

영국의 경제사상가 슈마허(E.F.Schumacher)의 저서 『작은 것이 아름답다(Small is beautiful)』가 출간된 것은 25년 전의 일이다. 이 책은 인류가 너무 큰 것을 추구하였고, 실제로 과분하게 성취하기도 했음을 말해주고 있다. '정치의 주요 이슈는 경제이고 경제의 결론은 기술이다. 그러나 기술 향상의 힘에 도취된 현대인은 자연의 질서를 어지럽힌다. 인간이 거대증(Giantism)으로 가는 것은 자기 파멸의 길로 가는 것이다. 그것은 분수를 모르면 파멸하는 이치이다. 인간은 작으며, 그러므로 작은 것이 아름답다.'

문명이 첨단의 길로 갈수록 이 저서의 내용은, 21세기에는 인간에게 종교가 더 필요할 것이라는 미래학자들의 예측과 함께, 우리의 삶을 지배하는 상식이 되어가고 있다. '작은 것이 아름답다'는 말은 성경에 나오는 '하느님 나라는 아주 작은 겨자씨 한 알과 같다'는 말에서도 그 유례를 찾을 수 있음직하고, 오랜 세월 동안 정치와 경제의 선진국들이 키워 온 성장의 큰 나무에는 작은 것을 사랑하는 대중들의 질박(質樸)함이 깊고도 넓은 뿌리가 되어 있음에서도 찾을 수 있다.

감사하는 마음은 클수록 좋지만, 그것을 표현하는 행위에서는 그 미덕에서조차 성숙된 절제미를 갖는 것이 이 시대를 축적해가는 우리에게 요구되는 지혜가 되고 있다. 정치인의 부패가 발붙일 수 없고, 시민의식도 높아지고, 양심의 문제가 심각하지 않을 때 감사의 표시는 아무리 커도 자연스런 인정(人之常情)으로 받아들여질 것이다. 그런 사회가 우리의 희망이 아닌가 한다. (1997년 가을)

*原題 〈감사함의 표시, 그 작음의 미학〉을 〈성숙된 사회로 가는 길목에서〉로 고치고, 나아가 中庸(四書의 하나로서, 중용의 덕과 도를 인간 행위의 최고 기준으로 삼은 유교의 경전)의 가르침인 '過猶不及'으로 고침. (2007년 3월)

기(氣)

말에 권위가 있으면 조용하다.

강변하는 이는 손사래치고, 온몸을 흔들며 말한다. 말에 있어 권위는 '기(氣)'다.

나는 목소리가 큰 편이라 평소 여럿이 대화중에 "화통 삶아 먹었나?"는 소리 듣는다. 말에 권위가 있으려면 상대방의 큰소리를 제압하고 싶을 때도 목소리를 낮추어야 할 것 같다.

'지공선생'인 우리는 '과유불급(過猶不及)'을 일상생활의 덕목으로 알고 살아야 한다. 그런데, 지하철 화장실에서 조그만 광고딱지가 있어서 보니 '노인도 10초 내에 세워 드린다!'라고 적혀 있다. 내가 뿔을 냈다. "세워서 엇따 쓰라고?" 목소리가 '화통'이 됐다.

로또 사면서 내 소망의 '기'를 불어 넣으며 색칠했다. "요셉의원-행려자, 무의탁자, 주민등록 없는 자를 위한 무료 시술원에 50% 희사하고, 회사 운영하다 거들 난 후배와 공인중개사 시험에 또 낙방한 후진에게 30%를 나누어 주고, 나머지 20%만 평균수명 연장되는 시대에 살고 있는 나와 우리 가족을 위해 쓰자!"고 중얼거리며….

태어난 지 8개월 된 외손녀, 외갓집에 오면 이것저것 살핀다. 나비가 날고 있는 벽지 보면 미소 짓고, 시계추가 빙그레 도는 것을 보면서는 신기해한다. 그런데, 화병에 국화 한 다발 꽂혀있는 것을 보고는 고개를 돌린다. 다시 쳐다보다가 몸을 부르르 떨면서, 나를 꽉 붙들고 다리를 흔든다. 그러다가 발길질을 한다. 아하! 기(氣)싸움을 하는구나!

대체의학에서의 기 또한 중요시되고 있는 것 같다. 우리 몸의 치료는 기의 흐름만 터주면 만병의 근원을 막을 수 있다고 하지 않는가!

후진들이 회사 설립해서 도와달라며 '회장' 명함 박아서 가져왔다. 뭐를 도와줄까? 사훈(社訓)이 없었지. 뭐로 할까? 성실, 창의, 최선… 다 좋지만, 붓으로 '氣'라고 크게 써서 사무실 벽에 걸도록 하자. 신설회사에 '기'의 기운이 넘치도록.

'기'라는 제목으로 시 한 편 써보려 한다. 완성되고 나면 그 시를 '퇴시(退詩)'라고 하자. 시에 대한 경외(敬畏)함이야말로 '국화꽃을 피우기 위해' 인고의 시간을 지새우는 게 아닐까?

선비의 지표(指標)로 추앙받는 이황 선생은 아호가 '퇴계(退溪)'다. '흐르는 계곡에서 떨어져 있다.'이다. 이 얼마나 겸양의 미덕을 나타낸 호인가. 내 '퇴시'의 제목을 '기'로 하련다.

은퇴 후 8년 만에 잡은 골프채 1번 우드로 드라이버 칠 때 거리 욕심내어 백스윙 크게 하지 말고, '임팩트' 때 '氣'를 넣어 날리자.

'딱!' '氣'를 넣자.

세상살이는 정(靜)과 동(動)이 난무하는 속에서 사는 것이다. '정'이고 싶을 때 '동'이 나를 흔들고, '동'이려니 하면 내 몸과 마음을 움츠러뜨린다.

결론적으로, '정'이고 싶을 때 더 정에 빠져 침잠하고, '동'일 때는 '기'를 발산시키되, '과유불급'을 생각하면서… 적게 받아들이며 적게 발산시키리라.

경기에서 이기던 팀은 사소한 실수 등으로 상대방에게 '기'를 빼앗기면 역전패한다. 어떠한 '기회'도 허용하면 안 된다! 이럴 때의 작은 '기회'는 '기'가 될 수 있으니까.

군자란은 꽃눈을 틔울 때 '기'를 발산한다. 집에서 키우다가 꽃이 피면 경사가 나서 새 식구가 들어오고, 그로 인해 귀여운 새 식구도 탄생한다.

기는 만물의 근원이다. 기운이다. 이 세상 모든 곳에 기가 있다.

도교(道教)에서는 정・기・신(精・氣・神)을 수련하여 불로장생하는 신선이 되고자 한다.

부드럽고 약한 것일수록 생명력이 충만하다. 기(氣)와 혈(血)을 잘 통하도록 인도하여 몸과 마음을 유연하게 하도록 노력하자.

겨울 막바지 어느 날 양재천변 '만보 걷기' 운동하는데, 인부들이 가지치기하여 튼실하지 못한 가지들을 한 트럭 싣고 있다.

땅 속 습기에 스며있는 자양분을 뿌리가 흡수하여 가지들에 공급, 이른 봄에 대기 중에 기 팍팍 쏟으라고….

이순을 사는 나는 성현의 말씀을 실천하면서 살자.

실학의 거장(巨匠) 다산 정약용 선생이 제자에게 준 교훈 삼근계(三勤戒) '부지런하고, 부지런하고 또 부지런하라. 그러면 못할 일이 없다.'

천수(天壽)를 누릴 수 있는 길일 것이다. '기'가 분출되면서 젊게 살 수 있을 터.

황 될 것은 심안(心眼)으로 판별하여 버리고, 가능성이 있는 것은 혜안(慧眼)으로 받아들여 기를 살찌워 생활 속에 실천하면서 살고 싶다.

기를 아껴 써야 기가 막힌 일 일어났을 때 기 팍팍 쏟을 수 있다. 문학도 느낌이 사고(思考)와 합하여 '정반합'의 경지에 이르러야 '작품'이 만들어지겠지. 기를 담아야 명작(名作)이 되리.

(2012년 5월)

기대(期待)

'기대가 크면 실망도 크다'라든가 '기대를 않았으면 실망할 일도 없다'라는 말은 우리가 살아가면서 자주 쓰는 말이며, 마음에 담아 두어서 유익한 말이기도 하다.

'베구두'라는 말이 있었다. 지금은 쓰이지 않는 듯한 이 말이 내게 준 기대와 실망은 40년이 다 된 지금도 잊을 수가 없다.

초등학교 3학년 여름방학에 기차를 타고 외삼촌댁에 갔는데, 그 당시 외숙께서는 울산에서 공직에 근무하실 때이다.

어느 날 시장에 가시려던 외숙모께서 내 신의 크기를 물으셨다. 베구두를 사 오겠다 하시며… . 운동화도 흔치 않던 시절, 구두를 신게 되면 나는 친구들의 부러움을 한 몸에 살 것이었다. 전교생을 통 털어 구두를 신고 다니는 학생은 나 말고는 없을 것이었다. 중학생인 형과 고등학생인 큰 형도 못 신어본 구두!

외숙모가 돌아오실 때까지 나는 안절부절못했다. 어서 내 구두가 보고 싶었다. 그런데 외숙모를 따라 시장에 갔다 온 외사촌 동생이 "오빠 베구두 참 예쁘네!" 하며 들고 온 베구두, 그것은 운동화였다.

그날 밤 나는 사택의 넓은 뒷마당에서 몰래 울었다. 외사촌은 다섯 명인데 모두 동생들인데다 그중 셋은 여자아이였으므로 우는 것을 들켰다가는 큰일이었다. 외삼촌과 외할머니가 아시면…. 외갓집이지만 한 달 동안 가 있는 것도 여간 폐가 아닌데 눈물을 보이는 것은 안 될 일이었다. 그런데도 자꾸 눈물이 나왔다.

그곳 경남지방의 일부에서는 그 시절, 운동화를 베구두라고 불렀던 것이다. 구두의 기대감 없이 운동화 한 켤레를 받았다면 나는 좋아라했을 게다. 베구두라는 말을 듣지만 않았다면 운동화는 구두만큼이나 값진 선물이었을 테니까….

기대는 소망과 꿈은 아니다.

소망은 절실한 기원이고, 꿈은 먼 장래의 희망이다.

기대는 '이곳에서부터 모든 소망을 버리는 곳'이라 쓴 단테의 「지옥문」에서의 소망까지는 아니다. 또한 기대는 '젊은이들이여, 야망을 가지라. 이상은 높게, 꿈은 크게'라든가, "내 집 마련의 꿈이 이루어졌다"라고 할 때의 꿈이라고까지 할 수는 없다.

기대는 그럴 것이라고 믿는 예상이 내재된, 어떤 것이 이루어지리라고 믿는 마음이다.

'혹시나 하고 갔다가 역시나 하고 돌아오는 것'은 골프를 시작한 골프 마니아들에게 공통된 현상이다. 특히 대부분의 주말 골퍼들에게 있어 그 사정은 오랫동안 지속되는 기대와 실망의 좋은 예라 하겠다. 또한 홀인원에대한 기대는 소망이나 꿈이랄 건 없지만 골퍼라면 누구나 일생 동안에 한 번쯤은 기다려지는 기대인 것이다.

소망은 이루어지지 않을 때 절망적이고, 꿈은 이루어지지 않을 때 허망하며, 기대는 이루어지지 않을 때 실망을 남긴다.

기대를 거론할 때 마음을 비우라는 말을 자주 쓴다. 지나친 욕심과 집착으로 사물을 바로 보지 못하거나, 정신적 긴장이 주는 역효과가 일을 그르친다는 것이다. 마음을 비울 때 일이 잘 풀리고, 기대를 하지 않을 때 예기치 않은 감격을 맛보는 것은 인생살이에 있어 어쩌면 '역설적 진리'에 해당한다고 할 수 있다.

역설이라는 말의 뜻 자체가 '언뜻 보면 진리에 어긋나는 것 같으나 실질적 내용은 그 속에 진리를 품고 있는 말이나 설(說)'이다. 예수의 '원수를 사랑하라'는 역설, '슬퍼하고 마음이 가난한 사람은 행복하다'는 산상수훈의 진복자(眞福者)에 관한 역설 등은 참다운 삶을 살고자 하는 사람에게 절대적 진리임에 틀림없지만, 욕심 많은 우리 인생들에게 그것은 극단적인 역설의 예라 하겠거니와, 기대는 금물이고 욕심을 버려야 바라는 바가 이루어진다니 기대에 관한 이러한 속성 또한 대단한 역설이라 하지 않을 수 없다.

아내는 일상사 크고 작은 일에 걱정을 앞세운다.

나는 속으로는 걱정이 될 때도 그게 무슨 걱정할 일이냐고 말해준다. 잘 될 거라고 생각을 해야지, 걱정이 앞서면 될 일도 안 된다고 핀잔을 주기도 한다. 그러나 걱정을 해야 걱정한 것보다는 결과가 좋게 나온다는 게 아내의 변이다. 걱정을 하는 것은 그 자체가 겸허한 마음자세이며 결과는 대체로 '걱정한 보람'으로 나타난다는 것이다. 그러고 보니 나도 걱정을 많이 하는 편에 속하는 것 같다. 업무를 치밀하게 챙기다보면 이것저것 걸리는 게 많아 문제가 다

풀릴 때까지는 걱정이다. 태평하기보다는 약간의 긴장을 동반하는 것은 어쩌면 '기대'에 대한 예우가 아닐까 싶기도 하다.

기대는 결과가 기대만큼 좋을 때는 참 좋은 것이고, 기대만큼 좋지 않을 때 그것은 해악이다. 다만 인생을 조심스럽게 살려는 사람에게 '겸허한 기대'는 항상 유익함을 주는 것이라 하겠다.

'베구두와 눈물'을 돌이켜보며 기대의 진정한 의미를 생각해 본다.

그때 조금 철이 들어 중학생쯤만 되었더라도 나는 외숙모에게 베구두가 무엇이냐고 물었을 것이다. 왜냐하면 외삼촌댁은 유별나게 남존여비의 내력을 가진 집안이었는데, 그런 집안의 아들도 신지 않은 구두를 내게 사주실 리가 없겠기 때문이다. 베구두는 분명 구두가 아니어야 하는 것이다.

그런데 문제는 간단치 않다. 인간의 기대심리가 자주 자기 분수를 잊게 한다는 데 '기대의 맹목성'이 있다. 사람의 마음에 마르지 않는 샘이 하나 있다면 그것은 기대의 샘일 것이다.

결국 기대의 진정한 의미는 '하자니 실망될까 두렵고 안 하자니 아쉽네.'라는 기대의 본질을 생각하면서, 마음속에 적절하게 희망을 가지는 것이다. 그것을 절제된 희망이라 부를까. '절제된 기대'를 가져야겠다.

(1995년 겨울)

기도하는 마음

과천에 있는 국립현대미술관에 가면 야외조각공원이 있다. 미술관 건물의 정문을 들어서려면 이 조각공원을 지나서 가도록 되어 있는데, 거기에 전시된 많은 조각품들 중에서도 첫 번째 작품의 제목이 흥미로웠다.

'自然(Nature)+人間(Human)+偶然(Accident)'- 金光守, 1984.

그 제목이 주는 철학적 의미를 생각하며 서 있던 나는 '우연'이 Accident로 영문표기된 것에 대하여 약간의 불만을 느낌과 동시에, 문득 가슴을 찌르는 충격 같은 것에 놀라면서 고개를 들어 하늘을 쳐다보았다. 미술관 관람을 마치고 그곳을 떠날 때도 나는 한참동안 그 작품 앞에 서 있었다.

하느님이 자연과 인간을 창조하시고 우주의 운행법칙을 정하실 때에 질서와 인과응보 등의 필연(必然)만으로는 부족하여 우연이라는 돌발적 사고를 그 법칙에 공존시킨 것일까. 인간에게 '자유의지'를 부여한 대신 그들이 한치 앞도 내다볼 수 없도록 하신 것일까.

출근시간, 고속도로를 질주하는 그 많은 차량들의 대열 속에 그의 승용차가 있었다하여 왜 그가 우리들의 영원한 사우(社友) 고(故) 이만섭 이사가 되어야 하는가.

사고는 경부고속도로 하행선, 서울 톨게이트를 지나 신갈 I/C직전의 중앙분리대가 없는, 비상시 활주로로 사용하기 위한 3㎞의 구간에서 일어났다. 중앙선을 넘는 차가 있을 때는 대형사고가 나는 지역이다. 그런데 위험한 1차선을 피하여, 이 구간에서 가장 안전하다는 3차선으로 달리던 차를 반대편의 트럭이 넘어와 덮친 것이다. 그 많은 1, 2차선의 차량은 그 한순간, 초속 30m(시속 108㎞)의 속도공간에서 '충돌의 우연' 안에 있지를 않았던 것이다.

승용차 한 대가 불타고 차체들이 뒤엉킨 그 참혹한 5중 충돌의 현장에 우리 직원의 승용차가 있었다는, 믿고 싶지 않은 사실이 현실로 확인되면서 회사는 조용한 침울 속으로 빠져 들어갔다.

나는 말없이 창밖을 내다보았다. 된서리가 하얗게 내린 텅 빈 들녘의 여기저기에서 그의 얼굴이 쓸쓸히 웃고 있었다. 35세의 나이, 10년 근속을 넘기고 성실히 일하던 중견간부, 그가 늘 불평 없는 미소로써 대답하고, 남달리 의협심이 강한 성격의 소유자가 아니었더라도 그렇게 허탈하지 않았을지 모른다. 왜 하필이면 그가, 그렇게 당당한 체격과 그렇게 풍부한 인간미를 가진 그가 왜…. 일주일 후 오늘 이 일을 당하려고 그날 미술관에서 나는 가슴 찔리는 통증을 느꼈던 것인가….

사원들에 대한 정이 각별하신 사장께서 고인이 일하던 책상을 찾아 이미 유품이 되어버린 업무노트를 매만지며 뒤적이는데 어느 한

페이지에서 '忍' 자를 크게 그려 넣은 것이 나왔다. 볼펜을 사용하여 붓글씨처럼 쓴 그 모양이 부단한 극기의 흔적으로 보였다. "이 놈… 일만 하다가 죽었구나!" 사장은 오열하고, 둘러선 임직원들은 눈물을 삼켰다.

장례는 회사장으로 결정되었다. 회사기는 조기(弔旗)로 게양되고, 전 직원은 가슴에 근조리본을 달았다.

영안실에 마련된 빈소에서 쉴 새 없이 흐느끼는 미망인을 보았을 때, '꽃도/ 향기도 없이/ 사위어가는 이 몸뚱이/ 버리고 싶습니다.' 라고 쓴 강민숙의 시 생각이 났다. 시집 『노을 속에 당신을 묻고』의 저자와 이 부인은 지금 비슷한 심경에 있다. 해산을 이틀 앞두고 남편이 교통사고를 당하여 아들의 출생신고와 남편의 사망신고를 한꺼번에 하게 되는 그 시인이 더 기막힌 처지였겠지만, 몇 시간 전까지도 멀쩡하던 사람, 자상하고 믿음직스러웠던 남편의 주검 앞에서 두 여인이 느끼는 심경은 비슷하리라. 가장 애통한 것은 그들의 남편이 죽기에는 너무 젊다는 것이리라.

병원에 도착하여 아들의 영정을 본 순간 혼절해버린 그의 어머님을 아버님과 함께 다른 곳에 모셔 놓고 직원들은 이틀 동안 주야교대로 영안실을 지켰다.

3일째 되는 날, 짧은 겨울 해에 멀리 경남 함안의 선산에서 장례를 치르기 위하여 발인은 새벽 3시 반에, 회사에서의 영결식은 4시 반에 거행되었다. 겨울비가 바람에 흩날리며 뿌리는 속에서 추도사가 낭송되는 동안 여직원들의 흐느낌과 남자직원들의 한숨소리들이 새벽의 정적을 흩뜨리고 있었다. 사장과 임직원들은 장지까지 내려

가는 회사버스와 영구차가 길모퉁이를 돌아 보이지 않을 때까지, 너무도 의리 있고 후덕하였기에 더 슬픈 한 사우의 퇴근길을 배웅하였다. 연구소장과 선후배 및 동료직원들, 총무부서의 임직원들이 그를 동행하였는데, 그들은 이렇게 전한다.

"저승길이 멀다더니 삽짝 앞이 저승이네, 친구친척 많다한들 이길 누가 대신 가리, 이제 가면 언제 오나 오실 날짜 알려 주오. 어어이 어이 어어어이 어어야…."

종구쟁이 할아버지가 앞장서고 직원들이 상여를 메고 뒤따랐다.

상여가 산을 향하여 떠나기 전, 8살 난 외동딸 지영이가 상복을 한손으로 거머쥐고 밭고랑에서 뜀뛰기하며 노는 것이 보는 이들의 마음을 아프게 했고, 산에 도착하여 하관을 준비하고 있을 때 갑자기 나타난 고인의 부친이 파놓은 구덩이에 드러누우며 "나부터 묻어라. 내가 먼저 가야 된다."고 몸부림치던 것 또한 가슴 아픈 일이었다고 한다. 천진스런 어린 것을 두고 떠난 아비, 부모 먼저 떠난 자식, 그 어느 것이나 가슴 저미는 장면이더라 하였다.

열흘 후 사장실에서는 간단한 의식이 있었다. 고인에 대한 이사(理事) 추서 임명장이 미망인에게 주어졌으며, 또한 그녀는 회사의 촉탁사원에 채용되는 사령장을 받았다. 급여는 고인이 받던 급호봉을 그대로 승계 받았다. 사장의 지시로 회사의 사규를 고쳐서 만든 각별한 배려였다. 지영이에게는 대학교까지 전 학비를 지급한다는 장학증서가 수여되었다.

가정의 기둥을 잃어버린 미망인의 앞날, 꿋꿋하게 자라서 외로운 어머니의 기둥이 되어 드려야 할 지영이의 긴긴 인생여로, 참척을

당한 노부모의 여생 등에서 그들의 삶이 살 가치가 있음을 찾을 수 있기를, 그런 기회가 있어주기를 두 손 모아 기도할 뿐이다. '우연'을 한영사전에서 찾아보면 세 개의 단어로 번역하고 있다. Accident, Coincidence(우연의 일치, 동시발생) 및 Chance가 그것이다. Accident가 나쁜 뜻으로의 우연이고, Chance가 좋은 뜻으로의 우연이라면, Accident로 이 세상을 떠난 영혼에게는 천상의 평화가 함께하고, 이승에 묶여 그를 따라가지 못한 사람들에게는 그 외로운 삶에서나마 크고 작은 보람들을 느끼는 'Chance'가 자주 있어 주기를…. 하느님께 기도할 뿐이다.

어디까지가 우연이며, 어디서부터 필연의 고리는 잉태되는 것인가…. 나는 다만 기도할 뿐이다. (1995년 봄)

**지금은 중앙분리대가 설치되어 있다. 야간 운행 시에도 반대편 차량 불빛이 분리대로 차단되어 안전 운행에 장애를 받지 않는다. (2010년 가을)

빈자리

결혼식에 갔다. M여사의 장남결혼식이다. 예정시간보다 여유 있게 도착할 수 있을 것 같아 마음이 가볍다. 오늘 이 식장에 참석하는 일에 내가 성의를 보이고 있음은 M여사의 남편인 L사장에 대한 마음의 빚 때문이다. 3년 전 그가 홀연히 세상을 떠나버렸을 때 문상을 가지 못한 빚인 것이다.

그의 갑작스런 죽음에 관련하여 나는 대학 동창회지의 수필 칼럼에 「메시지」라는 글을 기고한 적이 있다.

> 우리는 한국 경제성장사의 도약기에서 젊음의 열정을 쏟아 부었고, 지금은 성숙기에 접어든 우리나라 경제와 더불어 일하고 있다.
>
> 성숙기는 W.Rostow 교수의 '경제발전단계설'에 있어 제4기에 해당하는 것으로, 제3기인 도약기를 지나 제5기인 대량소비단계를 준비하는 시기이다.
>
> 그의 학설을 우리 인생과 결부시켜 보면 재미있다. 즉 인생을 유년, 소년, 청년, 장년, 노년기로 분류할 때, 경제발전의 도약기는 청년기에 해당하고, 경제발전의 성숙기는 장년기에 해당하며, 대량소비단계는 노년기에 해당한다.

그런데 대량소비단계를 맛보지 못한, 인생에 있어 제4단계에 있는 우리 동문들에게 문제가 생기기 시작한다. 그 문제란 아무 일 없던 친구가 갑자기 죽었다고 하는, 참으로 어이없는 건강문제인 것이다.

얼마 전 나는 거래처로부터 'L모 사장 별세'라는 FAX를 받고 '부친인지 모친인지도 안 써 놓았나?' 하면서 L모 사장 이름 다음에 몇 자가 빠져 있다고 생각하다가, 본인임이 확인된 후에 망연자실한 적이 있다. 삼복더위 속에 필드를 돌 때나 눈 덮인 설경 속에서 빨간 공을 굴릴 때나 L사장은 늘 건강미가 넘쳐흘렀었다. 그는 나와 같은 나이인 해방둥이인데….

식장에 차가 도착한 것은 그날 내가 왜 L사장에게 문상을 가지 않았는지를 생각하고 있을 때였다. 그것은 불안감과 공포증 때문이었다. 50대 전후의 나이에 갑자기 가버리는 그 '준비 없는 죽음들'에 대한….

나는 혼주인 M여사와 신랑 L군에게 진심으로 축하를 한 후 자리를 잡고 앉았다. 식장은 매우 호화로웠다. 신부가 입장하였을 때 비눗방울들이 환상적으로 날아오르고, 아이스카빙이 예단 옆에서 여러 빛깔의 조명을 받으며 회전하는 것이 보기에 좋았다. 덕분에 나는 예식장에 오는 동안 가졌던 무거운 기분을 잊고 예식의 진행을 지켜보고 있었다.

그런 어느 한 순간, 앞좌석에 자리한 나의 시야에 양가의 부모석이 똑바로 들어왔다. 나란히 앉은 신부 측 부모의 맞은편에 M여사가 혼자 앉아 있는 것이 보였다. 그 옆에 앉아 있어야 할 사람의 자리는 빈자리인 채….

내 눈에 비치는 M여사의 얼굴은 미소를 담고 있었다. 그것은 침착함과 의연함에서 오는 미소였다. 하지만 그 미소 속에는 아쉬움의 그늘이 드리워져 있었다. 그것은 감춰진 애잔함이었다.

그 애잔함은 나에게 낯설지 않은 것이었다. 30여 년을 혼자 사신 어머니의 얼굴에서 내가 몇 번 보았던 애잔함. 내 결혼식 날에도 애써 감추시던 것, 바로 그것을 그녀는 감추고 있는 것이었다.

그것은 빈자리 때문이었다. 저 자리는 L사장이 지금 앉아 있어야 할 자리이고, 내 결혼식 때는 내 아버지가 앉아 계셨어야 할 자리였다.

예식장의 '빈자리'에는 흔히 가까운 친척 중의 한 사람이 앉아 있기는 한다. 특히 신부 측의 경우에는 그러하다. 하지만 그 '빈자리'를 빈자리로 아는 사람의 마음은 빈자리인 것이다.

병원에 몇 차례 입원한 적이 있는 나는 건강 문제에 얼마간의 불안감을 느끼고 있다. '건강을 잃으면 모든 것을 잃는다.'는 말을 실감하기도 했다.

대부분의 아버지들은 그 자식의 짝을 지워주는 혼례의 자리에 그가 현직으로 있음으로 하여 많은 하객들이 와 주는 것을 소망하고 있다. 그것은 바람직한 일이기는 하지만 그렇지 못한 사정으로 아버지가 그저 자리만 지켜주는 것도 대견한 것이라고 생각한다.

나는 내 아이들의 결혼식장에 나의 자리를 비워 아내에게 그 외로운 짐을 지우고 싶지 않다. 남편의 사업을 이어 받아 회사 경영을 잘 하고 있다는 M여사에게조차 저 자리는 어쩔 수 없는 슬픔의 자리인 것을… .

내 글 「메시지」의 마무리 구절은 이렇다.

> 현재의 우리는 자신의 능력을 마지막으로 발휘함으로써 인생에서 꽃을 피워야 할 나이이다.
>
> 그렇다고 하더라도 너무 갑자기, 너무 빨리 가버리는 친구가 우리에게 주는 메시지는 무엇인가?
>
> 과로나 심한 스트레스에서 헤어나지 못하여서는 안 되며, 건강에 관한 한 너무 자신만만하게 굴어서도 안 된다.
>
> 노인이 되어 쇠잔해진 육신으로 죽음을 앞두고 인생의 죄업들을 돌이켜보며 보속(補贖)할 기회를 가짐을, 나의 주관적인 신앙개념에 비추어, 나는 그것을 하느님이 주시는 은총의 하나라고 생각하고 있다.

예식장을 나오는데 투병중인 K군의 얼굴이 떠올랐다. 그에게 해 줄 말도 생각이 났다. '그래, 이렇게 말해주자. 빈자리를 만들지 말라고…. 빈자리는 허전한과 슬픔을 남기며, 일찍 비운 자리일수록 큰 슬픔을 남기는 것이라고….'

뇌졸중으로 반신을 못 쓰는 것은 노인들에게나 있는 것쯤으로 생각하고 있는 우리에게 K군은 고혈압으로 경종을 울리며 쓰러졌었고, 중학교부터 대학교까지의 10년 학우이기에 나는 그에게 문병가서 진심으로 해 줄 적절한 말을 찾지 못하고 있던 터였다.

꾸준한 치료와 극기의 재활운동을 통하여 K군은 일어서야 한다. 정상에서 이탈한 자리, 고통스러운 몸보다 마음이 더 아플지도 모르는 그의 몫, 그러나 그는 자기의 자리를 지켜 주어야 한다.

빈자리 옆에 앉은 사람은 그 허전함과 슬픔을 가슴에 묻고 살아가야하며, 그 빈자리를 지켜보는 사람들의 마음에는 허허로운 바람이 불 것이기 때문이다. (1996년 여름)

*세월이 10여 년 흘러 그는 갔다. 3개월 전에도 다녀왔는데…. 혈압 약 2알씩을 어느 정도 정상이 되어간다며 1알로 줄여 처방받은 게 잘못이었단다. 중환자실에 있다고 하여 가는 모습도 못 봤다. (2008년 3월)

** 9년 동안 감기 한 번도 걸리지 않은 비결…. 여름엔 찬 물에 목욕하고도 감기 걸렸다는 사람들에게 "바이엘 아스피린 1알을 아침에 복용하는 게 비결이요!" 했는데, 약을 장기복용하다 보니 내성에 약해져서 콧물 질 질 질, 재치기 시도 때도 없이… 나는 '심장약 보조제'로 복용하는데, 열은 없고, 기침도 별무이니 감기는 아닌 듯… 어쨌든 감기에 약한 분들은 참고하시기 바람. (2009년 7월)

산수유

남도땅 구례 근처에 금빛 나는 거북송이 있다하여, 불원천리 길을 물어 찾아갔었다. 산림청의 모 인사가 자기도 소문만 요란하게 들었고, 직접 본 적은 없으니 한 번 가보라고 추천을 한 것이다.

봄기운이 아직 이른 초순이지만 때는 춘삼월, 광한루를 구경하고 아지랑이 가물거리는 재를 넘어 도착한 것은 한낮이었다.

"금 거북송이 이 댁에 있다하여 찾아왔습니다. 어디에 있는지요?"

집 주인인 듯한 아낙은 사람을 쳐다보지도 않고 대답하였다.

"거기 있잖아유."

바로 옆, 발치에 서서 그 '금 소나무'를 알아보지 못한 것에 미안해진 나는 더 성의 있게 나무를 둘러보았다. 하지만 몇 군데 시들시들하게 황엽이 진 빛깔과 땅에 깔릴 듯이 퍼져 앉은 그 모양을 두고 금빛 나는 거북송이라고 하는 것은 심한 과장이었다. 소문이 소문을 낳은 결과였다. 기대가 컸던 만큼 실망도 컸다.

그 집을 나서면서 먼 산의 잔설을 하염없이 바라보던 나는 문득 얼음 풀린 개울물 흐르는 쪽으로 고개를 돌렸다. 거기, 개울 양편에는 고목의 행렬이 줄지어 섰고 고목들은 꽃잎들을 온몸에서 뿜어내고 있었다.

화사하게 쏟아지는 봄볕 아래 눈부시게 빛나는 연한 황금빛 꽃의 축복, 개나리이기에는 아직 이르고 색상도 좀 연한데…. 도대체 저것이 무슨 꽃일까.

산수유! 이름은 진작부터 알고 있었지만 그 화수목(花樹木)과의 만남은 그날이 처음이었다. '수유'라는 이름이 주는 느낌만큼이나 안존한 꽃잎들, 작디작은 꽃잎들이 잔잔한 미소를 지으며 모여 앉은 모습이란 기대도 실망도 처음부터 허용하지 않는 겸허함 바로 그것이었다. 세상사 기대가 크면 실망도 크지만 때로 텅 빈 마음에 넘치는 감격이 찾아드는 것이 인간사 아니던가.

그날의 인연으로 우리 회사에는 산수유가 심어졌다. 황량한 공장부지에 조경공사가 한창 진행되던 중에 처음의 조경설계에 없던 산수유를 서너 주씩, 또는 일여덟 주씩 군식(群植)으로 세 군데에 심은 것이다. 거북송 대신으로 인연을 맺게 된 지 어언 7년여, 나무 심어 10년은 잠깐이라는 말도 있지만, 그들은 이제 20년생이 넘는 수령으로 성장하여, 그날 구례에서 해후한 고목의 자태를 닮겠다는 결의라도 가진 듯 제법 늠름한 운치를 엿보이게 한다.

산수유! 설한 속에서 꽃망울을 터뜨리는 매화까지는 아니더라도 그 어느 꽃보다 먼저 봄소식을 알리면서 시샘 없는 평화와 겸손함을 보여주는 꽃. 그 예쁘고도 작은 꽃잎들을 산형(傘形)으로 30여개씩 뭉쳐 터뜨리며 꽃피우고 있으면, 그때사 개나리는 선수를 빼앗겨 분발이나 한 듯이 서둘러 꽃망울을 준비하기 시작한다.

이윽고 개나리가 함성을 지르며 봄을 찬양하겠다고 나서면 깨끗이 그 자리를 양보하고 봄바람에 흩어지는 산수유의 꽃잎들, 보름 남짓 봄을 찬미하던 수유의 온유한 모습은 겸양지덕까지 보이며 사라지는 것이다.

개나리가 번식력이 강하여 아무 곳에서나, 척박한 토질에서도 잘 자라는 것과 달리, 산수유는 햇빛이 잘 들고, 토심이 깊고 비옥적윤(肥沃適潤)한 곳, 그러면서도 한적한 곳에서 피는 꽃이다.

또한 산수유는 낮은 둥치에서부터 우산살처럼 여러 갈래의 가지를 뻗는 형태를 취하지만, 나무의 기품을 탐하여 밑둥치의 직경이 30cm에 이르는 수목이 되도록 성장한다.

꺾꽂이만 해두어도 꽃망울을 터뜨리는 개나리가 민초(民草)의 꽃이라면, 산수유는 내한성(耐寒性)에서만은 민초보다 더 강인하면서도 매사에 품위를 지키려드는 선비의 꽃이다.

수유의 열매는 진홍색 핵과(核果)이다. 대추알 손주만한 크기의 열매가 버찌처럼 탐스럽게 송이송이 달리는데, 10월에 완숙한 열매는 백과(百果)가 모두 땅에 떨어져도 창공을 알알이 수놓으며 늦가을의 정취를 돋구어준다.

마침내 첫눈이 내리고, 설화가 피고, 얼어붙은 가지에 고드름이 주렁주렁 달려도 이 빨간 열매는 겨울 하늘을 지키려든다. 단심일념(丹心一念)이다. 삭풍에 몸을 고스란히 내맡기고 떨며, 외로이 겨울을 벗하겠다는 의지, 단심이다.

이렇게 추위를 견디다 동토에 떨어지는 열매는 반드시 다음 또 한 해의 겨울을 노천매장 하였다가 봄에 파종하여야 발아한다고 한다. 그러므로 수유의 씨는 그 단단하기가 살구나 복숭아씨보다 훨씬 더하다.

산수유의 온유와 인내, 외유내강의 품성은 깊어가는 가을, 낙엽을 준비하는 그 모습에서조차 예외가 아니다. 찬 서리 내려 산길에 떡갈나무 낙엽들이 푹신거리도록 깔리고, 들판에는 낟가리조차 다 거두어질 때에 복숭아 빛깔로 붕긋하게 물든 수유 단풍의 모습. 그 의연하고도 풍성한 온화함에서 또 한 번 외유내강을 발견하게 된다. 그리도 천천히, 그리도 조금씩 단풍을 준비하려면 자기 자신을 지키려는 강직함이야 오죽할까. 넉넉함 없이 온유가 어렵고, 내강 없이 진정한 외유가 어려울 것일진대… .

내가 가훈을 액자에 담아 우리 집에 건 것은 약 10년 전의 일이다. '溫柔忍耐'는 그 가훈 내용 3개 중의 첫 번째 글귀이다.

그때 내가 '온유인내'를 가훈의 하나로 택한 데에는 그럴 만한 사연이 있어서였고 심사숙고한 끝에 정한 것인데, 산수유와 해후하게 된 후 온유인내의 덕목을 산수유에게서 지켜보면서, 인간과 자연의 만남에서도 필연적 만남 같은 게 있다는 걸 생각하지 않을 수 없다. 우연의 일치라는 것도 그 내력을 캐가다 보면 필연적 연분이 있었다는 걸 인정하지 않을 수 없는 것이다.

산수유는 내게 모연(慕緣)이라는 자호(自號)를 선물하였다.

(1994년 가을)

송년카드

삼복더위가 채 끝나기도 전에 연말에 보낼 성탄절 카드나 연하장에 대하여 생각하고 있다면 더위 먹은 탓이라고들 할까. 그렇지만 나는 연초부터 생각해오고 있다. 누구에게 보낼 것인지, 어떤 글귀를 담을 것인지를 그려보면서.

작년에 송년카드를 보내지 않았던 탓이다. 카드를 공해라고 규정하여 일체 보내지 않기로 한 회사의 결정도 있었거니와, 해마다 늘어나는 발송숫자에 비례해서 받는 카드도 대부분은 의례적이거나 무의미한 것들이 많아서였다. 가끔씩 만나면서 전화도 자주하는 사람이나, 불과 며칠 전 송년 동창회에서 만났던 친구의 카드를 열어본 순간의 맹한 기분이란…. 그러다가 김순애 마리나 수녀님의 카드를 받았다. 성탄의 의미와 축복의 글을 빽빽이 채운 카드를 읽으며 당혹스럽게 날짜를 짚어 보았다. 급히 보내더라도 성탄절까지 내 카드가 도착되기에는 이미 너무 늦어 있었다. 수녀님은 내가 신앙생활에서 존경하는 분으로, 종신서원식에 초청되는 영광을 주신 분이다. 10년이 가깝도록 12월 중순이면 어김없이 보내 드렸는데….

세모의 며칠 동안, 받기만 하고 그냥 넘기기에는 아쉬운 카드들이 있어 난감한 기분을 떨칠 수 없었다. 전화로 답례를 할까도 생각했지만, 전화와 카드는 교감의 질이 다르며 특히 이런 경우 전화는 감정의 전이에 적당하지 못한 것 같아 그만두었다.

금연을 시작하듯, 일시에 카드보내기를 딱 끊어버린 것은 내 실수요 착각이었다. 회사가 준비하는 카드에다 한꺼번에 사인을 해 넣는 것을 '일'로 생각하면서, 인쇄된 글귀 외에 별도의 덕담을 써 넣던 일부의 카드조차도 예외를 두지 말아야 한다는 결정 그 자체가 실수였다. 더구나 성탄 전야나 제야의 분위기를 덤덤하게 맞이하지 못하는 나 같은 사람이 카드 보내기를 완전히 생략할 수 있다는 발상 자체가 착각이었던 것이다.

송년카드를 주고받는 것은 어쩌면 '인연'에 대한 확인행위인지 모른다. 소중한 인연을 간직하고 싶은 마음의 표시 같은 것 말이다. 내가 가장 과분하게 간직하고 있는 카드는 금아 선생께서 보내주신 것이다. 작은 인연을 소중히 여기시는 선생의 마음을 아름답게 표현한 글귀가 그 카드에 담겨 있다. 그것은 영문으로 인쇄된 것인데 절제미를 사랑하시는 선생은 그 글귀의 윗단에 '서병태 사장 내외분께', 아랫단에 '피천득'이라 쓰신 외에 단 한 줄의 우리말 부언도 넣지 않으셨다.

Hope it adds
a little pleasure
to your Christmas holiday

To know
that you're remembered
in a very special way!

언젠가 선생께 문안 가는 길에 그 카드를 가지고 갔다. 옆면의 백지 여백에 우리말로 번역한 친필 글귀를 써 주십사 간청을 했다. 선생은 그냥 미소만 지으셨다. 영문학자이기도 한 선생은 그 글귀를 읽은 순간 카드를 샀을 것이고, 더 이상의 것은 – 번역문안을 써 넣는 것은 더구나 – 원어가 풍기는 언어의 뉘앙스에 흠집을 내는 것이라고 생각하시는 것 같았다. 나는 선생의 이러한 속마음을 어느 날에 가졌었던 대화에서 미루어 짐작할 수 있었다. 선생은 김소운의 「외투」에 대해 외투 대신 선물한 만년필이 분실되었다는 내용의 마지막 문단은 쓰지 않았어야 했다고, 입맛을 다시면서 몹시 아쉬워하셨다. 나는 그 문단이 또 다른 여운을 주는 것 같아 좋았는데 선생께서는 단호하셨던 것이다.

당신이 내게 매우 특별하게 기억되고 있음을
당신이 아는 것이
새해를 맞이하는 당신에게
조그마한 기쁨을 더해주는 것이 되기를
바랍니다.

비록 원어의 맛을 다 살릴 수는 없다 해도 나는 이 글귀가 인연을 소중하게 여기는 사람들끼리 나눌, 송년카드의 가장 아름다운 인사가 아닐까 생각하고 있다. 올해에도 나는 회사가 준비해 주는 카드로 수백 통씩 발송하는 관례적인 카드 보내기는 하지 않을 것이다. 그 대신 꼭 보내고 싶은 이들의 카드는 그들의 얼굴을 떠올리면서 한 장 한 장 고르고, 정겨운 글귀를 담아 보낼 것이다.

나 같은 사람이 많아지면서, 카드공해라는 비평을 받기도 하는 카드문화는 자체정화의 과정을 거쳐 그 본래의 길을 가리라 믿는다. 그러나 통신의 발달에 따르는 카드문화의 위기는 예측을 불허할 정도이다. 정보고속도로의 건설이 실현되면 사람들은 시간의 제약에서 좀 더 자유로워질 수 있음과 동시에 공간을 초월하여 서로 만나는 것처럼 생활할 수 있다. 음성전화시대는 사라지고 동화상 전송 시대가 오는 것이다. 인터넷은 정보고속도로의 전단계이거나 또는 가장 초보적인 형태에 불과한 것이라고 하며, 통신혁명은 이제 막 시작되고 있다.

카드문화의 끝은 어디일까.

「미래로 가는 길」에서 빌 게이츠는 이렇게 쓰고 있다. '나는 역사는 진보하게 마련이며 우리는 그 진보를 최대한으로 활용할 줄 알아야 한다고 믿는 사람이다. 나는 지금도 미래를 곁눈질하면서 어렴풋이 드러나는 혁명적 변혁의 징후를 간파하고 있다고 느낄 때마다 전율에 휩싸인다.'라고.

그러나 어느 문우가 내게 보내온 편지의 다음 구절은 어떤가. '향기 나는 편지를 담아 걸어둔 편지함은 꽃핀 난분(蘭盆)입니다. 난초꽃 암향이 방 안에 골 져 흐릅니다. 향기 나는 편지를 넣어둔 서랍을 열면 향기가 물씬 풍겨 나옵니다.'

혁명적 변혁으로 치닫는 통신기술의 끝이 편지함의 난향을 해명할 수 있을 때 카드문화는 종식될 것이다.

카드는 그림이 인상적이어서 간직하기도 하고 글귀가 좋아서 간직하기도 한다. 나는 그런 카드들을 향기 나는 편지들과 함께 편지함이나 서랍 속에 소중하게 간직하고 있다. 난향을 맡으면서, 은은한 그 향기를 즐기면서….

(1997년 겨울)

*성탄절인 오늘성당에 가니 벽에 카드들이 붙여져 있다. 어린이들이 정성스럽게 만든 건데 내 편지함에 옮겨 넣어두고 싶다.

'전 예수님 생각을 하기도 하고 안 하기도 하는 덜렁이(?) 박나송 가브리엘인데요. 비슷하게 생긴 정오윤 로마노와 헷갈리지 마세요. 90년 더 살다가 예수님 계신 천상에 가겠어요. 그때까지 안녕히 계세요.' 2006년 12월 25일

2.

여행에서 만난 시간

여행에서 만난 시간

- 시간의 의미 -

줄을 선다. 출국심사를 받기 위해서다.

내가 선 줄은 수속이 더디다. 줄을 옮긴다. 수속을 마치고 지정된 게이트 쪽으로 가면서 뒤를 돌아본다. 처음 섰던 줄의 내 앞사람이 이제야 겨우 대기선에 나서고 있다. 결국 나는 약 두 명의 수속시간을 번 것이 된다.

시계를 본다. 보딩타임(Boarding time)까지는 시간이 많이 남았다. 면세점에 들르거나 책을 읽을 생각도 아니고 딱히 할 일도 없다. 그렇다면 내가 번 시간의 의미는 무엇일까.

시간을 생각한다. 시간은 아껴 써야 하는 것이라고 배웠고 지금껏 그렇게 살아 왔다. 내가 가끔 약속시간에 늦는 것은 시간 낭비를 하지 않으려 함에도 그 원인이 있다. 늦는 만큼 시간을 아껴 쓴 것이라고, 비평을 감내해야할 시간관념을 나는 갖고 있다.

게이트 앞에 사람들이 모여 있다. 시간을 이번 여행의 길벗으로 삼기로 하고 빈 의자에 앉아 생각을 계속한다. '시간이란 무엇일까?'

책에서 읽은 것인지 내 사유(思惟)의 세계에서 나오는 것인지 출처는 불분명하지만 머릿속을 스치는 것들이 있다. 수첩을 꺼내어 적기 시작한다.

'시간은 공기와 같은 것이다. 사람은 태어나는 순간 공기와 함께 시간을 부여받는다. 시간과 공기를 놓는 순간 그는 일생을 마감한다.'

또 이렇게 적는다. '사람은 자신이 흐르면서 시간이 흐른다고 말한다. 그러나 시간은 그 자체가 무한자이다. 시작도 끝도 없는 것, 그냥 있는 것, 절대자와 함께 있는 것, 그것이 시간이다. 흐르는 것은 인생이다. 강물은 인생이며 산은 시간이다. 산은 흐르지 않는다.'

탑승이 시작된다. 사람들이 일어나 줄을 선다. 그러나 나는 그냥 앉아 있다가 천천히 일어선다.

기내에서 이륙을 기다린다. 이 무거운 물체는 대체 어떤 속도에서 뜰까. 이륙에는 속력이 필요하다. 속력은 시간과 거리의 상관관계이다. 그렇다면 이때 시간의 의미는?

비행기는 유체의 진행방향과 수직인 방향으로 작용하는 힘 곧 양력(揚力)에 의해 뜬다. 날개의 각도인 양각(揚角)과 일정 속도 이상으로 유체를 진행시키는 속력, 그 두 가지에 의해 일어나는 양력이라는 운동 힘…. 스크린을 본다. 활주로를 질주하는 기체의 앞이 들리면서 몸이 젖혀지기 시작한다고 느꼈을 때 화면에서 순간순간 바뀌는 속도는 시속 2백㎞를 나타낸다. 실상 시속 2백㎞는 별것이 아니다. 지상을 달리는 TGV의 시속도 3백㎞를 넘는다지 않는가. 그러나 유선형의, 양각의 날개를 달고, 시간이라는 속력을 갖춘 이

물체는 큰 일을 해내었다. 수백 명의 사람과 많은 화물을 싣고….

속도는 단위시간당 거리로 나타내지만 거리는 결과일 뿐 그 과정은 시간이 아닌가. 결국 시간이란, 사용하는 방법에 따라 그 차이는 땅과 하늘임을 생각한다. 창밖으로 보이는 저 날개와 이 유체의 모양 등은 시간을 사용한 방법이 된다. 어쨌든 물리학에서의 시간은 거짓이 없다.

한편 시간의 길이는 그 자체로서 절대적인 의미를 갖지 못하는 경우를 우리는 가끔 경험한다. 어느 출장자가 아침 먹고 비행기를 타고 남의 나라에 가서 점심을 들고 오후에 중요한 일을 마무리하고 저녁에 선상(船上)파티에 초대되어 술을 곁들인 만찬을 즐긴 후 혼자 조용히 공원을 산책하면서 하루를 정리하였다면 그는 '하루가 이렇게 긴 시간인가'라고 느낄 것이다. 그러나 그가 만찬 후 술을 계속 마시다가 이국의 공원을 산책하지 않은 채 밤늦게 호텔에 돌아와 쓰러져 잤다면 그날의 시간은 분주하고 짧았던 하루로 기억되고 말 것이다.

우리는 생활 한가운데서 이러한 시간의 비물리성(非物理性)을 본다. 그러므로 시간이란 더디 간다고 타령할 일도 아니고, 빨리 가버린다고 한탄할 일도 못되는 것이다. 순간이 모여서 세월이 되는 것은 물리적인 진리이지만, 무료하고 지루했을지라도 그 순간들을 모아 놓은 세월은 빠르다고들 말한다. 이것을 시간의 역설이라고 해야 할까, 시간의 길이가 인식의 문제로 귀착되는 폭이 큰 탓이라고 해야 할까.

벳부(別府)에 비가 내리고 있다. 온천지역에 왔으니 비가 오는 것이 잘된 일인지도 모른다고 생각하며 대낮부터 온천욕을 한다. 목욕문화가 발달한 일본인들이 시간을 고무줄처럼 늘리고 있음을 본다. 탕에서 나와 한 잠씩 자고 다시 탕에 들어갔다가 이번엔 정원에 앉아 풍욕을 한다. 다시 탕에 들었다가 또 잠깐씩 누워 있다. 그렇게 풀코스로 온천욕을 하는데 두 시간 남짓 걸린다고 했다. 그러나 그들이 사용한 시간은, 느끼기에는 네댓 시간일 터이다.

사람은 자신에게 주어진 시간을 그 나름으로 쓴다.

많은 일을 하였거나 파란만장한 일생을 보낸 사람이 시간을 길게 쓴 사람이라고 하면 맞는 말인가. 시간을 음미하면서 느릿하게 보낸 사람이 시간을 길게 쓴 사람이라고 하면 틀린 말인가. 그런 것들을 한가하게 생각하고 있는 지금의 내가 시간을 늘리고 있는 거라면 그 또한 맞는 말인가, 틀린 말인가.

영혼에도 수명이 있을 거라는 생각을 한 적이 있다. 우리의 영혼도 '시작이 있는' 유한자임이 그 근거였다. 영혼이 육신과 함께 생겨나고, 죽음 또한 하나의 시작이라는 관점에서 영혼 불멸을 믿기가 어려웠다. 그러나 시간이 형상적인 것에 연관되지 않은 무한자임을 오늘 생각하면서, 영혼도 시간과 함께 수명이 없으리라는 인식에 접근한다. 내가 생각했던 영혼은 '형상적인 영혼'이 아니었을까. 존재론적 실재주의(realism)에 근거한 영혼이 아니었을까. 시간이 우주만물로부터 독립한 무한자 그 자체임을 깨우치면서 영혼도 순수형상 즉 무한자일 것이라는 생각에 빠져드는 것이다.

비행기가 김포에 착륙한다.

나의 길벗, 시간은 내게 이렇게 작별인사를 했다.

"이번 여행은 즐거웠네. 또 만나세. 나는 당신과 늘 함께 있네. 나는 당신의 영혼과도 함께할, 당신의 영원한 길벗이라네."

시간이 내게 한 그 인사말은 내가 절대자에게 들은 최초의 말씀인 것 같다.

(1998년. 11월)

*젊었을 때는 시간을 아껴 쓰느라 시간에 꼭 맞추어 살려고 했다. 이제 시간이 남아돌아가는 나이를 살고 있으니 여유 있게, 시간을 아끼지 말고 살아야겠다. 오랜 세월 버릇이 되다시피 하여 매사에 여유 있게 살지 못한다. 지금도 약속시간에 늦는 때가 있다. 꼭 맞추어 살지 말고 예비시간을 충분히 가지며 생활하련다. (2006년 4월)

수평선

수평선은 완전한 평등이다. 육지의 높고 낮은 산봉우리들이 하나같이 서로 제 잘났음을 다투고 있다면, 아스라이 펼쳐진 바다의 수평선은 모두가 똑같이 목소리를 낮추어 무애한 원융을 이루고 있다 하겠다. 이 수평선은 둘이 만나서 하나가 되는 원숙한 부부의 모습이다.

신혼 시절 부부가 처음 보금자리를 이루었을 땐, 타고난 개성의 차이가 빚어내는 거친 풍랑으로 출렁거림이 끊이질 않는다. 이름 하여 사랑싸움이다. 주도권을 차지하려는 힘겨루기다. 그 티격태격하는 짜그락거림은 시간이 지날수록 횟수가 는다. 그것은 거센 파고를 이루는 물살이다. 물소리가 높아 가듯 목소리가 커져간다. 어떨 땐 금방이라도 깨어져 버릴 것처럼 요란스런 파열음을 낸다.

그러다가 어느 시점부터 다툼은 하향곡선을 그리기 시작한다. 사납던 물살이 차츰차츰 잦아든다. 시나브로 역할 조정이 되어간다는 방증이다. 도도하던 자존심은 죽고 조금씩 서로의 영역으로 편입이 되면서, 둘 사이에 미묘한 화해의 기류가 감지된다. 자신을 낮추고 상대를 추어줄 줄 아는 지혜를 터득한다. 지는 것이 곧 이기는 것이라는 깨달음이 싹 트고, 그에 따라 팽팽하던 긴장의 끈은 늦추어진다. 그리고 마침내 수평선처럼 잔잔해져서 완전한 평형을 이룬다. 둘 사이에 비로소 평화의 꽃이 피어난다.

부부는 살아가면서 서로 닮는다는 이야기가 있다. 오랜 나날들을 함께 지내다보면, 모르는 사이에 얼굴 모습뿐 아니라 성격이며 사고방식이며 취미 따위가 같아진다는 것이다. 심지어 둘은 질병까지 비슷한 유형을 보인다는 어느 연구 결과도 있고 보면, 이는 과학적 근거가 충분한 논리인 성싶기도 하다.

수십 년 세월을 각기 다른 환경을 먹고 커 나온 부부가 처음부터 호흡이 일치하기를 바랄 수는 없다. 같은 집에 살면서 매일같이 같은 음식을 먹고 같은 생활습관에 길들여지다 보면 절로 닮은꼴이 되는 게 아닐까. 이처럼 닮는다는 것은, 울렁임이 심했던 두 마음을 조율함으로써 수평선을 이루어가는 과정이다.

그렇다. 수평선은 큰 하나이며, 부부로 살아간다는 것은 보이지 않는 하나의 수평선 만들기가 아닌가 한다. (2006년 3월)

*무애: 가이없이 넓음. 막힘이나 거침이 없음

*원융: 한데 통하여 아무 구별이 없음. 원만하여 막히는 데가 없음.

감량(減量)

체중을 줄이기 위해 노력했더니 6개월에 6kg이 빠졌다.

오랜만에 만난 지인들은 감량 비결이 무엇이냐고 묻고, 체중을 줄이니 인물이 더 좋아졌다고 칭찬한다.

TV프로그램 「생로병사의 비밀」에서는 '살과의 전쟁', '현대인의 적, 비만' 등의 제목으로 비만이 병임을 과학적으로 증명하며 방영하고 있다.

시대가 바뀌면서 '미(美)'의 개념도 많이 달라졌다. 절세의 미인이라는 '양귀비'는 넉넉한 용모에 풍만한 육체의 소유자였고, 어머님께서는 나의 배가 나오기를 바라셨다.

살이 빠지면 왜 인물이 좋아지는지 생각해본다. 살 쪄서 두루뭉술해지면 이목구비에 특징이 안 보이고 펑퍼짐하여 인물이 돋보일 수 없기 때문이리라.

요즘은 뱃살을 줄이는 것이 건강에의 지름길이라며, 뱃살을 만병의 뿌리라고 가르친다. 현대인의 병이라고 하는 당뇨병, 심근경색 등은 비만이 무서운 적이 된단다.

감량을 위한 처방은 소식과 운동이다. 소식을 위해서는 하루 세 끼 식사를 빠트리지 않고 조금씩 먹어야지, 건너뛰면 폭식을 하게 되고 칼로리 섭취량은 늘어난단다. 야식은 절대 피해야하는 비만의 최대 적이란다. 먹은 후 활동하지 않고 자버리면 고스란히 살로 간단다. 성공사례를 보면 저녁 6시 반 후에는 절대 먹지 않았고 물도 마시지 않았단다.

운동도 중요하지만 운동으로 체중을 줄이려면 무리를 하게 되고, 무리하면 허기가 져서 폭식하게 되니 적당량을 해야 된다고 가르친다.

운동보다 더 효과적인 것이 소식이다. 점심은 활동을 하니 제대로 먹고, 저녁은 반 그릇만 먹기를 생활화해야 한다. 위대(胃大)한 나 같은 사람은 포만감을 느낄 수 있도록 칼로리가 적은 야채를 즐기면서 천천히 먹어야 한다. 꼭꼭 씹어 먹는 것도 중요하다. 그래야 포만감을 느낄 수 있고 과식을 피할 수 있다. 가급적 육류를 피하면서…. 인간이 불로초는 찾아내지 못했지만, 노화를 연구하는 과학자들은 '낮은 칼로리가 노화를 늦출 수 있다'는 가설을 증명하기에 이르렀다.

지구상에는 아직도 영양실조로 허덕이는 인류가 있다. 잘 살아서 비만이 걱정인 우리는 가진 것을 나누며 살아야 하리라.

집사람이 걱정을 한다. 부모님이 오시는데 반찬이 별로 없단다. 나는 걱정 말고 이렇게 말하라고 일러준다. "잘 잡수시면 살쪄서 병이 된다니, 적은 반찬으로 적게 잡수시고 장수하세요!"

인생은 무거운 짐을 지고 먼 길을 가는 것이라 했다. 젊을 때는 그 짐을 이기면서 열심히 노력하며 살아야 하고, 늙으면 짐을 가볍

게 하고, 가진 짐을 잘 관리하면서 살아야 한다.

나무도 때때로 가지치기를 해 준다. 더 멋있고 풍성하게 키우기 위한 감량작업이 아닐까.

먹기 위해 사는 것 아니냐며, 즐겨 먹고 포만감을 즐기기에는 우리 육신은 이미 너무 늙었다. 기능이 쇠약해진 장기에 많이 집어넣는 것은 우리 분수를 모르는 짓이다. 소식(小食)은 이순(耳順)을 맞은 우리가 잘 살아가는 방법이다.

주어진 인생은 춤사위를 한 번 잘 추고 가는 것이라 했다. 건강하게 춤 잘 추고 가기 위해서는 지금의 육신을 분수에 맞게 운영하며 살아야한다.

6개월 동안 6kg을 뺐는데, 한 달 만에 오늘 달아보니 1.5kg이 빠졌다. 소식을 생활화하니 이제는 쉽게 빠진다. 하지만 체중이 급격히 주는 건 암 등 악질의 징조라 하니 앞으로 주의 깊게 체중을 체크해야겠다. (2006년 8월)

계주(繼走)

'적설(積雪)과 한월(寒月)을 대비적 배경으로 삼은 다음이라야만 고요히 피는 매화의… 특히 영춘(迎春) 관상용으로 재배되는 분매(盆梅)에는 담담한 가운데 창연한 고전미가 보이는 것이 말할 수 없이 청고(淸高)해서 좋다.'

'…매화 한 분(盆)을 이바지하고 폐문십일(閉門十日)을 해 보려는 것이 간절한 소원이었다.'

앞의 인용구는 김진섭의 「매화찬(讚)」, 뒤의 인용구는 상허(尙虛) 이태준의 「매화」에 나오는 글이다. 내가 매화 한 분을 가까이 두고 싶은 마음은 위의 두 글에서와 같았다.

그렇지만 분재는 건사하기가 어렵고 일주일만 등한시하면 실패한다는 말을 들었는지라 감히 키울 엄두를 못 내고 있었다. 조금만 시들한 것이 발견되면 소생시키기에는 늦다니, 나처럼 손이나 눈이 바지런하지를 못한 사람이 과연 '매화 한 분을 이바지할' 자격이 있는지 자문해 보고 있었던 것이다.

그러던 어느 날, 중학교 때 같은 반 친구이고, 고교도 동창인 정현택군이 보낸 소포가 배달되었다. 그는 내가 보내준 『창작수필』 겨울호를 받고 거기에 실린 내 글 「산수유」가 정초에 산뜻한 기분을 주었다는 과찬의 인사를 전화로 하면서, 답례로 선고(先考)의 유작집(遺作集)을 보내주겠다고 했던 것이다.

도착한 소포는 크기와 무게가 백과사전 한 권 만하였다. '雲步影 雲步 鄭鎬康 遺作集'이라 써진 표지를 읽은 후 앞부분의 어느 한 페이지를 편 순간 나는 흥분을 감출 길이 없었다.

흑색을 배경으로 찬연히 빛나는 나목(裸木) 한 그루! 겨울 느티나무 분재 사진이었다. 다음 장을 넘겨보니 거목(巨木)의 형상을 연상케 하는 소사나무 분재가 나왔다. 이어 겨울 느티나무가 봄을 맞아 잎들이 풋풋하게 돋아 있는 모습을 찾아내고는 그저 탄성을 지를 뿐… 흑송, 진백, 과일나무 등을 감상한 후 수석(水石) 편의 첫 번째에 실린 '김삿갓'을 보고 내가 지른 소리는 "이건 국보급이다!"였다.

삿갓을 쓰고 도포를 입은 채 죽장을 휘저으며 걸어가는 모습. 현무암을 배경으로 하여 흰 무늬의 화강암이 어쩌면 그런 조화를 이루어 놓을 수 있는지…. 김삿갓이 신선이 되어 돌에 영인(影印)된 것 같아 인간의 작품으로는 창안해내기 어려울 것이라는 생각 -그것은 곧 자연에 대한 경외심이다- 마저 들게 한다.

책의 구성은 분재, 수석 편과 한시(漢詩) 편으로 나누어져 있다. 분재와 수석을 칼라사진으로 담았으며 신문에 게재된 '분재강의록'과 '수석감상' 등도 실었다. 또한 160여 수의 한시에는 한글 번역시가 곁들여졌다. 『雲步影』이라는 책 이름은 선고께서 생전에 손수 정해두셨던 것으로 아호(雅號)인 '운보'에다 그림자 '영'자를 붙인 것이며, 한시의 한글 번역은 헌택군 자신이 오랜 공부 끝에 완성했다고 한다.

> 분식(盆植)이란 난초 등의 화초류나 작은 나무를 생긴 그대로 분에 담아 키우는 것이고, 분재(盆栽)는 나무를 분에 담아 자연의 풍경미를 연상할 수 있도록, 그 나무에 인공을 가하면서 자연미 있게 키우는 것이다. 즉 분재는 대자연의 풍경을 곁에 두고 감상하려는 목적으로 큰 나무의 작은 모형에서 새로운 창작미를 키워내는 것이다. 인간의 심미안에 의해서 창작되지 않고서야 한 자(一尺)의 소목(小木)에서 대수(大樹)의 자태를 표현할 수는 없는 것이다….

분식과 난분(欄盆) 여남은 개를 키우고 있는 나 같은 사람에게 의미 있는 말이다.

수석의 해설편인 '수석 감상'을 보니 운보께서는 수석인들이 '一生一石'으로 치는 돌로서 정작 '김삿갓'을 꼽지 않은 것으로 되어 있다. 이 대목에 관하여 헌택군은 '아버지를 그리며'라는 이 책의 에필로그에서 이렇게 쓰고 있다.

> 한 번은 경주 남천에 탐석을 가셨는데 그날따라 별 소득이 없어 울적하던 차, 해거름에 넓적하고 네모난 돌 하나를 주웠으나 별 생각 없이 버리고 온 후 밤에 생각해보니 '그 돌의 흙이나 한 번 씻어볼 걸'하는 후회가 생겨서, 새벽에 다시 경주로 내려가서 그 돌을 찾아내신 것이 '일생일석'이라고 늘 자랑하시던 명석 '寒春'입니다.
>
> 한겨울의 지루함을 이겨낸 실버들이 오는 봄을 향해 기지개를 켜고 있고, 호반 옆의 외로운 사슴 한 마리가 봄 이른 풀을 찾고 있는 문양석. 봄을 기다리는 마음을 농도 짙게 함축시킨 명석….

신문에 실린 해설기사이다.

분재와 수석을 사랑하는 운보의 마음은 한시에도 잘 나타나 있는데, 간결한 시 두 편만 옮겨 본다.

除夜詠盆松(제야에 소나무 분재를 보며 읊다)

盆松老益堅　不變歲寒前
窓外紛紛雪　共君又一 年
(화분의 소나무 갈수록 견실하고 세월과 추위에도 여전하여라
창 밖에 휘날리는 눈발을 보며 어느덧 그대와 둘이서 또 한 해를 보내는구나.)

探 石(수석 하나 고르고)

探石日將暮　不知溪月明
搠流收一品　是緣奇也乎
(수석을 찾다 보니 날은 저물어 어느덧 냇물에 달빛이 밝았고나
흐르는 물속에서 명석 한 점 얻으니 예사롭고도 기이한 게 인연이로다.)

'雲步影'을 내 주변의 몇 사람에게 보였다. 문학을 좋아하는 S양은 이렇게 썼다.

"너희인들 그리움이 없었을까, 고향의 산과 바다 바람의 내음. 너희인들 서러움이 없었을까, 가지마다 인내하는 순명의 나날들. 하지만 임의 뜻을 따라 '그림자'에 담겨, 떠나신 먼 길 지켜보려 하였음을 알 것 같구나. 지금도 '그림자'로 남아 임의 손길 살포시 회상하고 있구나."

매화 분재에 물을 주었다. 정성스럽게, 조금씩 고루고루 주었다. 분재 가꾸기를 시작하는 사람이 새겨야 할 마음의 자세에서부터 분재를 키우는 방법까지를 자상하게 기술하고 있는 '雲步影'을 읽고 매화 한 분을 건사할 용기와 자신감이 생겨 오늘 한 분 들여놓은 것이다.

베란다에서 물을 주고 서재로 들어왔는데 한동안 매화 향기에 취해 그냥 서 있었다. 어찌나 천천히 물을 주었던지 몸에 암향이 배었나보다. 책상 위에 놓여 있는 '雲步影'이 눈에 들어왔다. 일주일 동안이나 밤이 이슥하도록 나를 붙잡아 두었던 그 책을 집어 들어 서가의 한 자리에 소중히 꽂았다.

그때다. 문득 「계주(繼走)」라는 자작시(自作詩)가 생각났다. 평소 틈틈이 습작시를 써두는 노트를 뽑아 들고 '계주'를 찾은 다음 선 채로 읽어 보았다.

> … 前略 …
> 인생이란
> 인간들의 끝없는 繼走
> 한 인간이 쥐고 달렸던 배턴을
> 자식과 후배들의 손에 넘겨주고
> 가는 것이네.

『雲步影』의 발간 취지는 어쩌면 '繼走'의 내용과 꼭 같다는 생각이 들었다. 내가 운보영을 소장하기 위하여 서가에 꽂은 이 행위 또한 운보어른의 계주에 뛰어든 나의 몸짓이었는지도 모를 일이다.

나는 천천히 책상에 앉으면서 나 스스로에게 말했다.

"인간에게는 자기 삶의 흔적을 남기고 싶어 하는 본질적 욕구가 있다. 그래서 사람들은 자서전이나 회고록, 불후의 명작 등을 통하여 그들의 큰 흔적을 후세에 남긴다. 그런가 하면 비록 큰 흔적은 아니라 해도 한 인간의 '보람 있었던 흔적'이 유고집을 통하여 인연 있는 이들에게 전해지기도 하는데, 매화의 암향처럼 은은한 이 흔적 역시 매우 가치 있는 것이다."

날을 봐서 매화분을 내 서재 방에 옮겨 놓아야겠다. 우선은 통풍과 햇살이 좋은 베란다에서 적응을 시키다가, 꽃이 지기 전에 내 방에 두려 한다. 내 비록 상허(尙虛)의 '폐문십일'을 탐할 자격까지는 못 된다 하더라도, 한 사나흘 동안 분매와 더불어 같이 지내고 싶은 것이다.

(1995년 7월)

가 난

유 산

당신께서 한평생 마음속에 넣고 다니다 조용히 꺼내놓고 가신 그 손바닥만 한 맑은 거울과 아무도 모르게 물려주고 가신 가난이라는 큰 재산이 얼마나 귀한 선물이었으며 얼마나 소중한 상속이었는지를 조금은 알만한 나이가 되었습니다. 정말 고맙습니다. 아버지.

- 김용오 시집, 『사부곡』 중에서

방 2개와 거실과 부엌방이 있는 집 청소를 한다.

시집보내는 딸아이의 신접살림 집이다. 내가 결혼했을 30여 년 전이 떠오른다. 부엌 딸린 방 하나가 전부였다. 그것도 전세였지.

사위가 자격증 소지자여서 주려고 산 집이다. 키(Key) 세 개를 주어야 된다는 자격증이니 Key 한 개는 너무 적지만 나로서는 최선을 다했다…. 우리 형제는 눈깔사탕 한 개를 갖고 번갈아 한 번씩 빨아 먹었다. 형님이 빨면 "히야 맛있나?" 했다. 그런데도 형제들 정이 두터웠고 화목하게 살았다. 조그만 것에도 만족할 줄 알며, 늘 감사하는 마음으로 살았다. 나보다 못한 사람은 도우면서 살았다.

버리지 않는 편지 한 장이 있다. 사장으로 재직 시 비서실 여직원이었는데 이렇게 적혀있다.

> "밖이 추우니 문 닫아라!"고 겨울이면 말들 하죠. 하지만 문을 닫아도 여전히 밖은 춥습니다. '안'보다는 '밖'을 더 많이 생각하시는, 밖의 사람들을 걱정하시는 사장님을 존경합니다.

카드 한 장도 있다. 거래처 사장이 보내온 것이다.

> 이타행(利他行)을 늘 실천하는 분, 새해 복 많이 받으시기를….

내가 이런 소리를 듣는 것은 가난하게 살았기 때문이 아닐까.

집 청소는 5만원을 주어야 해준단다. 아내를 거들면서 열심히 했다. 가래가 나오기에 뱉으니 새까맣다. 이런 가래는 처음이다. 탄광에서 일하는 노동자는 돼지고기를 먹어야 한다고 들었다. 오랜만에 돼지고기를 기름까지 발라내지 않고 먹을까 보다.

마루에 쪼그리고 앉아 닦으니 운동이 된다. 접착제까지 긁어내야 하며 세 번을 닦아야 한단다. 운동은 걷는 것밖에 안 하는데 오늘은 제대로 한다. 오늘도 감사하는 마음으로 살게 됐다.

사위는 시골에서 농사일을 거들며 공부했다. 꼭 '전원 일기'에 나오는 곳 같단다. 서울 와서 대학 다니고, 시험(사법) 합격하고 내려가니 '개천에서 용 났다'고 마을 사람들이 잔치를 벌여 주었단다. 고2때 공부 미루면서 사마천의 '사기'를 읽었다니 대기만성형(大器晩成

型)인가…

그런 그가 Key 한 개 받고 고맙다며 만족해한다. 어렵게 자라고, 열심히 공부해서 자립할 수 있게 되었는데 살 집을 사준다니 고마운가 보다.

안사돈은 아이를 방목(放牧)해서 키웠다고 하셨다. 보호하지 않고 내버려두며 키워 혼자 알아서 컸다는 뜻이리라. 낮에는 농사일을 돕게 하셨단다. 도회지 아이들 원하는 것 이상으로 잘 해주고, 과잉보호하며 키우는 것보다 더 바르게 성장하였으니 참으로 대견하다.

혼사 진행 중에 혼수 문제로 싸우다가 성사되지 못하는 시대에 우리는 살고 있다. 그는 '아버지의 유산인 가난'을 고맙게 생각하는 젊은이다.

집 등기를 할 때 지분을 어떻게 하느냐고 등기소 직원이 묻기에 부부 공동등기니 당연히 반반이라 했다. 그러나 90% 대 10%도 있다 한다.

등기한 후 사위는 동료에게 자랑을 못했단다. 동료는 Key를 한 개도 받지 못했는데 받았다고 자랑하는 게 미안하다며….

못 받은 그 친구도 '아버지의 유산'을 고마워하며 살았으면 좋겠다.

사위가 내게 말했다. "사장도 오래 하시고 사회적 활동도 많이 하셨는데 어쩌면 얼굴이 그렇게 해맑게 보이시는지, 욕심도 없고 늘 평화로운 모습입니다."

나는 화답해 주었다.

"자네 얼굴도 착하게 보이네. 사심 없고, 욕심 없고, 선한 얼굴이야."

드라마에 보면 왕자들이 왕권을 쥐기 위해 골육상쟁을 벌이는 장면들이 나온다. 왕자로 태어나지 않고 '겨우 밥 먹고 사는 집' 아들로 태어난 걸 감사하고 싶은 심정이다.

오늘은 딸이 사위와 다투었다고 한다. 신혼부부 한 쌍과 친구들이 모인 자리에서 사위가 친구부인에게 "우리 집사람보다 피부도 곱고 미인이시네요." 했단다. 피부가 좋지 않아 신경이 쓰이는 딸이 "내 피부가 곱지 않다고 한 소리냐?" 했단다.

사위는 상대방 부부가 우리보다 못한 것 같아 칭찬해줄 말을 찾다가 그렇게 되었다며 미안하다고 사과했다 한다.

그 '사건'을 내게 전해준 집사람이 나도 말조심하란다. 부부동반으로 처음 만나 인사하는 자리에서 상대방 부인에게 "미인이시네요." 하던데, 왜 그런 말을 했느냐고 따진다. 처음 만난 상대방을 칭찬해주는 게 좋은 일 아니냐고 하니, 남자가 채신머리없어 보이니 하지 말란다. '미인인 것 같다'고 생각만 하란다. '키 큰 놈 싱겁다' 내가 그런 넘이지.

칭찬하는 것도 상대방을 배려하는 의미가 있다. 하지만 '나'와 비교해서 칭찬해야지 '우리'와 비교하면 '나' 아닌 '우리'는 섭섭할 수 있다.

또, '나보다 못한 것 같다'도 내 착각일 수 있다. 나의 자만심에서 연유할 수 있겠지.

부인이 질투심을 느끼지 않도록 신경 쓰며 살라고 사위에게 당부해야겠다. (2007년 2월)

겨울노래

가을이 사색의 계절이라면 겨울은 깊은 상념의 계절인가. 서둘러 지나가려는 가을의 끝자락을 붙잡으려 혼자 산행을 하던 날, 가파른 길에서 땅만 보며 오르다가 낙엽송 한 그루를 올려다 본 것은 소복이 떨어져 쌓인 금침 같은 잎들과의 만남 때문이었다. 노란색으로 물들어 떨어진 그 침엽수 잎들은 여느 낙엽들보다 더 가을을 실감케 하였고, 투명한 가을 하늘을 배경으로 텅 빈 가지들을 추스르고 선 그 큰 나무에게서 나는 겨울을 올려다보고 있었다. 그리고 겨울은 깊은 상념의 계절임을 생각하고 있었다.

친구의 병은 여름부터 시작되었던 것으로 추정된다. 그런데도 병명을 확인하여 입원한 것은 늦가을이다. 그 과정을 알고 보면 '사람의 일이란 도무지 측량할 도리가 없도다.'라고 한 회남자(匯南子)의 인간훈(人間訓) '福之爲禍 禍之爲福 化不可極 深不可測也(복지위화 화지위복 화불가극 심불가측야)'를 되새겨보지 않을 수 없다.

6월에 직장에서 받게 하는 종합건강진단 결과 무병 판정을 받은 것이 결과적으로는 친구에게 방심의 기회를 준 것, 그것이 복지위화

(福之爲禍)의 시작이었다. 그 다음은, 운동량이 부족하고 스트레스를 많이 받는 50세의 직장인에게 그 두 가지를 대체로 다 해결해준다고 할 수 있는 골프에 입문하여 심취하기 시작한 것이 그에게는 오히려 복지위화가 된 것이다. 말복이 지난 어느 날 라운드를 함께하면서 그가 말했었다. "2개월 간 노사분규를 협상하면서 새벽에 연습장에 나간 것이 정신적으로 도움이 되었어. 하지만 혁대 구멍이 두 개나 줄었네." 급격한 체중감소를 의심하면서도 국영기업체의 임원으로서 더 높은 직위로 승진 발령을 받은 10월의 경사는 그의 병에 있어 복지위화의 연속이었다.

무균실(無菌室)이라는, 면회가 허용되지 않는다는 그 이상한 병실에서 핸드폰으로 내게 전화를 한 친구는 처음에는 능청을 떨었다.

"밥 잘 먹고, 잠 잘 자고… 푹 쉴 테니 걱정들 하지마. 병명? 왜 그 있잖냐. 혈액의 구성비가 안 맞는다는… 적혈구와 백혈구의 구성 말이야… 백혈구 숫자가…."

놀라서 아무 대꾸도 못하고 있는 내게 수화기 속의 친구는 말을 이었다. "모르면 말 해 줄께. 백혈병이라고들 하지."

내 머릿속을 먼저 때린 것은 에릭 시갈의 '러브 스토리'에 나오는 제니퍼였다. 나는 머리를 세차게 흔들었다. 한 소녀의 영상이 또 머리를 때렸다. '빗방울이 유리창을 탁탁 두드리고/ 지붕 위로도 투두둑 툭툭 떨어져/ 비가 와! 온 들판에 비가 와.' 유리 슐레비츠의 동시집 '비 오는 날'을 의사 아저씨에게 선물하고 죽는 그 소녀의 병명도 그것이었다.

우리는 대학에 입학하면서 친구가 되었다. 혼인 때 그는 내 함진

아비였고, 안타깝게도 신혼여행 중에 그가 결혼을 해 그의 함은 남의 등에 맡겨야 했다.

친구들 여섯 쌍이 부부동반으로 지금까지 만나는 모임에서나, 같은 신앙인으로서 나보다 한 차원 높은 신앙 활동을 하는 점에서나 그에 대한 나의 인상은 한 번도 바뀐 적이 없다. 긍정적인 사고의 바탕 위에서 언제나 순리에 맞는 언행을 조용히 하는, 중용의 도인 같다고나 할까. 한마디로 그는 '속물의 정 반대편에 서 있는' 친구였다.

올 겨울은 춥고 눈이 많을 거라더니 11월 말에 벌써 첫눈이 내리고 겨울이 시작되었다. "내 백혈구 숫자가 300개래. 건강한 사람이 평균 7천 개라는데." 혈액 1cc 속의 백혈구 숫자를 설명하면서 그는 웃었다.

"신생아가 되어버린 거야. 병균에 대한 아무런 저항력도 없는…."

어처구니 없어하는 웃음과 낙천적인 성격의 습관적인 웃음을 섞어가며 친구는 오랫동안 전화를 끊지 않았다. 다른 부탁은 없고 기도를 많이 해 달라는, 처음과 똑 같은 당부를 했다. 그리고는 내 가슴에 바람이 이는 말을 했다. '암세포와 같이 살지 뭐' 하는 신앙 속의 자신감은 처음부터 지금까지 불변이라고 생각했는데, 언제부터인가 신변을 정리하고 있는 자신을 발견하고 스스로 놀랐다는 것이다. 가장 보고 싶었던 초등학교 때의 선생님 한 분에게 연락을 했고, 물에 빠진 자기를 구해 낸 친척 형께 고맙다는 인사를 다시 했단다. 마음으로부터 미워했던 사람을 떠올리며 용서해 주고 있다는 대목에서 나는 그의 말을 막았다.

"이번 겨울을 넘기고 나면 건강한 몸이 될 거야. 너무 염려 말고 그냥 푹 쉬어버리게. 올 겨울 동안만…. 체력을 생각해서 오늘은 이만 끊도록 하자."

전화를 할 때마다 절망을 점점 더 느끼고 있던 내가 소망을 포기하지 않아도 될 일이 친구에게 일어났다. 그것을 친구는 '엄청난 신앙 체험'이었다고 표현하면서 전화로는 충분히 전할 수가 없노라 했다. 만나서 찬찬히 말해 주겠다고 했을 때 순간 나는 '친구를 잃지 않겠구나.' 하는 생각이 들었다.

하지만 며칠 후, 담담하게 전해주는 그의 투병 모습에서 나는 참담한 기분으로 돌아가고 말았다. "수명씩 공동으로 쓰는 무균실에 있다가 지금은 인큐베이터로 들어왔어. 내 공간은 폭 3자에 길이 6자가 전부야. 양치질을 하는데도 하루 두 시간이 걸려. 입 안과 같은 점막 부위는 세균의 공격을 받기에 취약한 곳이며, 칫솔을 쓰다가 잇몸이 상하면 안 되므로 옥시풀 적신 탈지면으로 닦아내고, 증류수 적신 탈지면으로 다시 닦아. 머리칼과 체모는 다 밀어버리고 없어. 항암치료로 머리가 빠지기도 했지만, 저항력이 없는 인체에서 재생이 활발한 부위들은 세균이 직접적으로 공격하므로 미리 다 밀어버린다는 거야."

성탄전야에는 자정미사 참례를 못해서 속상해 있을 친구에게 전날 펄펄 내린 눈 소식을 전하면서 월하설경(月下雪景)의 불 켜진 창 풍경을 얘기했다. 친구는 시골 오두막집에서 장작불을 피우고 싶다고 했다.

"계속 마음을 닦고 있어. 네가 수필 쓰는 것, 그것도 마음 닦는 거겠지…. 백혈구 숫자? 200이야. 이제는 촉진제를 쓰기 시작하려나 봐…."

세밑에는 한파가 몰아쳤다. 친구의 쾌유를 비는 내 청원기도는 그 매서운 추위만큼이나 간절해져 갔다.

해가 바뀌고 소한을 넘기면서 또 한 번의 강추위가 왔다. 친구의 투병은 골수검사를 거쳐 척추의 골수에 예방용 항암제를 투여하는 단계로 진행되어 갔다. 현대의학이 할 수 있는 모든 조처가 취해지면서 치료의 강도도 점점 높여지는 것이다.

그동안 백혈구는 700을 고비로 며칠 전에 2,500까지 증가했으며 오늘은 4,500까지 올랐다는 낭보를 들었다. 내게 꼭 기적같이 들리는….

이상하게도 나는 처음부터 겨울과 친구의 병을 연계하여 생각하고 있었다. 또한 외롭게 서 있을 그 큰 낙엽송이 바로 친구라는 생각을 하기도 했다.

겨울은 이제 대한(大寒)추위를 넘기면서 물러갈 것이다. 금빛 낙엽들이 떨어진 그 낙엽송에 새 잎이 돋을 날도 멀지 않으리라. 나는 오늘 겨울노래를 부른다.

> 설야에 불 켜진 창, 그 창에는
> 따뜻함과 평화가 있지. 온 가족이
> 모여 앉아 정겨운 얘기를 나누는 집.
> 친구야 너는 그 집의 주인으로
> 있어야 한단다.

"오늘은 좀 어때? 밥은 많이 먹었느냐?"는 물음에 "혀가 아파 못 먹었어. 입이 죄를 많이 지어서." 한 친구야. 죄를 지었어도 내가 더 많이 지었을 텐데 왜 그리 마음 닦기를 모질게 하느냐.

눈 온 다음에는 삭풍이 불지만 삭풍을 앞세우고 봄은 온다네. 친구여 봄이 저만치서 다가오고 있다네. (1996년 봄)

갈등의 계절

-- 속(續) 겨울노래 --

봄바람이 불어왔다. 낙엽송 가지에 새 움이 텄고 친구는 퇴원하였다. 그에게 불러 주었던 '겨울노래'에서의 소망은 이루어졌다. '삭풍을 앞세우고 봄이 온다네. 친구여 봄이 저만치서 다가오고 있다네.'라고 한… .

봄바람이 마구 불었다. 소생의 봄바람. 그런데 봄바람에는 함정이 있었다. 훈훈하되 변덕스럽고 변화무쌍한 것이 봄바람이었다. 불다, 안 불다 하다가는 하루에도 서너 번 씩이나 방향이 바뀌어서 종잡을 수가 없었다. 해질녘에는 다시 겨울이 오듯 춥고…. 소생의 바람이지만 저항의 반항아 같기도 하였다. 더구나 봄이 한창이다 싶으면 어김없이 봄바람은 황사를 동반하는 것이었다. 봄이 조용히 와서 저항 없이 여름으로 성숙되지 않는다는 사실을 절실히 느끼기는 올 봄이 처음이었다. T.S. 엘리엇은 「황무지」라는 시에서 '4월은 가장 잔인한 달'이라고 썼다. 잊고 있었던 그의 시가 새삼스럽게 떠올랐다.

북경의 황사바람은 1급부터 12급까지로 구분된다고 한다. 대륙에

군림하던 동장군이 하늘 높이 사라지는 자리에 고비사막의 흙먼지가 사정없이 때려 부는 북경의 봄바람은 하루에 바람예보를 세 차례나 할 정도로 대단한 것이어서 그 강도 또한 12등급으로 나눈다는 것이다. 7급이면 가로수가 심하게 흔들리고 행인들은 입과 코를 막고 다닌다는데, 재입원하여 2차 항암치료를 받는 동안 친구는 자신의 형편을 12급 황사바람에 비유하였다. 지속적인 항암치료는 초죽음의 육신에 화학무기를 계속 쏘아대는 것이 아니고 무엇이냐고…. 하늘이 숫제 보이지 않고 시계(視界)조차 없는 길을 계속 걸어야 할 것인지를 친구는 내게 물었다. 길을 걸을 수 없다면 이 바람을 피하여 어디든 우선 피신해야 하는 게 아니냐고.

나는 봄바람에 안절부절못했다. "희망을 버리고 싶은 유혹마저 이겨내어야 하나. 가족의 보살핌을 받으면서도 그 가족들이 부담으로 느껴지는 것이 솔직한 심경이다. 수도승이었으면…, 홀몸이고 싶다." 얼마나 신체적, 정신적으로 황폐해졌으면 아름답게 죽을 권리를 생각한다고 했을까.

다시 퇴원하여 집에서 요양하며 통원치료를 받는 친구에게 의사는 항암제를 지금까지 투여한 것만큼이나 더 투여하려 했다. 친구는 그것을 거부하고 있다. 황사춘풍을 맞으며 정면 돌파를 해야 한다는 의사와 그 지독한 바람을 피해 가면서 생존의 길을 찾으려는 내 친구… 누가 옳은지 지금으로서는 판정이 유보될 수밖에 없다. 왜냐하면 예방적 치료를 상당기간 더 하겠다는 의학적인 근거는 명쾌한 것이지만, 친구의 말도 그리 만만치 않기 때문이다.

친구의 주장을 설명하자면, 그 병에 대하여 내가 잘못 이해하고 있었던 처음으로 되돌아가야 한다. 왜냐하면 무균실에서 친구가 내게 핸드폰으로 병명을 말하면서 백혈구가 정상인의 5%수준이고, 따라서 저항력이 신생아보다 못한 무방비 상태라고 했을 때 나는 백혈병이라는 것이 원래 그런 것이라고 생각했던 것이다. 그러나 사실 그 병은, 백혈구가 정상인의 2배 또는 급성의 경우 10배 이상으로 급팽창하는 것으로, 혈액성분중의 백혈구가 암세포로 변하면서 무한정 증식하는 병이라는 것이다. 또한 백혈구 감소는 항암제를 혈액에 투입함으로써 종양성으로 증식하는 백혈구를 무차별 파괴할 때 일어나는 현상이라는 것이다.

친구는 발병의 초기부터가 아닌, 본격적인 치료가 진행되었을 때에 나에게 상황을 전했기 때문에 내가 오해를 하게 된 것이라고 말하면서, 발암부위를 절제수술한 후 항암제를 일시 투여하는 다른 암 치료와는 다르며, 입안을 마취시켜야 죽을 삼킬 수 있었던 그 지독한 입속 적막염이 지속적인 항암제 투여로 인한 백혈구의 격감 때문이었다고 설명했다. 1차 치료기간의 중간에 이미 암세포는 더 이상 검출되지 않고 2차 치료까지 끝낸 지도 3개월, 이제는 제법 몸을 추슬러야 할 터인데, 더 이상 자신의 육신과 정신력을 '방사능 오염에 노출 시킬 수 없다'는 주장이다.

그러나 의학은 친구가 현재 '완전관해상태'에 있다고 해석한다. '완전관해'는 검사에서 암세포가 발견되지 않는 상태이긴 하지만, 검사에 나타나지 않은 잔존 암세포가 언제든지 다시 활동할 수 있다는 것을 뜻한다. 예방적 치료의 목적으로 의사는 4차 치료까지 받는 것이 안전하다는 소견을 견지하고 있다.

내가 이 글을 쓰는 목적은 이 글의 주제 이외에 두 가지가 더 있다. 그 하나는 '겨울노래'를 읽은 독자들로부터 "친구 분 그 후 어떻게 되었습니까?"라는 질문을 많이 받았기 때문이며, 다른 하나는 친구가 전화로는 설명할 수 없다면서 만나서 말해 주겠다고 했던 '엄청난 신앙체험'을 듣고 '겨울노래'의 속편을 쓰게 되면 그것도 소개해야겠다고 생각했기 때문이다. 그런데 더 이상의 항암치료가 불필요하다는 친구의 주장에는 이 신앙체험도 중요한 한 몫을 하고 있다.

친구는 어느 날 심신에 지고의 희열을 느끼면서 '너를 살렸다'라는 계시를 듣는다. 자신의 몸이 일시에 쾌유되었음을 느끼게 된 친구는 아침이 되어 주치의가 검사용 혈액을 채취하고 항암주사를 놓으면서 "오늘은 약을 더 많이 넣어 드릴게요."라고 하는 말에 '이건 쓸데없는 과잉친절인데…'라고 생각한다. 친구의 확신대로 그날 채취된 혈액의 검사 결과는 '암세포 없음'이었다. 그러한 결과는 치료가 끝나고 일정한 시간이 경과한 후에나 기대할 수 있는데 치료의 도중에 일어난 것이다.

이 사건에 대해서 친구는 '계시의 항시증거성이 없음'은 인정하나 주관적 확신은 불변이며, 의사는 과학의 상식을 뛰어넘는 기적이 있음은 인정하나, 의학에서 객관적으로 요구되는 추가적인 치료를 계속하려는 입장이다.

봄은 갈등의 계절인가. 봄바람에 갈등을 느끼기 시작한 나는 봄이 무르익도록 아직 갈등을 계속하고 있다. 정작 친구와 의사는 소신이 확고한데 친구를 지켜보는 나는 갈등을 멈출 수가 없다.

갈등의 계절에 부는 바람이 신록을 빚는 지금, 나는 이제 녹음의 계절이 어서 오기를 기다릴 뿐이다. (1996년 여름)

**이태방 군 간 지 10년이다. 98년 2월 23일이었으니.

황사철이 또 왔다. 병은 발생하면 치유하기 어렵고 예방이 필요한 것….

지하철에서 노인네가 황사 마스크를 팔기에 샀다. 4매들이 1팩에 1,000원. 이것 하나면 금년 봄은 넘길 듯…. 동문 여러분 우리 모두 병 예방 하면서 삽시다!

(2008년 봄)

공상(空想)

- 말도 안 되는 공상 -

꽃집에 들러 장미 스물여섯 송이를 주문한다.

"흰색 망사 천을 받쳐서 예쁜 다발로 만들어 주세요."

"성년 기념일에 선물하실 건가 보죠, 따님이세요?"

"예, 천 색깔까지 정해 주던데요."

"요즘 아이들 대단해요. 개성도 강하고…, 부재료를 많이 쓸게요."

안개꽃과 천을 부재료라 했다. 꽃송이들의 높낮이를 고쳐가면서 줄기의 끝자락을 가지런히 자르고, 망사 천을 여러 겹으로 싸면서 주름을 만드는 가게 아주머니의 손놀림을 한참동안 보고 있노라니 문득 머리를 스쳐오는 게 있다.

몇 해 전 일이다. 집안 어른이 사윗감을 놓고 의견을 물으셨다. 나는 그 혼인을 반대한다고 대답했는데, 장미 꽃다발이 반대의 이유였다. 만약 그 총각이 생화를 '스물여섯 송이씩이나' 선물하지 않았더라면 나는 굳이 그를 흠잡지 않았을 터이다.

어른의 말씀인즉, 총각은 인물도 괜찮고 직장도 든든하고 다 좋은데 단칸 셋방살이부터 시작할 거라는 말을 여러 번 했단다. 그러던 중에 딸의 생일날 '놀랍게도' 장미꽃을 '한 아름' 들고 왔다는 것이다. 단칸 셋방살이는 할 때 하더라도 왜 듣기 싫은 소리를 미리부터 자꾸 하며, 그런 처지라면 비싼 장미를 나이에 맞춰서 선물하는 멋을 부려야 하는지, 딸을 좋아하는 것이 싫지는 않지만 헤픈 성격인 것 같아 걱정이 된다는 내용이었다.

오늘 나는 그때의 내 대답이 잘못된 게 아닌가하는 생각에 빠져든다. 지성(Intellect)과 감성(Sensibility)을 같이 가지고 있는 우리는 지성적으로 판단해야할 때 감성적으로 판단하는 우를 범한다. 그러나 감성적이어야 할 때 지성적이어도 판단을 그르치기는 마찬가지다. 그날 나는 지나치게 지성에 의존하여 판단하려 했던 것이다. 그 장미다발이야말로 '돼지우리에 주석자물통'이 아닌가라고, 사글세 타령만 해도 성실한 마음가짐으로 미리 다짐을 해두는 것이라고 좋게 해석하기에는 경솔한 언행이라며 나는 반대의견을 분명히 냈던 것이다.

그런데, 예쁘게 입을 다문 싱싱한 장미송이들과 흡사 웨딩드레스를 연상케 하는 깨끗한 망사 천들이 어우러지는 아름다움을 보면서 매우 감정적인 기분에 빠져든 지금은 그 총각이 '때로는 사치를 사랑할 줄도 아는 성실한 젊은이'일지도 모른다는 생각이 드는 것이다. 그렇다면 인간은 분위기에 따라, 그가 처해있는 상황에 따라 정 반대의 판단을 내리는 것이 아닌가.

꽃집을 나선다. 꽃을 좋아하신 어머니 덕분으로 꽃가게에 들르는 것에 익숙해져 있는 나였지만 고작 몇 송이씩 골랐을 뿐, 장미를 한 다발이 되게 사는 기분은 경험해보지 못했다는 사실과, 요즘 세대들의 생일 꽃 유행에 대한 뒤늦은 이해, 예상보다 꽃값이 비싸지 않다는 것 모두가 나의 판단착오를 성찰케 하기에 충분하다. 길을 걸으며 인간의 불완전성을 생각한다. 조금은 화가 치미는 기분마저 느끼면서….

지성과 감성은 그렇다 치고, 이성(Reason)과 감정(Emotion)은 또 어떤가. 회사에서 급히 해결해야 할 일거리 두 가지를 한 부서에 지시할 때 나는 곧잘 동시진행을 주문했다. 조직의 일들은 대체로 정보수집, 상황판단, 중간보고 등의 과정을 거치면서 해결되므로 동시진행 방법이 시간을 줄일 수 있다는 논리가 그 근거였지만, 나의 그런 주문 속에는 둘 다 급한데 순서가 어디 있느냐는, 감정적인 우격다짐도 섞여 있었다.

"어느 것부터 할까요?"라고 꼬박꼬박 묻는 직원에게 "닭도 필요하고 달걀도 필요해. 어느 것이 먼저인지는 따질 시간이 없어!"라고 대답한 적도 있다. 이성적으로 보면, 창조론으로는 닭이 먼저이고 진화론으로는 달걀이 먼저임이 분명하므로 내 대답 속의 그 비유는 적절하지 않은 것이다. 그만큼 그때 나는 감정적이었다. 창조론, 진화론 다 진리라고 믿고 싶었다.

다행히 이 경우는, 이성에 감정이 한꺼번에 작용하였어도 판단의 결과는 '동시진행'이라는 동일한 해답으로 나타났지만, 대부분의 일에 있어 감정이 개입되면 판단은 다르게 나오기 쉽다.

인간은 지능(Intelligence)을 가지고 태어나므로 누구나 지성적이지만, 오감(五感)을 가지고 있어 감성적이며, 육감(第六感)까지 가져 직관력도 갖추고 있다. 그런가하면 냉철한 사고력과 논리력이 있어 이성적인 반면, 감정의 동물이므로 감정적으로 행동하며, 그 내면에 스스로도 의식하지 못하는 무의식의 세계까지 갖추고 있다. 그러니 인간은 참으로 위대한 존재이다. 그렇지만 또한 진정 종잡을 수 없는 존재이기도 하다.

지성과 감성 및 이성과 감정이 어떤 상황에서나 일관되게 하나로 표출될 수는 없을까. 그 둘씩을 맷돌에 곱게 갈아 가령 '지감성' 및 '이감성정'으로 가지고 있다면, 이 세상의 모순투성이들이 많이 사라질 텐데…. 가루가 되어서도 따로 표출된다면 아예 그 둘씩을 화학적으로 합성하여 합성A(지성+감성), 합성B(이성+감정)로 소유하면 어떨까. 그렇다면 적어도 동일한 사물을 놓고 이제 다르고 저제 다른, '완전히 불완전한' 판단이 나오지는 않을 텐데…. 위대한 인간이 지금 하염없는 공상을 하고 있다.

소크라테스가 독배를 마신 것은 부당한 판결도 법에 의한 것이므로 지켜야한다는 신념 때문만은 아니었다. 또한 도망이라는 비열한 행위는 악이므로 자신이 악의 영역에 설 수 없다는 덕성 때문만도 아니었다. 그는 영혼의 불멸을 믿었고, 죽음은 육신의 감옥에서 영혼이 해방되는 것이므로 두려워할 이유가 전혀 없다는 또 다른 신념이 있었기 때문이다.

영혼 불멸에 대한 신념은 그의 뛰어난 감성(직관력)에서 나온 것이었다. 그는 영혼 불멸의 감성적 믿음을 철학적 지성으로 증명해 보이려고 많은 노력을 기울였지만, 제자들 뿐 아니라 가장 절친한 친구 크리톤에게조차도 그것을 믿게 하지는 못하였지.

한편 그의 뛰어난 지성적 사고는 플라톤과 아리스토텔레스로 이어지면서, 그를 서양 합리주의 철학의 시조가 되게 하였다. 그는 감성에서나 지성에서나 탁월하였던 것이다.

결론적으로 지성을 뛰어넘어 감성으로 먼저 믿을 수 있기 위해서는 '합성'으로는 불가능하며, 지성으로 사고의 꽃을 피워 결실을 맺기 위해서도 '합성'으로는 불가능하지 않을까. 이질적인 두 성분이 합하여 상호 중화가 되면 감성의 극대화와 지성의 극대화는 둘 다 기대할 수 없을 것이다. 합성되면서 상호 시너지효과를 나타내어 준다면 모르겠지만, 그건 합성되기 전보다 양적 팽창을 의미하는 것이므로 내 공상의 범위를 벗어난다. 공상이 자꾸 범위를 벗어나면 그 다음 나는 아마 정신과 의사에게 가야할지 모른다. 말도 안 되는 공상, 그렇지만 공상은 재미있다.

더위 먹은 공상…. 삼복더위에 횡성수설 했다. (1998년 여름)

동심(童心)

5월 5일 어린이날. 대학 동창회에서 산행모임 개최한다는 연락이 왔다. 낙성대역에서 버스 타고 관악캠퍼스 잔디 광장에 내리란다.

10시에 도착하니 단과대학 별로 천막이 쳐져 있다. '63년 입학, 21회, 이름' 등을 쓰니 물, 초코파이, 기념 타월이 들어있는 비닐봉지를 준다.

부인과 함께 다정하게 오르는 동문이 있고, 손주들 손잡고 오르는 가족단위 팀도 보인다.

12시에 도시락 준다니 산행시간 넉넉한데, 목표지점 정한 곳 없으므로 오르다가 바위에 걸터앉아 숲을 관찰한다. 청설모가 나무 오르내리며, 하늘 다람쥐가 나무 사이를 날고, 새들이 지저귄다. 공기 참으로 맑다. 모자에 떨어지는 새똥을 나무젓가락에 찍어 발 옆을 기어 다니는 벌레에게 준다.

계곡에 물소리 졸졸졸…. 아이들이 "할아버지 올챙이 잡아주세요."한다. 쪼그리고 앉아서 보니 와~ 올챙이다! 어릴 때 논에서 잡았던 추억이 몇 십 년을 건너 뛰어 온다. 올챙이 잡기 내기를 했었지. 잡은 놈들은 플라스틱 병이 없고, 유리병도 귀해서 바가지에 담았다. 내기에서 이기면 "꿀밤 맞을래? 손목 맞을래?" 한 다음 이긴 올챙이 숫자만큼 때렸다.

잡으려니 내 손아귀에 들어 있다가 오므리면 빠져나간다. 겨우 2마리 잡았지만 대견하다는 생각이 든다. 아이들은 많이 잡아 비닐봉지를 찾는다. 초코파이 담긴 채로 주니 고맙단다.

일어서는데 어이쿠! 미끄러졌다. 신발에 물이 묻었으니 미끄러울 수밖에…. 하지만 난 왜 이리 잘 미끄러질까? 키가 커서 안정성이 덜 해서 그런가? 매일 새벽에 108배도 14분 만에 하는데… 동심에 젖었으니 호사가 아닌가. 미끄러져도 좋다!

옆에 수염이 긴 노인이 앉아 있다가 "천천히 움직이세요." 한다. 하긴 우리는 시간 밖에 남는 게 없지. 손목이 아프다. 오른손이다. 며칠 전 출근해달라는 회사에서 골프 쳐야 한다고 했고, 8년 동안 안 쳤으니 인도어에 가서 연습도 해야겠는데 야단났다. '회장' 명함 박아주면서 영업활동을 활발히 해달라던데….

도시락 먹고, 버스 타러 가는데 막 출발해 버린다. 앉아서 기다리느니 걷자. 요즘 내 건강을 유지하는 비결은 걷는 것 아닌가. 낙성대 터널 안에 중학생이 자전거를 눕혀놓고 앉아 있다. 도와달란다. 바퀴를 굴리는 체인이 궤도를 이탈해 있다. 무리하게 고치려는데 터널 안에 매연이 있어 기침이 난다. "얘야 자전거를 밖으로 들어내어 천천히 고치자. 내가 해 볼게." 차근차근하니 금방 걸린다. "아저씨! 고맙습니다." 한다. 아저씨라고? 도랑 치고 가재 잡았구나. 하하하!

전철 타고 집으로 오는 도중에 손목이 약간 이상하다. 하긴 3년 전 청계산 매봉에서 얼음 감춰진 낙엽 밟다가 미끄러져 갈비 1대 골절, 1대 금 갔을 때도 자고 나서 아침에 못 일어났었지.

아침에 병원 가는데 역시 온몸이 예사롭지 않다. 집사람은 "할배가 올챙이 잡다니 주제파악을 하세요!" 했다. 사진 찍고 검사하더니 "뼈에는 이상 없습니다. 인대가 파열 됐으니 한 달 동안은 골프 등 손목 쓰는 운동 삼가세요." 하며 손목 보호대를 채워 준다.

오늘 성령강림 대축일 미사에 참례하니 비둘기 모양으로 접은 색종이를 준다. 펴보니 '두려움'이다. 슬기, 평화, 온유 등 해마다 성령이 주는 은사 받아왔지만 올해는 '두려움'이라니… 허긴 '안전 불감증' 환자라는 소리 들을 정도로 겁 없이 살고 있으니 두려움 갖고 살아야겠다.

하지만 며칠 있다가 올챙이 잡으러 관악산에 또 가련다. 늙은 인생이 좋은 게 무언가? 어릴 때의 아름다운 추억을 떠올리며 시간 여행을 하는 게 아닐까. 동심에 젖어 사는 행복한 노인이 되자.

'두려움' 갖고 '동심'에 젖어서 살자. (2008년 5월)

*어린이는 몸이 유연하여 넘어져도 뼈와 인대 덜 다친다. 마음은 때가 묻지 않아 청순하다.

식후에 식초 물에 타서 마시는 것 잊지 말자. 몸이 유연해진단다.

때 묻은 마음은 욕심 줄이면서 닦자. 몸과 마음을 부드럽게 가꾸자.

걸을 때는 어린이 노래 '앞으로'를 율동을 넣어 리드미컬하게 부르자.
지구는 둥~그~니까 자꾸 걸어 나아가아면~
온 세상 어~린~이는 다 만나고 오~겠~네.

온 세상 어린이가 하하하하 웃~으~면 그 소리 들리겠~네. 달나라 까~지, 앞으로~앞으로~앞으로~앞으로. 짠~짠~

성경의 '진복8단' 제 1단 :
"마음이 가난한 사람들! 하늘나라가 그들의 것이니…."
'자기가 가진 것에 집착하지 않고 자유로운…욕심 버리는'것이 바로 '마음이 가난한'것이다. 어린이 곁에 자주 가자! 마음이 가난해진다!! 마음이 가난해져야 행복해진다!!! (2008년 5월)

아날로그로 살기

즐겨보는 TV프로가 있다. 토요일 10: 00(후에 8시 30분으로 변경) 「걸어서 세상 속으로」이다.

오늘은 런던 편인데, '내 삶의 오아시스'라는 제목이다. 왜일까? 한참을 봐도 모르겠다. 영국하면 로빈 훗과 사슴이 떠오르고, 출장 가서 본 테임스강과 국회의사당, 여왕을 지키는 의장사열대가 인상적이었는데, 골동품 예찬이 주종을 이루고 있다. 지역을 이동할 때마다 보이는 공원만 예상대로이고, 사슴도 그렇긴 하다. 하지만 '오아시스'라고?

희귀한 악기를 연주하는 장면이 많은 건 파리 근교의 '몽 마르뜨'언덕에서 행인들의 초상화를 그려주는 '거리의 화가들'을 연상케 한다.

LP판 예찬론자들이 앵커의 질문에 답한다. CD나 M3에서는 느끼지 못하는 음악의 서정이 LP의 고풍스러운 선율 속에 묻어 있단다.

끝내 특이한 복장의 의장사열대는 나오지 않는다. 인도에 출장 갔을 때 공장을 지키는 경비원 3명이 영국에서 본 사열대 모습으로 우리 일행을 환영하는 '세리머니'를 보여주었는데…

왜 '오아시스'라는 제목을 붙였는지 알 듯하다.

'서정' 하면 금아(琴兒) 선생이 떠오른다. '서정이 배어있지 않는 글은 수필이 아니라'고 가르쳐 주셨지….

뜬금없이 '아이젠'이 생각난다. '일자산' 회장인 권장군이 그걸 사면서 "제(弟)씨 것도 사야지!" 하며 형님을 졸라서 샀단다. 형님은 "글마가 니를 더 챙기더라. 나는 생각도 못 했는데, 동기간보다 정이 더 많더구나!" 하셨다.

그걸 받으며 내가 대꾸했다. "지난번 첫눈 왔을 때 키 작고 체구도 더 단단한 회장님이 미끄러져서 내가 놀랬는데…. 이 정도 추위에 내복바지까지 입고, 골프 드라이버는 230m까지 날리더니, 쫄딱 미끄러지기는… 선배님도 참!"

"니도 내 나이 돼 봐라. 내복 입는 게 정상이다. 지랄 좀 떨지 마라!"

허긴 나는 내복 바지는 입지 않지만 상의는 껴입는다. 상체가 약한 걸까?

"아이젠을 이사 올 때 버렸나? 찾아봐야겠다." 집사람의 말에 거실 밖 베란다를 뒤지는데, 별의별 게 다 나온다. 나이지리아 지사 근무 시절 받은 상패('감사패'-나이지리아와의 외교관계수립을 위한… 1980. 2 외무부장관 박동진, -한인회에 지대한 협조를…1982. 11 한인회장 이봉덕)

귀국 후 근무하는데 이봉덕 회장은 집으로 찾아와 돈다발을 주었음. 처음 받아본 '뇌물'이었지만 '사후사례(事後謝禮)'라 받았음.

실, 색종이를 엮어서 수작업으로 만든 벽걸이는 여직원의 '작품'인데, '새천년, 새봄 2001. 1. 15'이라고 적혀있다.

선고(先考)의 호리병 도자기, 선자(先慈)의 노인대학 공책, 쓰시던 손수건….

동장군이 기승을 부리는 금주와 내주는 일자산행 쉬기로 했다. 3주 만에 회장님 만나면 "이 아이젠은 지리산 종주하러 산 것인데, 3만랑짜리 임다! 장군님이 이 정도는 돼야 체면이 서지요." 해야겠다. 그러면 또 "찌랄 하네!!" 하실 게다.

문둥이 사투리가 정겹다. '골동품인 사투리'가…

따끈따끈한 마룻바닥에 가부좌를 틀고 앉아서 사색을 한다.

『옛 詩情을 더듬어』를 서고에서 꺼내 여기저기 뒤진다. '가보'인 '川流不息(思)'를 휘호해주신 외숙께 답례로 선물하기 위해 샀고, 나도 한문학 공부하려고 비치해뒀지만 먼지만 앉아 있어 안쓰럽다.

창 밖에는 칼바람 소리가 나는데, 첫 쪽을 여니 『계원필경』의 저자로 알려진 최치원의 「秋夜雨中」이 있다.

秋風唯苦吟 世路少知音
窓外三更雨 燈前萬里心

가을 밤 빗소리를 들으며
(가을바람도 쓸쓸이 읊조리나니 세상길에 참 벗 없음이여!
창밖엔 삼경의 비등잔 앞엔 만리의 마음-)

崔致遠은 신라 말의 학자, 한문학의 비조(鼻祖)다. 비조는 사람은 태내에서 코부터 맨 먼저 모양을 이룬다는 설(說)에서 어떤 일을 가장 먼저 시작한 사람을 일컫는다. 원조(元祖)라고도.

"와! 대박 건졌다!" 탄성이 절로 나왔다. 詩란 이런 거구나! 여운이 좌알 좔 좌알 좔 남는다! 시 작법 공부하는 내게 대박이란 이런 거지!

세모가 되어 창작수필 문인회 회장을 역임하신 이일헌 회장님께 댁으로 전화 올렸더니 "요즘은 아날로그로 살아요! 핸폰은 비상시에만 사용, 지음에게도 번호 알리지 않습니다. 서선생도 요렇게 살아보이소. 사는 맛이 납니다!" 하시고.

윤호는 E-mail 주소가 없다. 테니스를 즐기고, 주말에는 시냇가에 지은 초막에서 텃밭 가꾸며 산다. 런던에 가족 데리고 출장 갔을 때 시내 관광 여기저기를 차로 자~알 시켜준 지음이다.(산업은행 런던지점에 근무할 때, 나는 (주)대우의 나이지리아 지사장으로 발령받아 부임하는 길에 런던에 들렀음.)

(2008년 12월)

감사패

님께서 (사)창작수필문인회 제11대 회장을 맡아 아름다운 열정과 봉사로 문인회 발전에 기여해 주셨기에 전 회원의 감사한 마음을 이 패에 담습니다.

2013년 1월 12일

(사)창작수필문인회장 이명지

3.

자유인에의 환상

자유인에의 환상(幻想)

영화 '세브린느'가 C일보의 '시네마 명장면'에 소개된 것을 보았습니다. 그 내용 중에 이런 말이 있었지요. "제작자 루이스 부누엘은 '세르부르의 우산'보다 더 원숙하다는 평을 받은 '세브린느'에서 사람에게 미(美)와 추(醜), 초연(超然)함과 집착(執着)스러움이 공존함을 실제와 환상을 넘나들며 나타내고 있다." 자유인에 대한 나의 환상도 그런 종류에 비유할 수 있을지 모르겠습니다.

자유인에 관해 좀 더 실감나는 비유가 생각나는군요. 산 속에서 "나는 자유인이다!"라고 고함치는 '자유인'의 TV광고 장면을 보면서, 우리 모두는 그 사람이 부럽다는 생각을 순간적이나마 했을 겁니다. 우리의 기억에는, 사회생활에 적응하며 독립된 가정 하나를 책임져야 하는 과정에서 한 번쯤은 입산(入山)을 생각한 적이 있었기 때문이지요. 수험생에서부터 노후대책을 걱정해야하는 연령층에까지, 훌훌 털고 자유인으로 변신할 수는 없을까 하는 환상….

나는 자유인이 못됩니다.

직업상으로 보면 세속적인 직업에 얽매이지 않은 사람이 자유인일 터이고, 직업인으로서는 프리랜서 같은 사람이 자유인에 가깝다고 생각합니다. 그러나 나는 수도승처럼 세속적인 직업에서 떨어져 있지도 못하고, 프리랜서처럼 '백수 못잖게 느긋한 일상이지만 일에는 무서운 치열성으로 직업에 밀착해 버리는' 자유로운(Free) 용병(Lancer)이 될 수도 없는 사람입니다. 어디에든 얽매이지 않으면 생활의 리듬을 찾지 못할 것 같은 나는 조직 속에서 자유인이고 싶은 멋을 환상으로 즐기며 살아갑니다.

나는 자유인이 아닙니다.

삶의 태도를 '소유냐 존재냐'로 다룰 때 소유는 통속적인 인간의 속성이라 하고 존재는 구도자의 속성이라 합니다. 어느 편이든 극단적인 소유와 극단적인 존재만으로는 살아갈 수 없는 것이 사람이지만 대부분의 생활인은 소유 쪽에 훨씬 가깝습니다.

분재 한 그루를 잃을 뻔한 적이 있습니다. 사방으로 퍼지는 가지들을 공들여 다듬어서 굵은 외줄기 한 개만 6척이 넘게 키워 놓은 영산홍이었는데, 물주기를 잘못하여 고사하기에 이른 것이지요. 윗가지를 자르고 밑둥치에 겨우 숨만 남은 순들을 몇 달이 걸려 살려내었더니 새순이 돋았습니다.

'난초 두 분(盆)을 3년 동안 애지중지 가꾸다가 한 순간의 불찰로 그 생명들을 뜨거운 햇볕에 잃을 뻔한 일로 하여 집착이 괴로움이라 깨닫고, 친구의 품에 분을 안겨주었다'는 법정의 글 「무소유」와 나의 분재 살리기는 수도자와 생활인의 삶의 태도가 비교되는 한 예라 할 수 있겠지요. '비로소 나는 얽매임에서 벗어난 것이다. 아무것도 갖지 않을 때 온 세상을 갖게 된다는 것은 무소유의 역리(逆

理)이다.'라고 그 글은 끝맺고 있습니다. 무소유를 갈파하여 소유를 성취해가는 자유인의 그 자유는 우리를 감동시킵니다. 그러나 생활인일 수밖에 없는 나는 이렇게 말합니다. "집 안에 난 몇 분 가꾸는 것을 포기한 수도자는 난을 기를 자격이 없는 사람이다. 숨만 겨우 붙어 있는 쭉정이 같은 가지를 살려 새봄에 꽃 한 송이라도 피워 보겠다는 욕심이야말로 진실된 삶이 아니겠느냐."라고.

무항산(無恒産)이면 무항심(無恒心)이라 했지요. 일정한 재산과 생업이 없으면 항심도 가질 수 없고, 처자식과 친지들에게 사람 구실을 못 한다는 뜻입니다. 직업을 잃은 친구에게 식사 한 번 사주며 위로할 능력이 안 되면 살맛나는 생활인은 아니지요. 선택한 청빈을 미덕으로 믿고 살아가는 수도자들을 나는 존경하지만, 내가 무항산하여 항심을 잃는 것은 두렵기만 합니다.

나는 자유인이 될 가망성이 없는 사람인 것 같습니다.

직장을 은퇴하면 싫어도 자유인이 될 것이라는 생각이 착각이었음을, 옛날 기억 두 가지를 떠올리면서 깨닫게 됩니다. 회사에 사표를 던지고 혼자 여행길에 나섰습니다. 한낮에 덕유산 기슭에서 등산객 일행 몇 명과 합류하게 되었지요. 지금도 눈을 감으면 무주 구천동의 긴긴 계곡 물소리가 들려옵니다. 산사에서 하룻밤을 묵고 다음 날 정상(해발 1,614m)에 올랐을 때는 빙화(氷花)가 장관을 이루고 있었습니다. 해가 저물도록 걸어 내려가 민가에 찾아 든 '우리'는 밤새 소주를 기울이다가 아침을 맞았습니다. 헤어질 시간입니다. 나는 혼자 떨어지기가 싫어 그들과 함께 귀경하고 말았지요. 일주일로 계획한 여행이 3일 만에 끝난 것입니다. 또 한 번의 무작정 여행은 건강을 헤쳐 정상궤도를 잠시 이탈하였을 때 가게 되었습니다. 여행 첫날은 그런대로 좋더군요. 둘째 날 밤이 되었는데 나는 잠을 제대로 이룰 수가 없었습니다. 집 걱정에다 외롭고 쓸쓸함을 이겨 낼 수가 없었지요. 하루를 더 돌아다니다가 귀가하고 말았습니다. 지금도 그때 들른 해인사를 생각하면 썰렁하다는 기억밖에 없습니다.

혼자서 여행을 즐길 수 있는 사람이라야 자유인이라고 할 수 있을 것입니다. 나는 은퇴 후에 세계를 두루 돌아보고 싶다는 소망을 가지고 있습니다만, 집사람과 함께 단체여행에 끼어서 다닐 것입니다. 나는 자유인이기에는 이미 틀렸습니다. 비자유인으로 살아갈 수밖에 없습니다. 노예에게는 오랜 세월을 거치는 동안 노예근성이 생긴다더군요. 자유를 주어도 적응을 못하고 조금씩 허용되는 자유에 고마워한다니 그것을 '훈련된 자유'라 부를 수 있겠지요.

인연을 맺고 싶지 않다는 사람들이 있더군요. 그들도 자유인이 될 수 없기는 마찬가지입니다. 봉사활동은 하고 싶은데 그 단체의 사람들이 부담스러워 못하겠다는 것이나, 키우던 강아지의 임종을 보고는 두 번 다시 집에 개를 키우지 않기로 한 것도 마음이 자유롭지 못하기 때문입니다.

나는 생활인입니다. 출세형도 이재(理財)형도 아니지만, 일에 대한 성취감과 충만감에서 활력을 느끼며 살아가는 생활인입니다. 적당한 사치를 즐기려 하고, 늘 어떤 소망을 가져야 살맛이 나는 것은 자유인의 기질이 아님을 잘 압니다. 우리 집에 외제 냉장고를 들여 놓는 것은 세계 6대 전자제품 생산국의 위상을 생각해서라도 절대 용납하지 않지만, 프랑스산(産) 포도주 샤토마고(Chateau

Margaux)를 곁들인 멋진 식사를 나는 좋아합니다. 헤밍웨이가 글을 쓰면서 늘 곁에 두고 마셨던 샤토마고는 그가 새로 태어난 손녀의 이름을 마고라고 지어서 더 유명해졌다더군요. 내게 조금은 과분하지만 얼마나 멋진 사치인지요. 나는 1년에 한두 번씩만 그런 사치를 즐기고 싶은 소망을 가지고 살아갑니다.

자유인일 수 없는 내가 자유인을 동경하는 것은 꿈이나 소망은 아니며, 환상일 뿐입니다. 그러나 그것이 환상일지라도 나는 마음을 닦는 시간을 수필 한 편씩 쓰는 시간에서나마 가지면서, 또한 존재의 본질을 생각해 보는 시간도 잠깐씩은 갖도록 노력하면서 살고 싶습니다. 시간으로부터의 자유를 마음의 여유로움에서 찾으며, 자유인의 고뇌와 번뇌와 슬픔을 생각하고 그들을 이해하려는 데에서 나 자신도 조금이나마 자유인에 가까워질 수 있기를 바라겠습니다. 그리고 무엇보다도, 내 마음 속에 빈 공간을 가지려 애쓰는 자세도 포기하지 않겠습니다.

자유인은 그를 둘러싼 외적(外的) 관계에서의 자유로움과 함께 자신의 내면으로부터도 자유로울 수 있어야 함을 압니다. 자유인에의 환상, 그것은 나의 영원한 환상입니다. (1998년 2월)

*어른이 읽는 동화 정호승의 「연인」의 줄거리를 옮겨 놓는다.

'자유인에의 환상'에 대한 답인 것 같다.

"운주사 대웅전의 두 마리 풍경(風磬)중 한 마리가 '자유인'에의 갈망으로 비어(飛魚)가 되어 푸른 하늘을 날아다닌다. 쇠줄에 매달려 있다가 제비 둥지에서 새끼 한 마리가 떨어져 내리는 것을 본 순간 몸을 날려서 쇠줄로부터 떨어져나간 것이다. 시인을 만나고, 유치원생 아이의 죽음을 보고, 점치는 새도 되어보고, 비둘기와 사랑도 나눠보고, 배반도 당해보며 '인생 공부' 많이 하고 돌아온다. 와불(臥佛)이 가르친다.

"풍경으로서의 삶이 네 삶의 본질이다. 삶은 시간이다. 열심히 살아라. 열심히 살지 않으면 삶이 아니다."

"삶에서 무엇이 가장 중요한 것일까요?"

"결국 사랑이다. 사랑이 없으면 새들에게 날개가 없는 것과 마찬가지다."

돌아온 풍경은 그냥 달려 있는 풍경을 다시 사랑하며 그 옆에 매달린다.

(2006년 11월)

**자기에게 잘못한 이를 무조건 용서해주어야 그는 나에게서 자유로워지고, 나도 그에게서 자유로워질 수 있다. 그에게 원한을 계속 가지고 있으면 나는 그에게서 자유로워질 수 없다. 진정한 자유인은 무조건 용서하는 사람이다.

- '루카복음 7장 36절 - 50절'을 해설하신 신부님 말씀 (2007년 6월)

***오늘 법정스님이 입적하셨다.

"언젠가 우리에게는 지녔던 모든 것을 놓아버릴 때가 온다. 그때 가서 아까워 망설인다면 그는 잘못 살아온 것이다. 본래 내 것이 어디 있었던가? 한때 맡아가지고 있었을 뿐인데. 그러니 시시로 큰마음 먹고 놓아버리는 연습을 미리부터 익혀두어야 한다. 그래야 지혜로운 자유인이 될 수 있다." '텅 빈 충만'을 안고 일흔여덟에 열반에 드셨다. (2010년 3월)

탈 색

5년 전 심근경색으로 쓰러졌다. 거실에서 TV 보고 있다가 어어~ 하며 누웠다는데 가족이 흔들어도 정신이 없고, 눈동자에 흰자위만 보여 119에 신고했다. 앰뷸런스에 실려 응급실에 입원, 중환자실에서 심장응급처치 등 치료를 받고 38시간 사경을 헤맨 후 깨어났단다.

의사가 정신이 어떤지 테스트해보려고 집사람을 가리키며 누구냐고 물으니 "이웃 아주머니인가?"라고 답했단다. 그날 이후 몇 가지 기억을 못 하는 것 외에 나는 변한 게 없는 것 같은데, 집사람은 혼자 있을 때 속상하다고 울었고, 아들은 집을 나갔다. 집 분위기가 어떠했으면 가족들이 그랬을까. 나는 이해를 못했으나 현실이었다.

어떻게 변했는지 주위에서 지적해준 것들을 정리해보면 이렇다. 천연색이 단색으로 바뀌었단다. 어디 먼 나라에 갔다 온 것 같다고도 했다. 감정의 기복이 없는지 항상 덤덤하고 말이 적어졌단다. '말은 지명(知命)의 나이를 넘기면 함부로 하지 말고, 꼭 필요한 말만 하라고 현자(賢者)가 가르쳤으니 쓸데없이 지껄이지 않아야한다'

며 말수가 현저히 줄었다고.

말과 행동이 느리게 되어 노인이 된 것 같다고 했다. 정기적으로 만나는 고우(故友)는 머리가 나빠진 것 같다고도 했다. 회의할 때 목표의식이 뚜렷하고, Boss 기질이 남달랐는데, 소극적 성질로 변했단다. 사고(思考)방식이 바뀌었다고 표현하기도 했지.

어느 날 아들이 Benz 승용차를 샀는데 우리 아버지가 본시 똑똑하고, 돈도 잘 벌었다는 걸 보이기 위한 것이었다나.

세월이 흘러 같이 글 쓰던 문우(文友)를 오늘 만났는데, 지금은 옛날로 많이 돌아간 것 같다 하여 어떻게 변했는지 말해달라고 부탁했다. 모임에서 앉기 전에 상의를 벗기 때문에 옷걸이부터 준비했는데, 오늘 만나보니 옷을 벗으며 미소 짓더라 했다. 또 웃음소리가 커졌고 감정의 기복이 느껴졌단다.

표정에 생기가 있고, 어눌하던 말이 정상적으로, 걸음걸이가 씩씩해졌단다.

인생살이는 담백한 게 좋다고 생각했는데, 무미건조하면 사는 것 같지가 않으니 친구들 만나면 음담패설도 늘어놓으며 시시껄렁하게 놀아야겠다는 생각도 든다.

미국에 사시는 큰형님 댁에 2년 전에 갔다. 오랜만에 형제가 만났으니 얘기도 많이 하고, 정겹게 놀아야 하는데, 식사 끝나고 나면 덤덤히 앉았다가 침실에 들어간단다. 형님이 동생 뭐하느냐고 물어서 보면 기도하고 있어 끝나면 나오려니 하며 기다리는데 잔단다. 형님 가족들이 얼마나 황당했을까.

얼마 전 조카가 한국에 나왔는데 형님 소식을 전하면서 "삼촌이

Strange해졌다가 2년이 지난 지금은 Normal해졌다."고 보고했다. 형님 내외분께서 "Normal해졌다니 축하해야겠군!" 하셨단다.

부정맥이 있는데 치료는 않으면서, 비아그라를 먹어 심장이 경련을 일으켰고, 혈액공급이 제대로 안되어 뇌세포가 줄었으므로 탈색이 되어버린 것이리라.

얼마나 복구가 되었느냐고 그 문우에게 물었더니 100% 회복되었다고 축하한다 했다. 같이 생활하는 가족들은 80%라면서 더 노력하라고 한다. 너무 놀랐기 때문에 더 노력하라는 뜻인 것 같다. 20% 마저 채우기 위해 탈색된 부분도 천연색으로 바꾸며 살아야겠다.

(2005년 7월)

*비아그라는 미국 출장 다녀온 친구가 제약사 빌딩에서 샀으니 진짜라고, 필요시에 먹어보라며 준 건데, 약효가 놀라웠다. 1주일 후 필요도 없지만 그 대단한 약효를 보면서 박수치자 싶어 복용했음. 나이지리아에 근무할 때는 운전 국제면허도 없이 운전대 잡고, 독일이 닦은 고속도로에서 제한속도 120㎞를 150㎞로 밟은 만용을 즐겼으니, 내 성정(性情)이 너무 긍정적인가, 너무 낙천적인가, 그것이 문제로다!

(2012. 12)

경계선

카트를 밀며 묵묵히 따른다. 앞장선 아내와 두세 발자국의 간격을 일정하게 유지하도록 신경을 쓴다. 아내가 두리번거리면 따라 멈추고, 물건을 집으면 얼른 카트를 대령한다. 오늘은 절대 이것사자 저것사자 조르지 않기로 작정하였다.

몇 달 만에 따라나선 시장보기다. 지난 번 다녀간 후 느낀 바가 있어 오늘은 '구루마쟁이'만 하기로 했다. 그때가 여름이었나 보다. 쌈 거리 야채를 사면서 내가 욕심을 부려 자꾸만 집어 담았던 게 탈이었다. 며칠을 두고 먹다가 결국 반이나 버리지 않았던가. 그 뿐인가. 소고기를 골라 담았는데 그 옆에서 내가 닭고기를 주워 담고, 생선가게에서 볼일을 마쳤는데 내가 낙지 한 축을 더 담았다. 그것들 모두 후유증을 남겼었다.

그날 이후 아내는 내 도움을 청하지 않았다. 대형매장인 양재동 하나로클럽에서 생필품 일체를 일주일 단위로 사들이는 우리 집 장보기는 누군가가 도와주면 좋았다. 카트는 유치원생 한 명이 덤으로 타고 앉아도 될 만큼 큰데다, 어쩌다 바퀴가 한 쪽으로 쏠리는 것이라도 걸리는 날이면 여간 힘들지 않다고 했다.

남자들도 제법 보인다. 밤에는 젊은 부부들이 많이 찾는다는 새 풍속도가 보도된 적도 있다. 노신사 한 분이 할머니에게 야단을 맞는다. "이 무 어디 것이요? 맛있어요?" 할머니가 묻자, "철원 무라요. 맛있고말고요." 종업원의 대답. 노신사가 끼어들었다. "아, 맛있냐고 물으면 맛없다고 하갔어?"

"이 해물 싱싱하오?" "아~ 안 싱싱하다고 하갔어?"

할머니가 약이 올랐다. "오지 말라니깐 따라 와갔구선 난리야! 지랄이야!"

나는 회심의 미소를 짓는다. 아내가 웃음을 참으며 의미심장한 표정을 짓는다. 나는 긴장을 늦추지 않는다. 푸짐한 것을 좋아하는 내가 입을 열기 시작하면 큰일이다.

먹성이 남달리 좋은 것이 문제다. 오죽하면 식당의 밥그릇 크기가 한가지인 것에 불만일까. 우리나라 음식문화에서 가장 불합리한 점을 나는 음식점의 밥그릇이라고 생각하는 사람이다. 대, 중, 소의 세 가지로 구분해놓고 주문 받아야 마땅하지 않는가. 80kg인 남자와 50kg인 여자에게 왜 밥그릇이 똑같은가. 옷은 L, M ,S로 잘도 구분하면서.

공산품 코너에 가서도 사람 구경만 한다. 청소용품을 기웃거리다 펑크린을 집기에 얼른 카트를 대령하고 한마디 한다. "맥혔나?"

'구루마쟁이'가 운전기사가 되어 집으로 온다. 주차장으로 내려오는 엘리베이터에서 다시 만났던 그 노신사의 얼굴이 문득 떠올라 하하 웃는다. 워낙 하관이 발달한 얼굴인데다 부어서 입이 주먹만

하게 나왔었지.

웃다가 문득 깨닫는다. 내 웃음이 그의 얼굴 때문만은 아님을. 조심스레 도와준 것이 이것저것 간섭하거나 과잉친절을 했을 때보다 훨씬 아내를 편하게 해주었다는, 내 역할의 만족감 때문임을. 살림살이는 여자가 하는 것이지. 그렇다면 더 사라고 하는 것은 간섭이고, 더 집어담는 것도 간섭이다. 혹시 잊어버린 건 없는지 신경을 써주는 것이 과잉친절일 수도 있고, 바짝 붙어 따라 다니는 것도 과잉친절에 해당할 수 있겠다. 시장보기에서 내 도움을 사양하고 있는 이유가 그런 것들이 아니던가.

하지만 어디까지가 도와주는 것이고 어디까지가 간섭일까? 그 경계선이 어디일까? 오늘은 묵묵한 짐꾼이 좋았지만 이다음 어느 날엔, 기분에 따라서는, 왜 그리 덤덤하냐고 하지는 않을까?

경계선은 나와 상대방 사이에 놓여 있는 선이다. 그것은 쌍방의 사정에 따라 가변적일 수밖에 없다. 때로 내 쪽으로 움푹 들어와 있을 수도 있고, 때로 상대방 쪽으로 불룩 나가 있을 수도 있다. 경계선 그 자체가 가변적이라면 그것을 헤아려 지킨다는 것은 무척 어려운 일이다.

하물며 사람들은 가까운 사이가 될수록 그런 경계선을 허물려고 한다. 인간의 한계성을 망각한 착각과 욕심 때문일 것이다.

어쩌겠는가. 가장 확고한 결혼의 기반은 우정이라 했고, 친할수록 몸가짐을 조심하라는 말도 있으니, 생활을 함께하면서 나누는 이 우정에 경계선은 정신 똑바로 차려서 지키고 볼 일이다.

산다는 것은 어쩌면 이 경계선의 정확한 위치를 끊임없이 깨달으며 실천하는 연속이라고나 해야 할지 모르겠다. (2002년 9월)

어느 날의 산책

골프 약속이 오후로 되어 있는 공휴일의 아침은 무척 느긋하다. 이 느긋함에는 약간의 설렘과 긴장감이 수반되는 그 운동의 특성 때문에 무료하거나 지루할 때의 느슨함 같은 것이 없다.

'한가하면서도 나태하지 아니하고….'

이런 시간에는 어김없이 수필이 읽고 싶고 또 한 편 써보고도 싶어진다. '마음의 산책'이 시작되기 때문이리라.

그 산책 길, 내 마음의 행로에 할아버지 한 분이 서 계신다. 체구는 작고 입은 한 일(一) 자로 다무셨지만 입가에 잔잔한 미소를 늘 담고 계시는 분이다. 87세의 고령이시니 무더위에 건강을 잃으신 건 아닐까 갑자기 궁금해진다. 이어 그분에게 바칠 추도문을 미리 써두어야겠다는 생각이 든다. 두 달 전에 새 수필집까지 내신, 정정하신 어른을 두고 추도문이라니…. 이 무슨 불경스러운 발상인가. 하지만 내 산책길은 단숨에 멀리 아프리카에까지 내닫는다. 시간에 쫓기면서 곤혹스럽게 썼던 추도문에 관한 기억 한 자락. 벌써 17년이 되었다. 대통령 추도식의 추도문이 그것이다.

1979년 10월 26일의 박정희 대통령 유고 사실은 영국 BBC방송의 전파를 타고 서부 아프리카의 나이지리아에까지 날아왔다. 주파수가 겨우 맞추어져서 들렸다, 안 들렸다 했지만 시간마다 톱뉴스로 보도되는 그 소식에 종합상사의 주재원과 그 가족들이 대부분인 우리 교민들은 망연자실하였다. 영국으로 피신하자는 의견이 나올 정도로 그때 우리들의 입지는 암담하였다. 북한 공관원들은 많은 반면 우리나라는 국교수립이 안되어 대사관도 없고…. 한국에 전쟁이 일어날지도 모른다는 초조감 속에서 며칠이 흘렀다. 실제로, 같은 회사의 동료였던 동부 아프리카의 수단 지사장은 영국에 있는 회사 구좌의 예금을 TELEX로 요청하여 자기 개인 구좌로 빼돌리기까지 했었다. 그만큼이나 교민들의 심리상태는 불안했던 것이다.

경황이 그렇다보니 추도식 같은 것은 생각조차 못하고 있었는데, 한국의 장례식 날짜에 맞추어 우리도 추도식을 갖자고 KOTRA관장이 제안했다. 추도문의 작성과 낭독을 내가 맡게 되었다. 그런데 도무지 원고를 쓸 수가 없었다. 두 돌배기와 돌배기 연년생남매가 자고 있는 것을 보니 너무 황당해서 새벽까지 써지지를 않는 것이었다. 다행이랄까. 추도사 낭독은 그런대로 잘 진행되어 부인들이 흐느낄 정도로 엄숙하고 경건한 분위기가 되었지만 그것은 추도문의 내용 때문이라기보다는 원고를 아주 천천히, 숙연하게 읽어 내려갔기 때문이라고 기억된다.

전화를 걸었다. 추도문을 미리 정성을 다하여 써 두었다가 언제고 선생님의 영전에 앉게 될 날 혼자 조용히 읽으리라 결정한 후에 드린 전화였다. 변함없이 차랑차랑하지만 약간은 더위에 지치신 음성. "건강하신지요?" "그럼요, 여든여섯인 걸요. 하하하." 87세이신데 한 살 줄이신다. "아, 그렇지. 만(滿)으로 말씀하시는구나. "서사장도 가내 두루 안녕하시지요?" 선생님은 35년이나 연하인 내게 처음에 선생이라고 호칭을 쓰시다가 지금은 사장이라고 하신다.

내가 금아(琴兒) 선생님을 처음 찾아 뵌 것은 3년 전 복중(伏中) 한더위, 꼭 이맘때였다. 서울대와 출판사 등에 수소문을 한 끝에 반포의 조그마한 아파트에 노부부 단 두 분이 살고 계시다는 것을 알아내고 전화를 드렸었다.

"내가 피천득인데요?" 테너와 메조소프라노가 합성된 듯하면서 밝은 목소리.

그날 두 시간 남짓 동안 당신 삶의 흔적들을 하나하나 보여주시고, 그것들에 얽힌 생각들을 들려주시고, 내 질문에 답해 주시는 동안 나는 무척이나 행복했었고 흥분되었었다. 소설의 주인공이 현실에서 그 소설 속의 모든 것을 확인시켜 주는 것 같아 신기하였다. "「수필 같은 마음」이라는 제목으로 글 한 편을 써 왔습니다." 했더니 읽어보라 하시고 눈을 지그시 감으셨다. 원고지 20여 매를 읽는 동안 미동도 않으셨다.

"본인 앞이라고 하는 말이 아니오. 서 선생은 어쩌면 그렇게 아름다운 추억을 묘사해 낼 수 있는지, 절대로 본인 앞이라서 하는 말이 아니오." 제목을 「아름다운 추억」으로 바꾸라 하시고 턱에 닿지 않는 과찬을 하시었다. 이런 말씀도 하셨다.

"기업수필을 쓰시오. 초가집에 박꽃? 기업체에서 여러 나라를 다니면서 활동하는 사람은 기업수필을 써야하는 거요. 수필의 본질인

진솔한 마음만 표현되면 제재는 서 사장 같은 이에게 더 많을지도 모르는 게요."

"골프? 멋있는 운동이라 생각해요." 하긴 선생님의 수필 「멋」의 첫 구절이 바로 '골프채를 휘두른 채 떠가는 볼을 멀리 바라다보는 포즈.'이니…. 영문학을 연구하시고 미국의 여러 대학교에서 한국문화를 강의하신 선생님이라 동양과 서양이 여러 작품에서 만나고 있음을 본다.

오늘 아침같이 내 마음의 행로가 수필 같은 마음일 때 선생님을 향한 나만의 오롯한 추도사를 준비하기 위하여 특별히 기억나는 대화들을 하나씩 기록해 두기로 한다.

"어쩌면 내가 좋아하는 것을 그리도 잘 아시오? 잣과 꿀을 선물로 가져오다니, 그리고 나에 관하여 모르는 것이 없네요."

"선생님 수필을 거의 외우고 있을 정도이니 그렇지요."

"하늘 천(天)으로 대개 아는데(天得), 선생은 일천 천(千)으로 정확히 아는구려(千得)…. 「기도」라는 수필을 읽어보신 신부님이 나를 불러 세례를 주셨어요. 교리도 중요하지만 '기도' 같은 마음이면 자격이 있다는 거예요."

내가 차를 마시기 전에 성호를 긋는 걸 보시고 하신 말씀이다. 내 본명(세례명)을 물으셨다. 당신은 '프란체스코'라 하셨다.

"난 화제가 빈곤한 사람을 좋아하지 않아요. 서 선생과 나는 냇물과 돛단배라고 할까…."

"아닙니다. 선생님. 저는 종이배밖에 안됩니다."

선생님은 찻잔이 다 식도록 잔을 들었다 놓았다만 하셨다. 찻잔은 대화를 위한 반려로만 보였다.

"그런데 선생님은 대화를 좋아하는 다른 분들과 매우 다른 점이 있었지요. 선생님은 시와 수필에서처럼 말씀에서도 절제미를 자주 보여 주셨습니다. 선생님."

선생님께 다시 전화를 했다. 늘 여쭈어 보던 따님(재미 물리학자)의 휴가귀국 소식을 빼놓았기 때문이다. 퍽 서운하셨을 게다.

"서영이요? 8월 안에 와요!"

목소리에 더욱 생기가 넘치셨다.

이번 신판 수필집 서문에도 '나에게 글 쓰는 보람을 느끼게 하는 서영이에게 감사한다.'라고 쓰셨다. 나도 서영씨를 한 번 보러 가야겠다. 전화를 하고 가면 안 보여 주실 것 같다. 그냥 쳐들어가야지. '난영이(인형)'는 세수하고 잠자는 것까지 다 봤는데 '서영이'는 글 속에서만 봤다.

어느 공휴일 아침의 느긋한 산책이었다.

*가끔 이런 종류의 산책을 한다. 반포아파트엘 어슬렁 갔다가 후딱 아프리카까지 다녀오는…. 금아(琴兒) 선생님을 생각하다가 '아프리카에서의 추도식'을 문득 회상하는 어느 날의 마음의 행로.

처음 수필에서 뵌 지는 어언 40년이 되어가고, 반포아파트 자택에 찾아가 뵌 것은 3년 전 여름의 일이다. 오늘 안부전화를 드리다가 이 글을 쓰게 되었다. 써놓고 보니 어쩌면 '가장 내 스타일 같은 수필'이라는 생각이 든다. (1997년 7월)

마음먹기

촌지(寸志)는 뇌물일 수도, 영감의 상투일 수도 있다.

불혹에 용감하게도(!?) 아프리카지사에 지원했다. 북위 5도, 상하(常夏)의 나라 나이지리아 지사장, '수출보국'의 역군이 되겠다며….

이슬람(회)교의 나라…. 내 차로 사고 내어 어린이 숨지게 하면 내 아이 똑 같은 방법으로 숨지게, 다리 한 쪽 상해 입히면 내 아이 다리 못쓰게 만든다. '이에는 이' 나라에서 나는 운전 한 번도 하지 않고, 아내가 두 아이 싣고 병원 시장보기 등등…. '아내는 길들이기 나름'이라며 밤샘 포커 판에서 날 밤 새기도….

'긍정적(肯定的)인 사고(思考)가 행복에의 디딤돌이더이다.'라고 명저(名著) 『빈산엔 노랑꽃』에 자서(自序)해주신 초우(草友) 장돈식 선배의 '세상 살기'대로 뛰어보니 땀 밖에 안 나고, 수출전선 독려 차 오신 K회장께 "귀국하여 건강종합검진을…." 읍소하였다.(182cm에 81kg이었던 게 59.5kg이 되었음)

"수고했네!" 하시며 본사에 전화…. 인사발령 끝나 자리 없다니 "자리 만들어!" 하셨다.(전임자가 저질러놓은 대금 미수 클레임들은 해결했음)

신설된 무역회계부장, 지사장들의 실적을 평가하여 점수매기는 일도 겸하는 자리. 그들이 비행기에서 사온 양주를 촌지라며 내 책상서랍에 담아주었다.

K회장님 상재(商才)에 뛰어난 분이다. 대구에서 피난살이 할 때 신문을 대문 위에 던져놓고 사라지는 짓 계속하다 월 1회 수금하러 가면 "싫다는 말하기도 전에 도망가는 넘이니 대금 못준다!" 하면 "그래도 고맙습니다!" 하는 넉살에 이유를 물으면 "서울에서 경기고교 다니다가 와서 주린 배 채우기 위한 묘수입니다."

"왜 묘수냐?"

"무조건 몇 부를 팔아야 한다. 못 팔면 자르겠다며 할당량을 앵기니 대금 받지 못해도 던져놓고 보는 게 상수(上手)입니다."

최고의 명문고교에, 고학생이라는 말에 대금에다 웃돈까지 얹어서 주더란다.

"내 눈에는 전부 돈으로 보이는데 자네들은 눈이 침침하냐?" 하시며 점잖게 나무라셨다.

세상만사가 전부 자기에게 유익하게 보여도 탈인 게 이 세상인가. '임프바람(IMF)'이 불 때 무리하게 은행돈 끌어들이다 '콩밥' 드셨으니(분식회계지시) 성현말씀 과유불급(過猶不及)을 무시한 죗값 치러 마땅하다 하겠다.

잊을 수 없는 실화 2자락.

H 공사님(북한은 대사관이 설치된 지 2년이지만 한국은 공사)에게 '용돈'을 드리라고 하명(下命)하셨다.

"봉투에 얼마를 담을까요?"

"알아서 하라."

본사에서 일할 때 "바이어 선물을 뭐로 할까요?" 하며 3가지를 결재 올리면 우리들과 다르게 적확한 판단을 내리기로 정평이 나 있지만, 현지 지사장에게 일임하는 건 '실사구시'의 재량을 주시는 거겠지.

봉투에 무엇이, 얼마나 들어있는지 관심이 없다는 듯 "나는 그런 거 받을 수 없는 몸이네." 하셨다. 손사래까지 치면서.

정보관련 L원장님은 보자기에 담아드린 선물상자를 부인에게 준다.

"우리 집 어르신은 짠 것 드시지 않습니다."

명란젓 스스럼없는 선물인데 짠 음식은 '위암 발생 우려'라며 거절.

귀국하여 촌지 이야기하니 청취소감이 다양하다.

"뇌물 많이 받아봤을 테니 봉투 그냥 보면 얼마인지 아네. 주는 방법이 자네는 미숙하군!"

"자다가도 벌떡 일어나는 그분의 취향을 알아내어 그 취미생활에 접근했어야지!"

"짠 음식 사양 당했으면 명다(名茶)로 공격해야지."

다(茶) 하니 다산 정약용 선생이 떠오른다. 실학(實學)의 거장(巨匠)인 그는 천주학(天主學)을 믿으면서도 학문으로 용인하는 것이지, 천주교(天主教)로 믿는 건 아니라는 혜변(慧辯)으로 목숨을 잃지 않고, 목민심서 등 관직에 봉사하는 자의 필독서 저술, 천수(天壽)를 누린 선각자! 현명한 왕(정조)에게 오체투지하면서 백성을 긍휼히 여기는 '활동, 활약하는 선비'였다.

내가 다산선생이라면 어떻게 촌지를 전해야할까?

"영감! 촌지가 자선으로 격상되지도, 뇌물로 비하되지도 않는 세상에서 천수(天壽)를 다 누리며, 굴러오는 복(福)은 거두며 사십시오!" 할까.

초등학교에 들어가니 어머님이 밤을 삶아 보자기에 싸서 "막내의 담임선생님께 갖다드려라."고 누님께 말씀하셨다. '위장기능이 약하면 밤을 드시는 게 도움이 된다. 동의보감에 나와 있다.'고 말씀드리라며. 그 촌지 덕에 나는 모범생으로 성장할 수 있었던 게 아닐까.

'친(親)'을 파자(破字) 하면 '나무 木 위에 서서 立(자식이 일마치고 집에 오는지) 볼 見'이다.

촌지는 마음(心)에 따라 효과가 다르게 나타나는 요술을 부린다. 촌지에는 마음을 담아야 한다. 진심과 정성을 담아야….

잔머리는 굴리지 말고, 글감은 이리 저리 굴리며, 향기가 솔솔 나도록, 신나게 작품 만들며 살자!

늙어도 마음먹기에 따라 명작 만들 수 있으려니. (2011년 8월)

*가장 존경하고, 98세에 선종(善終)하신 금아피천득(琴兒皮千得)선생은 7순이 가까워졌을 때 절필하셨다지만, 동인지 '창작에세이'에 한 편 내야하는 의무감 때문에 억지로 쓴 것임을 혜량하시기 바랍니다.

버리기

법정스님의 '버리고 떠나기'는 못되지만 오늘 '버리기'를 실천했다.

촌놈이 서울 유학 와서 하숙집 동기로 지냈던 벗이 청첩장을 보내왔다. 호남 출신인 그는 '딸 둘이 다 경상도 청년과 맺어졌다'며 '보리 문둥이(文童ㅋㅋㅋ)' 인 나를 좋아했다.

하숙집 아주머니는 월북해버린 남편이 잉태시키고 간 딸 하나 키우느라 예식장에 가서 피아노 '웨딩 마~치' 쳐주고 약간의 보수 받아 어렵사리 살았다. 친정아버지는 의학박사로 납북 당했고, 시부는 민주공화당 총재 정구영 어르신….

아주머니는 고운 딸 시집 주고, '지명' 후반기에 재혼했다.

여우비가 슬~슬 내려 접이우산 가지고 전철을 탔다. 1시간을 타다가 내려 한참을 걸었더니 배에서 '꼬르륵' 소리가 난다. 위대(胃大)하여 뷔페음식 '산더미'처럼 담아 오니, 놓고 간 우산이 없다. "펴지도 않고 뒀는데, 날아갔나?…."

찾을 때까지 구석구석 돌아볼까 하다가 '그만 버리고 떠나자!' 한다.

옆자리 신사가 손목에 찬 '팔찌 묵주' 보더니 "교우세요?" 한다.

맥주 따라주어 고맙다며, "전교는 어떤 방법으로 합니까?" 하고 물으니 머뭇머뭇하다가 "행동으로 보여줍니다." 한다.

"좋지요! 하지만 '유비쿼터스' 시대에는 '사이버 전교'를 해야 합니다. '신앙고백(200자×15매)'을 E-mail로 날려 보내 보십시오. "성당에 한 번 나가보겠네. 고맙네!" 하더군요! 개신교 신자들이 "예수 믿으시오! 안 믿으면 지옥 갑니다!" 하며 지하철, 길거리 등에서 떠드는 것과는 차원이 다르다!고 합디다."

천주교 교리 소개서 '신앙 고백'은 내가 명동성당 '성서 못자리 반'에서 3개월 교육 받고 신부님으로부터 'A^{+}' 학점 받은 리포트이다.

오는 길 지하철 타서 보니 우산들에 빗물이 암팡지다. '지공선생'이니 종일 타고 돌아다니자. 2시간이 지나니 지루하다. 내리니 실비는 여전….

"우산이 3천원이요."

"색깔 붉은 얼룩무늬 없소? 잃어버렸다고 실토하면 마누라에게 야단맞는데!"

"어르신! 불자(佛者)에게 '보시' 하고 더 좋은 것 한 개 업어왔소! 하시구려."

"와! 좌뇌(左腦)가 무지 발달한 젊은이네요! 최장기간 베스트셀러인 『무지개 원리』 읽으셨구려!"

집에 도착 "보시(布施)하고 이것 업어왔소!" 하니 '물안개'가 살펴보더니 "어머! 잘했구려!" 한다. 성공이다! ㅎㅎ!! (2008년 9월)

산(山)에 가거든

산에 가거든
나무가 되게
자리를 찾고
위치를 묻지 말고
높은 하늘 우르르며
큰 나무 부러워 말게

태어난 곳 지키며
싹 트고 열매 맺는 행복
말없이 쓰러져
다시 거름이 된다.
산에 가면 나무가 되게
한 세상 한 평생
한 곳에서 살다가는 나무가 되게 - 신길우

개구리가 놀라서 오줌을 찔끔 싸고 튄다는 날 경칩(驚蟄), 3월 5일 우면산을 찾았다.

예술의 전당을 휘돌아 오르니 연못이 있다. '꽃씨를 뿌렸으니 들어가지 마시오.'라는 팻말이 있고 끈으로 만든 줄이 쳐져 있다.

보니 흙이 듬성듬성 파헤쳐져 있는 걸로 보아 씨를 뿌리기 전인 듯…. 줄을 건너뛰는 순간 '꽝' 하며 쓰러졌다. 6척 장신이 널브러졌으니 꼴좋다. 꼴값했네. 이눔아!

오르니 대성사(大聖寺)라는 절이 보이고 목탁 치는 소리가 요란하다. 법당 앞에 '부처님 앞에 참회하세요.'라는 팻말이 있다. '들어가지 마시오.' 했으면 돌아가야지 씨를 안 뿌린 것 같다 하며 들어 간 이 눔 참회를 어떻게 할까 생각하다가 '부처님께 절을 하자! 3배할까, 10배할까, 아니지 100배는 해야겠다.' 하며 빠르게 하니 땀이 비 오듯…. 그래, 다시는 그러지 말자! 마음 다스리자!

산골 약수터에서 물 마시는데 꿩이 푸드득 난다. 두 마리다. 배낭에서 건빵을 꺼내 던지니 그냥 도망간다. 팔을 흔들며 던졌으니…. 그러지 말고 얌전히 봉지 째 놓고 가자. 청설모도 여러 놈 나무를 오르내린다. 다음엔 세 봉지 가져오자. 겨우내 배곯고 살았겠지. 새끼 낳아 기르려면 먹이가 충분해야겠구나.

해발 293m 빠른 걸음으로 오르니 벌써 소망탑이 보인다. 박목월의 「나그네」가 없다. 그 자리에 신길우의 「산에 오르면」이 걸려 있구나.

작년까지 여러 번 오를 때마다 읽었으니 암송이 되겠지.

> 강나루 건너서
> 밀밭 길을
>
> 구름에 달 가듯이

가는 나그네

길은 외줄기
남도 삼 백리

술 익는 마을마다
타는 저녁 놀

구름에 달 가듯이
가는 나그네.

이정표 팻말에 보니 '자연생태공원 1000m'라는 표지가 있다. 다음엔 '자.생.공원'엘 가자. 금요일엔 늙은이들 산보 코스 일자산(一字山 155m)에 오르고, 수요일엔 여기 우면산(牛眠山)을 헤매자.

숲 속엔 새들이 지저귄다. 힘들면 서유석의 「가는 세월」을 읊조리며 걷자. "가는 세월 그 누구~가 잡을 수 있나요 흘러가는 시냇물을 막을 수가 있나요 … 새들이 저 하늘을 날아서 가~듯이…"

피조물인 인체의 206개 뼈 중 25%(52개)가 양발에 있다. 사람은 걷거나 달려야 건강하게 산다.

4월엔 관악산(629m)을 올라야 하니 연습 많이 해두자. 오른다 하면 정상을 밟아야 직성이 풀리는 기질이니.

문인 등산모임은 관악산을 1,000회 등정했다는, 9세 연상인 신지호 님이 이끄신다. 망신 안 당하려면 연습 게을리 말아야겠다. 도봉산 지킴이 민혜님에게 잔소리 안 들으려면 열심히 이 산 오르내리자.

(2008년 3월)

*이 글 친구에게 보냈더니 답글 왔다.

'108배(오체투지) 몸에 좋으니 매일 아침 실천하시기를 권합니다. 소생은 이럭저럭만 10년째 하며 시간은 약 11분 정도 걸립니다. 한 달 하면 틀리고 석 달 하면 틀리고 반년 하면 틀리고 1년 하면 틀리고… 인생이 달라지게 좋아지니 의심하지 말고 해보세요.

주제넘게 또 주책을 부렸나 봅니다. 넓으신 아량으로 용서하시오.'

불자(佛者)다운 느긋함과 겸손이 보이는 글이다.

존경하는 금아(琴兒)피천득 선생은 「비원」에서 이렇게 쓰셨다.

'비원은 임금들의 후원이었다. 그러나 실은 후세에 올 나를 위하여 설계되었던 것인가 한다. 연산군은 눈이 혼탁하여 푸른 나무들이 잘 보이지 않았을 것이요, 새소리도 귀담아 듣지 못하였을 것이다. 숙종같이 어진 임금은 늘 마음이 편치 않아 그 향기로운 풀 냄새를 인식하지 못하였을 거다.

미(美)는 그 진가를 감상하는 사람이 소유한다. 주인이 일 년에 한 번 오거나 하는 별장은 그 고요함을 별장지기가 향유하고, 꾀꼬리 우는 푸른 숲은 산지기 영감만이 즐기기도 한다.

꾀꼬리 우는 오월이 아니라도 아침부터 비가 오는 날이면 나는 우산을 받고 비원에 가겠다.

비원은 정말 나의 비원이 될 것이다.'

매일 아침에 108배하고, 비 오는 날 우면산에 가겠다.

자연생태공원에서 동식물들이 자연(비)에 어찌 대처하는지 살피자. 화창한 날 가서는 자연(햇볕)을 어떻게 즐기는지 관찰 해야지…. (2008년 3월)

새로운 시작

- 내가 바라는 수명(壽命)

큰처남 내외가 장인어른께 여행을 잠깐 다녀오겠다고 했다가 허락을 받지 못했다고 내게 하소연한다. 육순인 처남은 올해가 결혼 30주년이라 아버지가 흔쾌히 승낙할 줄 알았단다. "어머니가 입원해 계시는데 너희는 여행할 기분이 나냐?" 하시더란다.

큰 병도 아니고, 병원에서 보살펴드려야 할 일들이 많으므로 처남댁이 수고가 많을 것이고, 30주년을 기념하여 다녀오겠다는데 허락을 안 하셨다니 장인어른이 옳지 못하다는 생각이 든다.

장인어른은 자수성가를 한 분이고, 재산을 모아 자식들에게 지금도 물질적 도움을 주시니 대단한 분이다. 하지만 육순인 아들이 모처럼 간청하는 것을 일언지하에 거절한 것을 보며 장인어른의 입장에서 생각해 보았다.

어려운 세월을 살아왔고, 자식은 부모에게 무조건 복종하는 것이 미덕인 시대를 사셨으니, 부모가 병환으로 입원해 계시면 만사 제쳐놓고 효도해야 한다.

맞지만 시대가 바뀌었으니 자식의 입장에서 판단을 하셔야 한다는 생각을 하게 된다. 작은처남이 한 말이 떠오른다.

"아버지는 훌륭하시지만 자식에게 베풀어주고 물려준다는 '지혜'는 없다. 형님내외가 한집에서 모시면서 참 잘하고 있다. 재산 움켜쥐고 그러실 게 아니라 며느리 수고 많다고 좀 풀어놓으시면 훨씬 더 잘 해 드릴 텐데."

어른의 별명은 다산 정약용 선생과 흥선 대원군이다.

실학사상의 거두에 비유될 만큼, 나무 접목법의 신기술인 요접법(凹接法)을 개발하여 발명특허를 얻으시고, 산업훈장도 받으셨다. 일본인이 집으로 찾아와 요접법을 가르쳐달라고 애걸한단다.

나라를 개방하지 않고 쇄국정책을 쓴 것처럼 마음을 열지 않고 닫아걸고, 남을 의심하는 게 심하시다. 전화를 잘못 걸어 엉뚱한 사람이 받으면 "잘못 걸어 죄송합니다." 하지 않고 오히려 "끊으시오!" 하신다.

장모님은 완고하시다. 쓰던 물건을 간호사가 치워두었는데 잃어버렸다고 난리가 났다. 도로 갖다 주니 말도 하지 않고 치웠다며 호통을 치셨다. 그만 좀 하라고 장인이 말리자 "당신이 예수님이냐?" 하셨단다. 용서하지 말아야 한다는 뜻이다. 노망기가 아니냐며 가족들이 걱정을 하는데, 내가 보기엔 베풀며 살겠다는 마음자세가 부족해서 그런 것 같다. 절 구경 가시는 건 좋아하지만 부처님의 가르침인 '베풀라'는 생활에 실천을 못하고 사시는 것이다.

'시어머니는 늙으면 며느리에게 눈치 보며 살아야 한다.'면서, 며느리 앞에서 딸 욕을 했단다. 딸이 왜 그랬느냐고 따지니 "나도 살아야지!" 하셨다지.

늙으면 베풀 줄 알아야 한다. 인생을 성공적으로 일으키기 위하여 '집념'은 필요하다. 하지만 노인에게 지나친 집착은 추하게 보인다. 후진을 위하여 자리를 내어주고, 가진 것을 나누어 줄 때 그는 존경받는다. 고통의 시작은 집착에 있다는 불교의 가르침도 있다.

편찮으신 장모님을 보며 장인어른이 하신 말씀은 "죽는 것 불쌍해서 어떻게 봐, 내가 무슨 수를 써서라도 안 죽게 하겠다!"이다. 그러려니 많은 재산이 필요한가? 최선을 다해 치료하되 섭리를 겸허하게 받아들이겠다는 마음 자세가 필요한데….

또 몸은 늙어도 마음은 늙지 않는다고 자랑스럽게 말씀하신다. 마음이 늙으셔야 하는데…. 보낸 생에 만족하고 이제는 자신을 '귀천'하겠다고 마무리하려는 마음가짐이 중요한데….

서산에 지는 해를 아쉽다고 바라보며 집착할게 아니라, 동쪽에서 떠오르는 태양을 기쁘게 맞이하려는 자세로 살아야하지 않을까.

"나는 행복합니다. 여러분도 행복 하십시오." 몇 달 전에 선종(善終)하신 교황 요한 바오로2세가 평화로운 얼굴로 죽음을 맞이하며 남긴 말이다. 사자(死者)의 얼굴이 평화로운 미소를 띠느냐, 일그러진 모습을 하느냐는 이 세상에 대한 미련의 유무에 달린 것이리라.

10년이 넘게 파킨슨씨병을 앓은 그는 죽음이 임박했을 때 생명 연장을 위한 부가적 입원 치료를 거부하면서 하느님 품으로 돌아가겠다고 했단다.

드라마 '허준'에 보면 이런 장면이 나온다. 스승인 유의태는 반위(위암)에 걸려 다음과 같은 유서를 남기고 동맥을 끊는다. '태어난 모든 생명의 예정된 길, 죽음의 발소리를 들으며 생각했다. 만병의 정체를 밝혀 모든 생명체가 천수를 누리게 할 길은 없을까? 내 몸 가르고 살을 찢어라. 오장 육부 생김새를 살펴라. 너를 심의(心醫)가 되라고 가르치고, 나의 육신까지 너에게 주고 간다. 이 길이 내 생명을 이 세상에 영원히 남기는 길이다.'

나는 28세에 결혼했고, 희수(喜壽) 다음해인 78세에 수명이 다하기를 원한다. 금혼식을 가족과 조촐하게 보내고 죽음을 맞이하고 싶다. 너무 장수하는 것은 자식들을 고생시키는 것이며, '늙으면 죽는다.'는 섭리를 받아들이고, '늙으면 죽어야'의 섭리에 자발적으로 참여하겠다는 자세로 살아가련다.

병을 예방할 수 있는 시대에 살고 있으니 건강검진 주기적으로 받으며 88세에 선종해도 좋겠다.

다양한 직업을 동시에 가지며 폭 넓게 활동하고, 250권의 저서를 남긴 인생천재 구영한(邱永漢)은 『나는 77세에 죽고 싶다』라는 저서에서 이렇게 쓰고 있다. '한창 바쁠 때 죽는 것이 소원이다. 호기심과 모험심이 쇠퇴하면 끝장이다. 죽기 전에 때로는 예행연습을 한다.'

수명은 성장기간의 5배라 한다. 개는 5년 성장하고 25년 살며, 사람은 25년 성장하므로 125년이 수명이란다. 하지만 잘 살려면(Well being) 적절한 시기에 생을 마감하는 것이 좋지 않을까.

'죽다'의 높임말은 '돌아가시다'이다. 온 곳으로 돌아가는 것에 무서워할 일이 아니다. 육신의 부활을 약속하는 종교가 있다. 부활을 향유하기 위하여 열심히 신앙생활을 하면서 살아가야겠다.

죽음은 끝이 아니라 '새로운 시작'임을 묵상하면서…. (2006. 2)

*친구에게 이메일로 보냈더니 이런 덧글을 보내왔다.
'언제 죽고 싶다는 표현은 멋 좀 부린 것 같이 느껴지고, 아래 글이 생각납니다.
당신이 태어났을 때 당신 혼자만이 울고 있었고
당신 주위의 모든 사람들은 미소 짓고 있었습니다.
당신이 이 세상을 떠날 때는 당신 혼자만이 미소 짓고
주위 사람들은 울도록 그런 인생을 사십시오.' (2006년 7월)

**흥선 대원군은 개혁정치가로 재조명 받고 있지만, 나라를 개방하여야 하는 시대의 흐름에 역행한 점은 사실이다. (2010년 8월)

호기심

새롭거나 신기한 것에 끌리는 마음이 호기심이다. 우리는 일상생활 속에서 가끔 그런 마음이 된다.

서점에서 책을 한 권 사서 서가에 꽂을 때 당장 그 책을 읽지 않더라도 우선은 호기심을 충족한 기분이 된다. 이 경우 호기심은 흥미나 지식욕구보다 더 원초적인 것이 아닌가 싶다.

여행 중에 폭포를 만나면 그 폭포수의 보이지 않는 윗면을 보고 싶은 호기심에 늘 발길이 묶인다. 폭포의 꼭대기 끝, 내 시각이 더 이상 미치지 않는 곳을 하염없이 올려다보면서 등산로를 찾아보곤 한다. 죽령 희방폭포의 '그곳'에는 맹렬한 낙하를 앞둔 평온함이 있었다. 모인 물들이 마음을 비우는 모습, 평화였다.

골동품 수집가에게 골동품은 이미 '옛것'이 아니다. 처음 만나는 골동품은 그에게 새것이며, 그는 호기심 어린 눈으로 그것을 들여다본다. 발견의 기쁨으로 가슴 설레는 이에게 옛것이 어찌 옛것이랴.

아기가 아이 되고 아이가 어른 되는 과정에서 호기심을 빼놓을 수 있을까. 끊임없이 호기심에 끌리면서, 또한 제 몸 속의 호기심을 키우면서 성장한다. 어른 되어 분별력과 의지력을 갖추게 되면 본능적 호기심과 쾌락적 호기심은 제어당하고 쇠퇴하지만, 지적 호기심과 미적 호기심은 오히려 왕성해진다. 몸속에 키워온 호기심이 꽃을 피우는 것이다. 그것이 인간의 호기심이다. 여성은 남성보다 호기심이 더 많단다. 남의 것을 찾아서 보고 질투도 한다. 그래서 수명이 더 길다는 학계의 보고도 있다.

'사람들은 늙어 가면서/ 새것이 됩니다./ 그리고 더 아름답습니다.'라는 노래가사가 있다. 살아갈수록 새것을 많이 보게 되고, 새것을 많이 볼수록 새것이 된다는 뜻인 것 같다. 나는 이 가사에 다음과 같이 덧붙이고 싶다. '새것은 찾는 사람에게/ 더 많이 보입니다./ 호기심을 잃지 않으면/ 그는 아름답습니다.'라고.

나에게 잊지 못할 호기심 사건이 하나 있다. 어언 25년 전 일이다. 어쩌면 호기심 때문에 내 인생 길이 바뀌어졌을지도 모를 사건이다.

1980년 1월, 출장 중에 동서냉전체제하의 모스크바 공항에 들렀다. 공항 내에서의 사진 촬영이 간첩죄에 해당한다는 사실을 여행자안보교육시간에 들어서 알고 있었음에도 카메라 후래시를 터뜨린 것은 '내 용감한 호기심'의 증명사진이 필요했기 때문이다. 슬라브 민족 특유의 백치미와 러시아 모자의 앙상블, 그 소련 여성의 얼굴 사진은 증거물이 되기에 충분했다.

'원칙적으로 금지된 항로'에 대한 그날의 선택은 매우 은밀한 것이었다. 유럽에서 귀국하는 비행기 편은 파리에서 북극해로 우회하면서 앵커리지 공항을 경유하여 오는 KAL 외에 적성국가의 영공을 거쳐서 오는 코스가 있었는데, 프랑크푸르트에서 JAL을 타는 것이다. 탑승 전 현지 영사관에 전화로 신고해야 하는 절차도 무시했다. 뒷좌석의 일본인에게 말을 걸었다. 그는 미쓰비시 상사의 과장이라 했다. 서로 명함까지 주고받은 것은 내가 그 비행기를 탔다는 사실을 아무에게도 알리지 않은 데 대한 일말의 불안감 때문이었다. 회사도, 가족도, 영사관마저 모르는 데 대한….

항공기가 도착한 저녁 8시, 기내 방송이 알려준 기온은 영하 36도였고, 머리 위까지 담요를 뒤집어 쓴 채 트랩을 내려 걷는 승객들의 양편에는 이상한 총(권총과 기관단총의 중간 크기)을 허리에 찬 긴 외투 차림의 군인들이 경계자세로 서 있었다.

그 여성은 기념품코너 판매원이었다. 전시대 위에 그림같이 솟은 얼굴을 카메라에 담는 순간 호루라기 소리가 들렸다. 절도 있는 군화소리와 함께 두 명의 군인이 다가오고 있었다. 식은땀이 났다. 그들이 내 몸을 수색하는 동안 나는 카메라를 통째로 가져가라는 시늉을 했지만 무표정이다. 여권을 뒤적이며 국적을 모르겠다는 듯 고개를 갸우뚱하다가 따라 오라 한다. 황색선이 그어진 모퉁이에 이르렀을 때 퍼뜩 이런 생각이 들었다. '황색선이 국경선이다. 이 선을 넘으면 안 된다. 국적을 알고 나면 북한에 팔아먹을지도 모른다. 그들은 필경 일본은 알 것이다.' 뒤로 돌아서면서 소리쳤다.

"야마모토 갓쬬((山本 課長)!"

그가 달려왔다. 군인들은 일본 여권을 보더니 어떤 관계냐는 손짓을 했다. '친구'는 내 어깨를 감쌌다. 군인들이 카메라에서 필름을 빼내어 봉투에 담았다. 내 온몸은 땀으로 푹 젖어있었고….

호기심이 무의식의 세계에까지 녹아 있는 사람은 그것에 이끌려 인생을 걸기도 한다. 내가 아는 사람 중에 P양은 그런 여성이다. 그는 오래전에 중국어를 제대로 배우려고 중국에 유학 갔다가 대륙을 횡행종단(橫行縱斷)하였고 티베트까지 여행하였으며 지금은 미국에서 영어를 공부하고 있다. 어학 공부를 위해 그 언어들의 본토에 간 것이지만 그의 경우 공부를 위해 갔는지 두 대륙에 대한 호기심 때문에 갔는지 모를 지경이다. 얼마 전에는 벤을 몰고 20여 시간 걸려 멕시코에도 다녀왔단다.

그는 혼기를 놓쳐버린 노처녀임을 개의하지 않고 호기심을 좇아 늘 새롭게 사는 사람이다. '호기심을 잃지 않으면/ 그는 아름답습니다.'라는 내 노랫말을 그에게 들려주고 싶다.

인간의 자유의지가 인류의 역사를 만들어 나간다고 한다. 호기심 또한 인류역사를 일구어 나가는 추진제 역할을 한다고 할 수 있다. 그러나 과학 발전의 원동력인 탐구적 호기심이나 예술 창조를 위한 심미적 호기심이 없는 나는 내 일상적인 지적, 미적 호기심을 책을 읽거나, 전파미디어의 특별한 프로그램을 시청하거나, 어쩌다 한 번씩 문화생활에 해당하는 나들이를 하면서 채우고 있다.

그러다가 여행이라도 나서게 되면 그 미흡했던 일상적 호기심의 갈증이 한꺼번에 분출되어 이것저것 기웃거리며 좋아한다. 시간에 쫓긴다든가 일행과 멀어진다고 해서 호기심을 포기하는 일은 결코 없다. 피곤할 때는 여행3칙을 상기한다. '부지런할 것, 자유로울 것, 호기심을 마음껏 발동할 것'이 내가 정한 여행3칙이다. 회사를 경영하면서 업무5칙이란 걸 만들어 효과를 거두었다. 칙(則)이란 지키자는 것이며 잘 지키면 결과가 좋다. 많이 가질수록, 또 많이 쓸수록 좋은 것(多持益善, 多用益善)이 호기심이다. 여행 가방을 꾸릴 때마다 나는 호기심을 단단히 챙겨 넣는다.

호기심은 생활을 권태롭지 않게 할 뿐 아니라 윤택하게까지 한다.

호기심은 모험심을 동반하여 우리를 젊게 하기도 한다.

(1999년 가을)

통증(痛症)

고환에 통증이 느껴진다. 진통제를 먹어야할 만큼 아프진 않지만 신경이 쓰인다. 가만히 앉아 있거나 신문을 보고 있으면 기분이 좋지 않다.

백혈병에 걸린 내 친구는 "암세포와 같이 살지 뭐!" 했다. 무슨 이유로 그런 나쁜 게 자기 몸에 생겼는지 모르겠으니, 신이 내린 섭리로 받아들이겠다는 것이었다. 그것은 포기였다. 결국 그는 갔다.

약간의 통증은 몸을 함부로 쓰지 말고, 늘 조심하며 쓰라는 뜻으로 받아들이고 살아도 되겠지만…. 불교의 「보왕삼매론」에 보면 '몸에 병 없기를 바라지 마라. 병이 없으면 탐욕이 생기기 쉽다. 병고(病苦)로써 양약(良藥)을 삼으라.'고 되어 있다. 성경 사도 바오로의 고린토 2서에 보면 '내가 자만하지 않도록 하느님께서 내 몸에 가시를 넣어 주셨습니다. 그것은 나를 줄곧 찔러 내가 자만하지 못하게 하시려는 것이었습니다.'고 적혀 있다. 작은 고장을 키우지 말고 고치면서 살아야겠다는 생각도 든다.

전립선 비대증을 치료받은 병원에 갔다. 호두만한 크기의 전립선이 찐빵만큼 커졌다가 1년 동안 약을 먹어 완치했는데 "이번에는 왜 또 불알이 아픕니까?" 했다. 의사는 검사를 해보더니 요도를 타고 내려오는 오줌이 정액이 나오는 길(고환액도)로 잘못 흘러 들어가서, 오줌에 있는 세균이 고환 속에서 퍼지고 있다고 했다. 왜 남의 길로 들어갔느냐고 물으니 몸이 피로하거나 신경을 너무 많이 쓰면 그럴 수 있단다. 고환 길 문이 긴장이 풀어져서 오줌이 고환으로 들어간단다. 문은 긴장이 풀리면 열리는 것이다. 여성과 달리 남성은 요도와 고환액도가 다르므로 그럴 수 있단다.

지난 주말 해발 832m의 비슬산에 올랐더니 무리가 되어 육신이 정상적으로 작동을 하지 않았나보다. 하긴 등산 전부터 아프기 시작했으니 원인은 아니지만 무리를 해서 심하게 진행되었을 수는 있겠다. 걷는 것 한 시간 정도만 하고, 등산은 해발 500m정도가 내 나이에 좋단다. 항생제를 처방해줘서 여러 날 먹었고, 좌욕이 좋다기에 자주했다. 마지막 약 먹고 나니 통증이 멎었다. 그런데 그날회식이 있어 술을 마셨다. 다음 날 또 통증이 느껴진다.

약 끊고 나서 며칠 더 있다가 음주했으면 괜찮았을 거란다. 술은 육신의 세포를 헬렐레하게 만들어 저항력을 떨어트린단다. 피 속에는 백혈구가 있어 세균이 침입하면 싸우는데, 세포가 저항력이 떨어지니 균이 이기는 것이라 했다.

정신적으로 스트레스를 받아도 백혈구는 증가한다. 스트레스를 받은 세포는 저항력이 떨어지므로 더 많은 백혈구가 있어야하기 때문이다.

술은 육신이 건강할 때 마셔야 기분이 좋아진다. 세균이 있거나 스트레스가 생겼을 때 마시면, 늘어난 백혈구와 함께 긴장하려는 세포들을 헬렐레하게 만든다. 그러면 저항력이 떨어져서 뇌가 긴장하라고 명령하는 대로 세포들이 움직이지 못하기 때문에 기분이 나빠진다.

기분이 나쁘거나 스트레스가 생겼다고 술을 마시지 말자. 창조된 몸 관리에 역행하는 짓이다. 주어진 육신은 병을 이기도록 관리해야 한다. 또 육신에는 간처럼 침묵의 장기도 있다. 아파도 내색 하지 않다가 많이 아프면 죽어버리는 장기는 평소에 정기검진을 받아야 한단다. 하늘로부터 받은 육신 After service뿐 아니라 Before service도 하면서 관리하자. 과유불급(過猶不及)이라 했다. 운동도 적당히 해야 좋은 것이다.

청정지역을 찾아 카자흐스탄에 가서 살던 미당 서정주 시인은 치료시기를 놓쳐 전립선암으로 갔고, 고환암을 조기에 발견하여 치료한 사이클 황제 R-암스트롱은 완치하여 기록을 경신하고 있다.

단전호흡을 자주 하면 아랫배에 기(氣)가 생겨 요도와 정액도의 교통정리가 잘 되므로 신호위반하는 일이 없단다.

항생제 일주일 복용해도 아파 병원에 다시 갔다. 정액을 짜내어 현미경으로 균의 상태를 관찰해보고 좋아졌다고 한다. 하지만 다른 원인으로 아플 수도 있을 것 같아 종합병원에 가보고 싶다고 하니 소개장을 써 준다.

고환과 전립선의 초음파검사를 하고 혈액검사까지 샅샅이 해보더니 아무 이상이 없다고 한다. 암과 기타 어떤 질병도 발견할 수 없단다.

인체는 우주와 같아 인간이 모르는 병이 많다 했다. 신이 창조한 우주를 인간이 다 모르듯이, 인체도 인간의 능력 밖인 부분이 많단다. 예를 들면 불치병 '루게릭', 원인을 알면 치료방법도 개발할 수 있겠지만 원인을 모르는 그 병은 신의 영역이란다.

어제는 아프지 않아 이젠 다 나았나보다 했더니 오늘은 또 아프다. 세상에 믿을 놈 없다며 다시 그 의사에게 갔다. 부부관계를 얼마 만에 한 번씩 하느냐고 묻기에 마누라가 싫다고 도망 다녀서 안 한다고 했다. 할아버지는 80, 90세가 되어도 문지방만 넘어갈 수 있으면 할 수 있고, 해야 된단다. 여자는 늙으면 호르몬이 나오지 않지만 남자는 생산되는 것을 빼주지 않으면 전립선이 부어서 통증을 느끼게 된단다. 항문 쪽을 문질러서 나오는 액을 받아 현미경으로 보더니 균이 없다며 5일에 한 번씩 와서 액을 뽑으라 했다. 그게 무슨 액이냐고 물으니 전립선액과 요도액과 정액 3가지가 골고루 섞인 거란다.

병원 가서 뽑을 게 아니라 목욕하다가 스스로 한 번씩 뽑아줘야겠다. 며칠이 지나서 약도 먹지 않는데 통증이 왜 없어지냐고 하니 부운 것이 빠져서 그렇단다.

물은 고이면 썩는다고 했다. 생성된 액이 배출되지 않으면 그것을 만든 고환이 아프단다. '생로병사의 비밀'에서나 나옴직한 인체의 구조다.

며칠이 지난 후 갑자기 또 아프다. 집에 비상약으로 보관중인 진통제를 먹어도 통증이 멎지 않는다. 밤이 이슥하여 식구들은 다 자는데 참을 수가 없다. 아들을 깨워 차 몰아 병원 응급실에 갔다. 진통제 주사를 맞고 약을 받아 왔다. 병원 약은 약국 약보다 독하단다. 이틀 동안 먹다가 약 먹을 시간이 지났는데도 아프지 않다. 진통제 먹지 않아도 아프지 않으니 이건 또 웬 조화인가. 바오로사도의 말씀 '자만하지 말라'만 묵상하고 지냈는데 참 이상하다. 집사람에게 멀쩡하다고 하니 '인명재천이라 그런가보다' 했다. 우리가 아프고 죽는 것 하늘의 뜻이니 그저 순종하고 살자는 뜻이리라.

젊었을 때 뇌 조직의 일부인 시상하부에 손상이 가서 왼쪽 팔 다리가 저리고 시렸다. 시야의 좌우대칭이 맞지 않아 운전 중에 교통사고를 낸 적도 있다. 그런데 언제부터인가 그 증세가 없어졌다. 치료를 하지 않았는데 자연치유가 된 것이다. 그 병의 원인은 스트레스였던 것 같다.

멍~하게 앉아 있으면 아프다. 연속극을 보며 조금 우스워도 박장대소하고, 정신력 집중하여 기도하고 있으면 통증이 느껴지지 않는다. 야구장에 가서 응원가 부르고, 소리 지르고, 손뼉 치면 아프지 않다. 운동장의 기(氣)를 받아 통증이 사라지나 보다. 잠잘 때 동통으로 잠들지 못하면 물파스를 바르면 잠이 온다. 비 오는 날은 더 아프다. 신경통 환자가 된 걸까.

하느님이 창조하신 인체 정말 알다가도 모를 일이다.

(2006년 7월)

*문우 민혜님께 이 글 보냈더니 '지는요, 고환이 없어서 모르니 가진 샌님 잘 고쳐서 간수하시기를!' 하는 문병문(問病文) 보내왔다. 동화작가이기도 한 님은 유머러스하게 인사해 와서 웃었다. 다른 여자분들에게도 보내야겠다.

4.

황색호수

황색호수

한여름의 녹음, 그 초록 위에서 반사되는 햇볕은 흰색이었다. 이제 가을의 초입에서 겸손한 녹색 잎들 위에 내려앉은 햇살을 보노라면 햇볕 색깔은 황색임을 안다. 한낮의 가을볕이 따갑다고 하지만 이미 눈부신 백색은 아니다. 피하고 싶지 않는, 정겨운 담황색이다. 파란색 하늘이 높아진 오늘 아침에 숲 속을 파고들어 길 위에 얌전히 앉은 햇살 또한 황색이었다.

황색은 결실의 색이다. 결실이 있기에 그 아름다움이 생명력 있게 보이는 것, 그것이 황색의 미학이다.

벼가 고개를 숙이기 시작하는 논은 녹색과 황색이 혼재해 있다. 아직 벼 잎들은 녹색이고 나락들은 황색이기 때문이다. 색상이 우리 마음에 주는 느낌은 매우 상대적이어서, 가령 녹색이 젊음의 상징임에는 이견의 여지가 없지만, 벼가 누렇게 익어가는 논에서의 푸른 기운은 눈에 거슬린다. 실제로 차창 밖으로 더 완연한 황금빛을 기대하면서 내다보는 논들 중에 띄엄띄엄 푸른 기가 있는 늦된 논이 보일 때는, 설익어서 풋내 나는 과일을 대할 때처럼 싫은 것이다.

9월의 마지막 휴일쯤, 우리는 푸르른 잔디가 누렇게 변해 가는 것을 보게 된다. 이때 황색은 고사(枯死)의 색깔이다. 식물에 있어 대체로 고사의 색깔은 갈색이지만 이처럼 황색도 때로는 고사의 색깔인 것이다. 그런가 하면, 황색이 새 생명의 색 또는 새 생명을 준비하는 색이라는 점에서 나는 황색의 신비를 다시 예찬하지 않을 수 없다. 나무를 관찰하여 겨울옷을 입은 채로 봄을 기다리고 있는 새싹의 속살을 훔쳐보면, 생명의 색은 담황색임을 안다. 탄생은 하였지만 강보에 싸인 아기도 담황색이다. 젖내음의 색깔 또한 담황색이 아닌가.

햇볕 쏟아지는 논, 그 축복의 풍광을 보노라면 조선시대의 풍속도 한 점이 떠오른다. 달력에 인쇄된 것이지만 액자로 만들어 10여 년 동안이나 현관에 걸어두었던 그림이다. 출근 때 집을 나서면서 자주 그 그림을 쳐다보곤 했었다. 그림의 내용은 햇곡식으로 만든 음식상을 동네 노인들이 받고 흐뭇한 얼굴로 앉아 있는 한 농가의 잔치 풍경이다. 부농(富農)인 듯한 그 집의 울 밖에서는 아낙들과 아이들이 안마당을 넘어다보고 있다. 그 그림을 내가 좋아한 이유는 두 가지였다. 음식을 만들거나 나르는 부인들의 옆얼굴과 울 넘어 구경하는 사람들의 얼굴까지, 그림에 담긴 모든 사람들의 표정에 행복감과 미소가 담겨져 있는 것이 그 하나였다. 다른 하나는 밥그릇에 수북이 담긴 고봉의 밥이었다. 밥그릇 높이보다 더 높이 담아 올린 밥!

내가 고봉의 밥을 좋아하는 데는 사연이 있다. 당시 다니던 회사인 D그룹의 K회장님. 그분은 젊었을 때부터 밥을 고봉으로 담은 생일상을 받는다는 소문이 나 있었다. 신입사원을 직접 면접하던 창업 초기에는 아침식사를 얼마나 하느냐고 물어보아서 한 그릇 다 비운다고 답해야 채용했다는 일화도 같은 맥락의 이야기이며, 일 많이 하기로 정평이 났던 회사이고 보면 납득이 가는 말이다. 그 분 자신 얼마나 많은 일을 할 수 있는지 인간의 한계에 도전해 보겠다고 자주 말하는 것을 들으면서 우리는 일했다. 고된 직장생활을 계속하는 동안 내 마음에 뿌리내린 것은 고봉의 밥은 복을 가져다준다는 것이었다. 상징적으로, 일이 고달팠기 때문에 그렇게 믿으려 했을지도 모르겠다.

갈색의 계절이 오기 전에 추석 한가위가 있음에 나는 감사한다. 그리고 명절 음식이 푸짐한 것을 보고 자란 나는 음식이 남을 정도라야 집에 복이 찾아온다고 믿고 있다. 액자에 담아 걸어두었던 그 풍속도는 바로 D그룹의 달력에 실렸던 그림이다. 기획시리즈로, 단원 혜원 등의 풍속도 12폭씩을 해마다 달력에 담아 수년 동안 소개한 것 중의 하나였다. 음식 만드는 일에 취미가 없고 명절 음식도 약간 모자라는 듯이, 알맞게 준비하는 아내에게 나는 명절 때마다 불평이다. 나의 위대(胃大)함 때문이기도 하지만 나는 음식이 푸짐하게 차려진 상을 보면 풍년의 논, 나의 사랑하는 황색호수를 연상하는 것이다. 저녁때는 노을의 반사를 받으며 붉은 기운마저 드리우는 황색호수.

우리와 같은 쌀의 문화권에 속해 있는 베트남의 기업인이 회사에 들렀던 며칠 전, 연구소를 둘러보고 공장으로 이동하는 3층 계단에서서 탁 트인 들판에 벼가 누렇게 익어가는 풍경을 보면서 그가 한 말은 "오, 풍요롭고도 평화로운 광경!(Scene of plenty and peace!)"이었다.

가을비 한 번 흠뻑 내리면 나뭇잎들은 서둘러 갈색 옷으로 갈아입고, 이 황색호수의 물결도 차츰 사라질 것이다. 나는 지금 차를 버리고 호수의 한가운데에 서 있다.

황색은 영감(Inspiration)의 색,
영감은 블랙에서 준비하다가,
짙은 옐로우에서 분출한다.
반사하는 화이트에서는 달아나 버리고…
황색호수에
황색 햇살 가득 내리니
오! 찬란한 황색의 잔치.
따뜻함과 풍요와 평화가
출렁이는
황색호수.
백색 햇살 눈부시던
여름에는
차라리 졸립기만 하던 영감이
황색 위에서 일렁임을 본다.
젊음을 완성한 황색 위에서.

(1997년 가을)

*오늘 황색호수에 와 보니 며칠 전 덮친 태풍에 쓰러진 볏단들을 일으켜 세우고 있다. 신발 벗어 놓고 거드는데 농민의 수고로움이 땀으로 느껴졌다. (2010년 9월)

눈(眼)

회사 경영을 맡은 50대까지 나는 눈초리가 매섭다는 소리를 들었다. 회사 구내를 순시할 때 회장은 직원들에게 '걱정 없느냐?' 등 덕담하시며 돌았지만, 사장인 나에게는 직원들이 '거짓 보고 하다가는 큰일 나겠지' 하는 눈빛으로 나를 맞았다.

이순(耳順)을 살고 있는 나는 이제 눈매가 부드러워졌단다.

가자미눈(곁눈)은 얼굴 방향과 달리 다른 곳을 보는 눈이다. 그것은 남을 속이려는 것이 아니라 남을 훔쳐봄으로써 스스로 험한 세파를 이겨내기 위한 눈 굴림이다.

지방단체장 후보들이 TV대담을 하는 것을 보았는데 'ㄱ'후보는 눈에 살기가 돈다는 평을 들었다. 도끼눈이란다.

눈은 4종류가 있다고 한다. 육안(肉眼), 지안(智眼), 심안(心眼), 영안(靈眼)들이다. 허준 선생은 심안이고, 성직자는 영안을 가졌다고 한다. 우리는 봉사활동 하면서 가끔 심안이 된다. 검도 등 무예를 익히는데도 심안을 가져야 한단다.

혜안(慧眼)은 4종류의 눈을 통 털어 '사물의 본질이나 이면을 꿰

뚫어 보는 눈, 불교에서 말하는 오안(五眼)의 하나로 차별이나 망집(妄執)을 버리고 진리를 통찰하는 눈'이다.

투표의 계절이 오고 있다. 혜안을 맑게 치뜨고 의인(義人)에게 표를 던져야 한다.

'ㄱ'후보는 '우리나라'를 '저희나라'라고 해서 식자들이 한심한 후보라고 했다. 무식한 인간이라고 분통을 터뜨렸다. 방송에 나와 그런 소리를 하다니 경고를 줘야 마땅하단다. '저희'는 '우리'의 낮춤말이다. 조국을 비하해서 부르다니…. 또 '자기나라'라고 소유격을 쓰다니…. 우리 모두의 공동체를 자기 개인 소유물과 구별도 못했지.

또 동문서답을 한다는 지적도 많았다. 상대방의 대답을 다 듣지 않고 말해 '들을 줄 모른다.'는 지적도 있었다.

환자 방문을 가면 6년 동안 불치병(루게릭)을 앓고 누워 있는 분이 있다. 누구를 찍으려 하느냐고 물으니 그 '도끼눈'은 안 된다고 한다. 그분이 의사표시를 하는 방법은 훈민정음 문자판을 보이며 글자 하나씩을 가리킬 때 눈을 깜빡하면 선택하는 방법으로 글자를 쓴다. 같이 봉사하러 갔다가 문자판을 들고 의사소통을 도우는 분은 'ㄱ'후보를 찍겠다고 했다가 환자분께 혼났다. 누워만 지내면서 세상물정 모를 것 같은 분이 혜안을 잃지 않고 누워 있다.

눈은 마음의 창이라 했다. 창문을 맑게 닦으며 살아야겠다.

(2006년 5월)

실존의 흔적

해묵은 사진들을 정리하다가 어머니의 흑백사진 한 장에 시선이 멎는다. 목도리를 머리 위로 감아 두르고 양단 두루마기 차림에 핸드백을 드신 모습이다. 얼굴과 차림새로 보아서는 노인의 모습인데, 어머니 옆에 서 있는 나의 복장과 사진배경으로 미루어 당신이 50대 후반이었음을 확인하고 놀란다.

찬찬히 들여다본다. 인물사진이 아니어서 얼굴이 작긴 해도 앞가르마가 선명한 것이 비녀를 찌르신 듯하다. 많지 않은 머리숱이 목도리에 눌려 가르마의 자리가 더 크게 보인다. 15여 년 후에 찍으신 영정 사진의 얼굴보다 더 늙어 보이시다니….

영정 사진을 올려다본다. 비록 표정은 잔약(孱弱)하시어도 가발 때문에 그리 늙은 모습이 아니다. 가발의 위력이 15년 세월의 두 모습을 뒤바꾸어 놓은 것이다.

두 사진을 번갈아 보다가 당신의 '헤어스타일'에 대해 오랜 기억을 더듬게 된다. 40대 무렵, 그러니까 나의 초등학교 시절까지 어머님은 비녀를 꽂으셨다. 그 후 파마머리 시절을 지나 60대 중반에 가발을 하셨다. 그러고 보면 이 사진은 파마를 하신 50대이지만, 목도리 때문에 비녀를 꽂은 것 같은 머리 모양이 되어 촌로(村老)같은 데다, 우리가 장성하기까지 고생하신 흔적이 채 가시지 않은 모습인 것이다.

나는 방 안에 걸어두고 있는 영정 사진을 볼 때마다 당신을 생각하고 영혼의 안식을 위해 기도해 왔다. 하지만 한 가지 마음에 걸리는 것이 있었다. 바로 가발이었다.

요즘 기술로 하면 이렇게 어색하게 보이지는 않을 것이다. 20년 전의 가발이라 전혀 자연스럽지 못한데다, 더구나 당시 경제사정도 고려하셨을 것을 생각하면 자식으로서 아무 할 말이 없다. 그저 아쉬울 뿐이다.

차제에 나는 어머님 사진 액자를 다른 것으로 바꿀 생각이다. 어색한 머리모양을 더 이상은 어찌할 수가 없다. 작년에 10주기를 지냈으니 이제는 그리운 정한도 성이 찬 때문일까. 지금까지는 애틋한 표정의 얼굴 모습 때문에 어울리지 않는 가발쯤이야 참아 낼 수 있었는데….

죄송한 생각이 들기도 한다. 하지만 저 사진이 영정 그 자체는 아니다. 장례식 때 영정으로 모셨던 사진을 형님이 추가로 인화해서 내게 주신 것이다. 송구스런 마음을 한결 홀가분하게 해주는 것은 최근에 탐독한 책 한 권이다. 마이클 뉴턴 박사는 『영혼들의 여행』에서 영혼에게는 슬픔과 고통이 없고, 영혼의 세계에는 평화만이 늘 함께한다고 증언하고 있다. 영혼의 세계를 추적한 그 연구기록에 의하면 어머님은 지금 편안하게 살고 계신다. 나는 그것을 믿고 싶다.

이제 애잔한 그 모습은 곱게 접어 가슴 속에 묻어 두고, 웃음 띤 어머님의 영혼을 생각하련다. 앨범에서 새 액자에 담을 사진을 찾아낸다. 노인대학 졸업식 때 찍어드린 칼라사진이다. 학사모를 쓰고 검정가운에 꽃다발을 안은 채 밝게 미소 짓고 계신다. 학사모 밑으로 내비쳐 보이는 가발의 옆 머리카락이 참 멋스럽다.

액자를 내린다. 옆에 나란히 걸린 아버님 액자도 함께 내린다. 두 분을 마주 포갠다. 아버님은 '왜 내 것까지 덩달아 내려?' 하시는 것 같다. 하지만 당신이 '귀향'한 지 어언 40년이 넘었으니 지금은 그 누군가에게 환생해 계실지도 모를 일이다. 뉴턴 박사가 소개한 사례(케이스)에 의하면 현재 미국에서 살고 있는 한 여성은 약 10만 년 전, 구석기시대의 중기에 처음 그 영혼이 지구에 온 이래 수많은 환생을 거듭하였다. 영혼의 실체에 관한 규명과 영계에서의 영혼들의 실존 상황들을 읽어 나가는 동안 나는 어머님의 영혼이 영계에서 편히 쉬고, 아버님의 영혼은 환생하셨거나 환생을 준비하고 계시리라는 생각이 들었었다.

오늘 나는 어머님 사진을 보다가 부모님의 영혼을 생각했고, 지금은 내 영혼을 생각한다. 내 영혼은 몇 번이나 환생을 한 영혼일까? 이 영혼은 이 육신에 대해 만족하고 있을까?

한참 후, 서가에서 『영혼들의 여행』을 꺼낸다. 맨 뒷장에 써 둔 독후감을 찾아 천천히 읽는다.

> 이 책을 다 읽고 나서 나는 생각한다. 내 인생의 목적이 무엇인가를. 내 인생의 목적은 '나에게 깃들인 영혼이 나와 함께 살다가

영의 세계로 돌아가면서 "좋은 인생이었다. 만족스럽게 나는 돌아간다."라고 말할 수 있게 사는 것'이다. 나는 그렇게 살고 싶다.

실존이 남긴 흔적을 보면서 영혼의 실체를 생각한다. 그 실체가 환생과 귀향, 귀향과 환생을 계속하면서 실존한다면 나의 영혼은 불로장생하는 것이 아닌가. 하지만 나의 영혼은 '내 것'이 아니다. 내 것은 이 육신일 뿐이다. 이 육신이 영혼과 결합하여 한 세상을 살아가는 것이 나의 실존이다. 영계에서의 영혼이 절대자에게 더 가까운 존재라 하더라도, 인간의 실존 그것은 최고의 가치일지 모른다.

(2000년 2월)

심삼제(心三題)

- 마음가짐의 자세 -

천국은 현재의 마음의 상태에 달려있다. -요한 바오로 2세

1. 자 선

부활절 전 40일 동안의 사순절 기간에는 단식을 권장한다. 한 끼는 굶고 한 끼는 반만 먹고, 먹지 않은 몫을 불우이웃에 적선하라고 한다.

아낀 몫을 전하려고 양재역 쪽으로 향했다. 그곳에는 두 다리가 절단되어, 엎드려서 성가 들으며 구걸하는 형제가 있다. 평소에 지나다니다 가끔 적선을 했지만 사순절기간에 더 자주 찾아 가야겠다.

가는 길에 우리 집에 야구루트를 배달하는 아주머니를 만났다. 인사를 하고 성당에 가 봤느냐고 물었더니 가 본 적 없단다. 단식에 대한 가르침을 말하면서 아낀 돈을 주러 간다니 자기는 돈을 주지 않는다 했다. 앵벌이는 받은 돈을 대부분 뜯기므로 돈 대신 먹을 것을 준단다.

부근에 횡단보도 건너는 행인들에게 바구니를 들이대며, 도와달라는 젊은이가 있다. 몇 번 돈을 넣었는데 아주머니 말 듣고 보니 그러지 말아야겠다. 멀쩡한 육신으로 노동해서 먹을 것 벌어야지 손 벌리는 건 잘못 가르치는 거라는 생각이 들었기 때문이다.

언젠가 남녀 2명이 차비가 없다며 도와달라기에 천원을 주니 두 명이라 2천원을 달란다. 다른 행인에게도 부탁해 보라 했다. 쉽게, 한꺼번에 해결하려는 심보를 고치려고 줬던 천원도 도로 뺏어버리고 싶었다.

불교는 자비를 가르친다.

기독교는 '서로 사랑하라'를 가르친다.

성서 마태오 복음 25장에 이렇게 적혀 있다.

최후심판

"인자가 영광에 싸여 모든 천사와 더불어 오면 영광스러운 옥좌에 앉을 것입니다. 그는 목자가 양과 염소를 가르듯이 앞에 모인 사람들을 서로 갈라서 양은 오른편에, 염소는 왼편에 세울 것입니다. 그때 그는 오른편 사람에게 말할 것입니다. '내 아버지의 축복을 받은 사람들아, 와서 창세 때부터 너희를 위해 마련해둔 나라를 상속받아라. 너희는 내가 굶주렸을 때 먹을 것을 주었고, 목말랐을 때 마실 것을 주었으며, 나그네 되었을 때 맞아들였다. 헐벗었을 때 입혀 주었고, 병들었을 때 돌보아주었으며, 감옥에 갇혔을 때 찾아와 주었다.'

그러면 의인들이 대답할 것입니다. '주님, 저희가 언제 주님이 굶주린 것을 보고 잡수시게 해 드렸으며, 목마르신 것을 보고 마시게 해 드렸습니까? 저희가 언제 주님이 나그네 되신 것을 보고 맞아드렸으며, 헐벗으신 것을 보고 입혀 드렸습니까? 저희가 언제 주님이 병들거나 감옥에 갇히신 것을 보고 주님을 찾아갔습니까? 이에 인자가 말할 것입니다. '진실히 말하거니와, 너희가 지극히 작은 내 형제 가운데 하나에게 해 주었을 때마다 그것은 바로 나에게 해 준 것이다.' 아울러 인자는 왼편 사람들에게 말할 것이다. '저주받은 자들아, 나를 떠나 악마와 그 심부름꾼들을 위해 마련된 영원한 불 속으로 가라. 너희는 내가 굶주렸을 때 먹을 것을 주지 않았고 목말랐을 때 마실 것을 주지 않았다. 나그네 되었을 때 맞아들이지 않았고, 헐벗었을 때 입혀 주지 않았으며, 병들고 감옥에 갇혔을 때 찾아오지 않았다.' 그러면 그들이 대답할 것입니다 '주님, 저희가 언제 주님이 굶주리거나 목마르거나 나그네 되거나 헐벗거나 병들거나 감옥에 갇히신 것을 보고도 주님께 시중들지 않았다는 말씀입니까?' 이에 인자가 말할 것입니다. '진실히 말하거니와, 너희가 이 지극히 작은이들 가운데 하나에게 해 주지 않았을 때마다 그것은 바로 나에게 해 주지 않은 것이다.' 그래서 이들은 영원한 벌을 받으러 갈 것이고, 의인들은 영원한 생명을 누리러 갈 것입니다.

4순절 기간 중에 자선을 묵상하며 읽어야할 성경 말씀이다.

마음 자세를 어떻게 가져야 하는지 스님의 글을 보자.

불교 비구니스님, 가톨릭과 성공회의 수녀, 원불교 교무 등 종교인들의 모임인 삼소회(三笑會)회원들이 성지를 찾아 다녀온 기록이다.

불교의 성지 인도에서 붓다를 찾아보았다. 그 옛날 붓다는 누더기 옷과 걸식으로 철저한 무소유를 실천하면서 '마음을 비워 욕심내지 말고, 서로 어우러져 차별하지 말라'는 성자의 길을 가르쳤다. 그러나 인도에는 아직도 '접촉하는 것조차 더럽다.'는 '불가촉천민'이 동물처럼 살아가고 있었다. '천민촌'이 없어지는 날, 그때 붓다를 만

날 수 있을 것이라는 희망을 간직한 채 인도를 떠났다.

성자의 땅 예루살렘에서 예수를 만나 뵙기를 간절히 바랐다. 올리브동산, 골고다언덕, 나사렛마을 등을 돌면서 성자의 길을 듣고 배웠다. 예수가 얼마나 거룩한 삶을 살고 모두를 구원하려고 자신을 내던졌는가를 배울 수 있었다. 그러나 그곳에서도 살아 숨 쉬는 예수는 만나지 못했다. 아집과 편견에 젖은 사람들의 길만 널려 있을 뿐이었다.

성자의 길이 구현되기 위해서는 먼저 여러 가지 장벽을 허물어 버려야 할 것이다. 자기의 신념을 남에게 강요하기보다는 좀 더 자신을 비우고 침묵하면서 다른 이의 마음을 배려할 필요가 있다.

골고다언덕에서 예수의 고난을 자신의 것처럼 가슴 아파하고, 성자의 가르침에 귀 기울이려고 눈물짓는 여성수도자들의 눈망울 속에서 그나마 예수의 그림자를 만날 수 있었던 것은 귀한 추억으로 남는다.

불교 경전 금강경의 마지막 구절은 이렇게 맺는다. "모든 것이 내 마음에 있는 것으로 마음 밖에는 아무것도 존재하지 않는다."

'마음을 두고 있는 사람이 있다'는 '그 사람을 사랑한다.'는 뜻이다. 최고의 마음 자세는 사랑이다.

천주교 성가에 보면 이런 구절이 있다.

'내 마음은 주님이 지어내신 작은 그릇, 내 마음은 주님이 가꾸시는 작은 정원.'

2. 심의(心醫)

인체는 신비롭다. 우주에 비유되는 인체는 인간이 오랫동안 연구해 왔지만 아직 그 신비의 절반도 알아내지 못하고 있단다. 병원에서 못 쓰게 되었다고 진단한 장기가 자연치유 되는가 하면, 천형이라고 하는 나병은 아직도 원인과 치유법을 완전히 알지 못하고 있으며, 루게릭병은 생명과학(줄기세포 등)의 연구가 시작단계에 있어 언젠가는 치유법이 개발될 것 같다.

사람이 마음을 잘 다스려야 사물도 잘 풀리고, 몸의 질병도 치유되는 것 같다. 한의학에서는 '마음의 병'을 중요시 한다.

드라마 「허준」에 보면 심의의 정의를 예진아씨를 통하여 알 수 있다.

처음에 스승이 가르친 심의의 정의는 '병자들이 찾아오기를 기다리지 않고, 그 삶 속에 뛰어 들어가 그들과 삶을 같이 하는 의원'이었고, 그 후 허준이 정의한 심의는 '병자의 고통을 보면서 같이 마음 아파하는 의원'이었다. '긍휼히 여겨 심신을 다 바쳐 치유에 힘쓰는 의원', 그리고 최종적으로 예진이 말한 그것은 '진심으로…진정으로 병자를 사랑하는 의원'이었다.

끝 장면, 시나리오의 원본 그대로를 여기에 옮겨 놓는다. 내 마음 속의 허준선생과 예진아씨를 그리며.

103 산길
산등성이에 난 산길을 걸어가는 예진과 계집아이의 뒷모습
꾸불꾸불한 산길을 걸어가는 모습이 원경으로 잡히고.
(지리산 자락 허준의 무덤을 다녀오는 두 사람의 대화)
아이　　내의녀님
예진　　왜 그러느냐…
아이　　누구의 무덤입니까?

예진　　내가 평생을 가슴에 두고 존경한 분이란다.
아이　　뭐 하셨던 분입니까?
예진　　의원이셨다.
아이　　……
예진　　그분은 ‥ 땅 속을 흐르는 물 같은 분이셨지…
아이　　……
예진　　태양 아래서… 이름을 빛내며 살기는 쉬운 법이란다. 어려운 것은… 아무도 모르게… 땅 속을 흐르며, 목마른 사람의 가슴을 적시는 거지… 그분은 그런 분이셨다. 진심으로… 진정으로 병자를 사랑한… 심의셨어.

… 중략 …

붉게 타는 노을…

멀어져가는 예진의 뒷모습에서 스톱모션.

내가 일주일에 한 번씩 방문하는 불치병(루게릭) 환자에게 이렇게 기도하고 있다.

"우주만물을 창조하신 하느님. 인체는 인간의 노력으로 다 알 수 없는 신비체이므로 전능하신 하느님께서는 물을 포도주로 변화시키는 첫 기적을 행하시고 많은 병자를 치유해 주신 능력으로 이 형제에게 자비를 베푸시어 치유의 은총을 허락해 주시옵소서.

심의이신 주님 이 형제를 긍휼히 여기시어 일으켜 주소서."

3. 단식의 효과

성직자들은 단식을 자주 한다. 내가 아는 한 분은 단식의 효과를 이렇게 말씀하셨다.

“3일이 되니 길거리의 돌멩이들이 삶은 고구마처럼 보이고, 7일이 지나서 속이 완전히 비니 마음도 비워지더라. 그 빈자리에 ‘들어올 수 없었던 사람들’이 들어오더라. 미워서 ‘거부하던 사람들’이 채워지기 시작하더라. 원수로 여기던 사람이 빈 마음에 수용되어 들어와서 쉬더라. 빈 마음이 그들을 포용하는 것이었다. 육체에 음식을 줄이면 영혼은 강해진다. 육적 충만 대신 정신은 영적 즐거움으로 강인해진다.”

숙변(宿便, 장 속에 오래 머물러 있는 대변)은 마음도 비워져야 배출된단다. 10일이 지나 숙변까지 배출되면 영혼에 남아있는 찌꺼기까지 버려져서 티 없는 영혼이 된단다. 천주교에서는 피정(避靜)이라는 것이 있다. ‘세상사 피하여 정결한 곳에 머물면서, 영혼에 찌들어 있는 때를 벗기는 신앙생활’이다.

겨울잠을 자는 동물은 체온이 많이 떨어진단다. 낮은 체온으로 맥을 느리게 뛰게 하고, 호흡을 작고 느리게 하는 것이다.

단골 한식당에 가면 다슬기(우렁)탕이 있는데 벽에 ‘잃어버린 고향의 맛’이라고 써 붙여 놓았다. 1년 동안 즐겼어도 ‘고향의 맛’을 느낄 수 없었는데 단식한 후 먹어보니 어릴 때 우렁을 논에서 잡아 꽁지를 깨고 속살을 바늘에 꿰어 빼 먹으면서 느끼던 ‘잊어버린, 잃어버린 고향의 맛’을 도로 찾을 수 있었다.

단식의 효과는 잊어버렸던 5감(시각, 청각, 후각, 미각, 촉각)을 도로 찾아주면서 육체적으로 건강에 좋으며, 정신적으로도 맑고 따뜻한 마음을 만들어 준단다.

시인 최문자는 「공복」이라는 제목으로 이렇게 읊었다.

꼭 삼일만 금식하고 싶었다.
내 몸에 걸쳐진 것들을 다 치우고
세상이 켜 놓은 몸속의 전원을 다 내리고
어디를 짚어도 출렁거리지 않는
빈 내장을 갖고 싶었다.
너무 환한 발가벗은 알몸의 달빛
그 말씀 아래 서 있기만 해도
마를 것 마르고
부풀 것 부풀면서
공복과 시간이 같이 돌아가는 사이사이
포만의 가루가 부슬부슬 삭아 떨어지는
육질의 털들이 다 뽑혀 나가는
그런 …그런…
배고픈 기도를 드리고 싶었다.

신달자 시인은 다음과 같이 해설했다.

'금식 기도를 해본 사람은 안다. 한 끼 금식도 경건하게 마음을 가라앉힌다. 출렁거리는 것이 다 가라앉고 빈 마음으로 다가서면 왠지 '말씀'의 소리가 더 가까이 들리는 듯하다.

욕심을 버리라고 할 때 마음을 비우라고 한다. 마음을 비우려면 육신의 '그릇'을 자주, 한참 동안씩 비워야 한다.

다이어트는 자기중심적인 것임에 반해 단식은 자신을 정화시키고, 이웃을 돌아볼 여유를 갖게 한다. 단식을 통해 끝없는 갈증과 불안, 욕망을 자제하는 법을 배울 수 있다고 한다.'

(2006년 3월)

*마음이 가난한 사람은 행복하다. 하늘나라가 그들의 것이다. -마태오복음 5장

'마음이 가난하다' 함은 자기가 가진 것에 집착하지 않고 자유롭다, 욕심을 버리고 마음을 비우는 것이다. 『논어』의 「중용」에 나오는 중화(中和)의 정신 자세이다.

**사람이 가난하면 감동을 잘한다. 마음이 겸허하기 때문이다. 겸허한 마음을 가지면 감동을 잘한다. - 페스탈로치

***자(慈)는 '心(마음 심)'과 '玆(자랄 자)'가 합쳐진 글자이다. 이는 '마음이 자라다, 마음이 번성하다'는 것을 나타낸다. 한자를 만든 인간은 마음이 가장 번성한 상태를 사랑이라고 봤다. '慈'의 의미가 '사랑, 사랑하다'인 것은 이런 이유 때문이다.

삼락절연(三樂絶緣)

술, 담배, 커피 세 가지를 한꺼번에 끊었다.

3락(三樂)을 일거에 포기한 데에는 그만한 사연이 있다. 의사도 아닌, 영양사의 설명 몇 마디에 마음이 움직여 35년 동안 즐겼던 기호품들과 일시에 생이별을 한 것이다. 어언 열 달이 넘고 있다.

그 영양사가 내게는 허준 선생과 다름없다는 생각을 하고 있었던가 보다. 서점에 들렀다가 『음식 동의보감』이라는 책을 본 순간 그녀 생각이 나면서 얼른 사 가지고 나왔다. 얼굴은 기억에서 달아나고 있지만 그녀가 내게 해준 말들(설명)을 잊어버리는 일은 결코 없을 것이다.

이 사연을 처음부터 정리하자면 이야기는 약 10년 전으로 거슬러 올라간다. 연 1회씩 받는 종합검진에서 단골메뉴로 나타난 병명이 있었다. 위염이었다. 헌데 그때마다 상담의사로부터 듣는 비슷한 주문들(술, 담배, 커피를 줄이고…) 외에 한 가지 덧붙이는 말이 있었으니 그것은 회사의 임원 치고 위염 없는 사람 거의 없다는, 통계적으로는 80% 이상에게 위염이 있으니 너무 걱정하지 말라는 위로(?)의 말이었다. 수년 동안에 검진센터가 경쟁적으로 생겨나면서 인사치레의 위로도 필요했던 건지 모르겠다. 사정이 이런데다 비용을 회사가 부담해 주다보니 스스로의 필요성에 의해 병원에 간 것보다 덜 진지한 점도 한몫 하여 술은 접대상 어쩔 수 없고, 담배는 좋아하는 기호품이니 양보할 생각 없고, 커피는 정신 차려 일하려니 마셔야지 별수 있나… 하며 어정쩡 지내다 보면 1년이 그냥 지나가 버리는 것이었다.

그렇게 6, 7년이 지나가고, 3년 전 검진 때의 위내시경검사실.

"염증이 심하네요. 아이고… 이렇게까지 되도록…. 눈 좀 뜨시고, 자기 위 속을 직접 한 번 보세요. 술은 자주 하세요?"

너무 힘들어서 눈을 감고 있는데다가 대답을 하려 해도 입에 플라스틱 재갈을 물려 놓았으니 말을 할 수가 없는데 검사원의 말은 계속된다.

"위벽을 몇 군데 긁어내어 조직검사를 의뢰해야겠으니 조금 더 참아주세요. 호흡을 크게 하시면서… 예, 예… 잘 참으시네요… 담배는 안 태우시겠죠?"

결과를 보는 날, 검진센터의 상담의사는 주의사항 난에 '금연!!!'이라고 썼다. 담배는 폐보다도 위에 더 나쁜 것이니 반드시 금연하라는 것이었다. 그리고는 소화기내과에 외래진료 예약을 해주었다. 치료를 시작하라고.

예약날짜에 진료를 받으러 갔다. 담당의가 젊은 여의사인 데에 약간의 불만은 있었지만 재계 선두를 다투는 S그룹의 병원인데다 여의사이니 더 꼼꼼히 봐주겠거니 위안을 하고 있는데, 검사자료들을 훑어보고 차트작성을 끝내면서 하는 말이 참으로 가관이었다.

"약 좀 드릴까요?"

난 기가 막혀 말이 안 나왔다. 투약을 결정할 의사가 환자에게 약을 복용하겠느냐니…. 내시경실에서의 겁주는 말들과 검진센터 상담의사의 주의사항(금연!!!)이 생각나면서 맥이 탁 풀렸다.

그날 이후, 위염은 정말 병 축에 안 끼는 거라고 단정했다. 폭탄주도 필요하면 마시고, 금연도 아니 했다. 그런데 얼마 전부터 잠자리에 들려면 속이 갑갑하고 위 속의 음식물과 가스가 치받는 느낌에 눕기가 싫어졌다. 담배를 피우면 일시적으로는 기분이 나아지지만, 심야 흡연이 늘어나면서 사정이 악화되는 것을 느낄 수 있었다.

병원에 가고 싶었지만 정기검진 날짜가 오고 있으니 그때까지 기다리기로 했다. 어차피 내시경검사를 할 것이고, 검진센터에서 외래진료 의뢰도 하겠지. 진료선생님 이번엔 뭐라고 하실까. '신경성위염이니 신경을 좀 덜 쓰시겠어요?' 하려나. 이렇듯 나는 위에 관한 한 정상적인 사고방식에서 멀어져 있었다.

검진을 받았고, 고대하던 결과상담일이 왔다. 약속된 시간에 도착하여 차례를 기다렸다. 내시경검사를 받던 날이 떠오른다. 이번에도 조직검사용 위벽 긁어내기는 기본이었고, 사진까지 여러 컷 찍어서 따로 내게 주었었다.

"영양상담부터 하시겠어요?"

결과상담은 기다려야 하고 영양상담은 바로 할 수 있으니 순서를 바꾸는 게 어떻겠느냐는 영양사의 제안이었다. 내 행운은 이때부터 시작이 된다. 그것을 알 리 없는 나는 영양사 앞에서 시큰둥해 있었다. 매년 비슷한 내용인데 음식을 고루고루 잘 먹는 내가 검진의 통과의례쯤으로 생각되는 영양상담에 관심이 없는 것은 당연한 일이었으리라.

내 표정을 본 영양사가 말했다.

"특별히 질문하실 것 있으세요? 영양상담 매년 하신 걸로 나와 있네요. 다 아시죠?" 나는 고개를 끄덕였다.

"콜레스테롤, 중성지방 다 정상이고…." 차트를 뒤적이던 그녀가 내게 '허준 선생'이 된 것은 바로 다음이었다.

"아! 식도염이 있네요. 3년 전부터 계속 나타나는데 치료를 안 하셨나요?"

"……."

"역류성 식도염, 이것 오래 두면 음식물이 자꾸 넘어 와요. 입원하셔도 침대에 앉아서 자야 하는데…. 담배는 끊으셨겠지요?"

내가 우물쭈물하는 걸 본 그녀가 그간의 내 사정을 눈치챘다.

"위가 있고 식도가 있지요."

종이에다 볼펜으로 둥그렇게 위를 그린 다음, 그 상부에 연결해서 식도를 그린 후 식도의 아랫부분에 빗금을 그으며 표시를 했다.

"이 부분이 위주머니로 내려간 음식물을 못 올라오게 조여 주는 근육인데요. 근육이 느슨해서 제 역할을 못하면 어떻게 되겠어요? 트림이 심하게 나면서 음식물이 역류되지 않겠어요?"

나는 정신이 번쩍 들었다. 어떤 의사가 이런 설명을 해주었던가.

술, 담배, 커피 세 가지는 근육을 이완시킨다고 그녀는 힘주어 말했다.

"그것들이 이 조여 주는 근육을 헬렐레하게 만든다 이거지요?"

나는 빗금 친 부분을 가리키면서 고개를 크게 끄덕이고 나서, 그녀에게 머리를 숙였다.

병원을 나서면서 결단을 내렸다. 외래진료를 거쳐 약을 복용하기 시작한 것은 이런저런 사정이 있어 그로부터 약 한 달 후부터인데도 그날로 삼락을 단칼에 베어버리는 용단을 내린 것이다. 사람은 이해를 하고 깨달아야 결단을 내리게 된다. 의지력은 깨달음에서 나오는 것이다. 깨달아야 의지력도 나오는 것이려니….

금연에 아홉 고개가 있다는 것을 나는 믿고 있다. 첫 번째 고개인 하루를 시작으로 아홉 번째 고개인 10년을 넘어야 완전히 담배를 끊는 거라는…. 첫날이 고비이고, 3일째가 고비이고, 일주일째가 고비이고, 열흘, 한 달, 석 달, 1년, 3년, 10년, 그렇게 아홉 고개를 넘는 거란다. 그 한 고비마다 이상하게 담배 생각이 더 간절하다는 것이 금연학교의 설명, 이는 필시 나처럼 담배를 좋아하는 사람에게 해당하는 말일 게다.

MBC 창사특집드라마 「허준」에서 심의(心醫)의 참뜻이 마지막 회에서 한마디로 정의되어 나온다. '진심으로 병자를 사랑하는 의원'이다.

시청자소감 공모에 쇄도한 수많은 소감문의 당선작을 선별하느라 내게까지 심사의뢰가 왔다. 많은 사람들이 이 시대의 허준을 갈망하고 있었다. '어디 허준 같은 사람 없나요?'라는 글들…. 사회 각계각층에 허준 같은 이가 있어야 한다는 국민적 공감대가 흐르고 있었다.

나는 그 영양사를 '나의 허준'으로 마음에 간직하고 싶다. 시큰둥하고 무지한 환자를 사랑하는 마음이 없다면 그런 환자를 깨닫게 할 수는 없지 않을까. 의학적으로도 그는 기본적으로 중요한(기초적이지만 실제로는 가장 중요한) 의술을 가졌음을 나는 최근에 확인하게 된다. 처방 받은 약을 복용하던 어느 날 그 약의 설명서를 읽어보았다. 작용 및 특성에 '위산 생성 효소를 직접 차단하여 산의 분비를 억제함'이라고 되어 있었다. 효능 등 어느 항목에서도 식도하부근육을 조여 주는 작용을 한다는 내용은 찾을 수 없었다. 근육을 조이는 약(성분)은 부작용 등의 문제가 있어 역류성 식도염에 적용할 수 없다면 근육을 이완시키는 기호품들을 멀리 하는 것이 우선적으로 취해야 할 조처가 아닌가. 약을 먹으라고 한 이번 의사도, 약을 먹겠느냐고 물어본 지난번 의사도 역류성 식도염의 근본적인 원인에 접근하는 치유방법을 생각한 것이 아니다. 담배, 술, 커피의 기호 정도와 그 즐겼던 기간들을 물어보고 그것에 초점을 맞춘 영양사야말로 병의 뿌리인 '반위'를 고친 후 곁가지인 '구완와사'를 다스린 허준 선생이 아니고 누구란 말인가.

내성 없는 약은 없다 한다. 그 여의사가 가능한 한 약을 쓰지 않고 치료하는 부류의 의사가 아닐까하고 좋게 생각해보기도 한다. 하지만 그는 환자를 사랑하지 않았다. 식이요법 등 자연치유를 할 수 있는 어떤 방법도 일러주지 않았기 때문이다. 저녁식사 후에 피곤해도 두세 시간 동안은 잠시도 눕지 않아야 한다든가, 식후 취침 전까지 산책을 꼭 하라는 등 그 영양사가 내게 해준 것처럼 말해 주었어야 했다.

'금연' 다음에 느낌표를 세 개나 표시해준 상담의사도 내가 이해하도록 설명해주지 않았기 때문에 그것이 비록 명령이었다 해도 내가 오랫동안 지키지는 못하였으리라.

실제로 그 영양사가 일러준 몇 가지의 요법들을 바로 시행하면서 내 괴롭던 증세는 즉시 호전되어갔다. 지키기에 힘이 들 때도 있지만, 그것들은 복용하고 있는 약보다도 훨씬 더 신뢰가 간다.

식도염을 치유하고 금연까지 성공한다면 이건 일석이조요, 도랑 치고 가재 잡는 것이다. 그만큼 금연이란 내가 기대할 수 없던 수확이 아닐 수 없다. 대학에 입학하면서 시작한 흡연, 수차례 금연을 시도해보기도 했으나 포기한 지 오래다. 이제 1년을 향해 가고 있으니 여섯째 고개를 넘어 일곱째 고개를 오르고 있다. 아홉 고개를 다 넘을 수 있을까? 한 가지 분명한 건 술과 커피를 멀리해야 고개 넘기가 수월하다는 사실이다. 어쩌다 근사한 불란서요리에 포도주 몇 잔 곁들일 수 있는 멋을 지금부터는 포기해야하고, 내가 술을 한 잔 잘 사겠다고 약속한 P문우에게는 다른 방법을 찾아야 한다. 술 그 자체보다 금연을 위해서다.

내 기억 속에 허준 선생이 남아 있는 한 담배를 다시 손에 잡는 일은 없을 것이다. 마지막 회 끝 장면을 다시 떠올린다. 거기서 심의의 정의가 예진의 입을 통해 최종적으로 정리된 것도 내게는 특별하기 때문이다. 처음에 스승이 가르친 심의의 정의는 '병자들이 찾아오기를 기다리지 않고 찾아다니며 그 삶 속에 뛰어 들어가 그들과 삶을 같이 하는 의원'이었고, 그 후 허준 선생이 정의한 심의는 '병자의 고통을 보면서 같이 마음 아파하는 의원'이었다. 그리고 최종적으로 예진이 말한 그것은 '진심으로… 진정으로 병자를 사랑하는 의원'이었다.

(1998년 9월)

이름과 직함

자신을 소개할 때 직함을 생략하는 경우를 자주 본다. 산학연(産學硏) 조찬회의시 산업체에서 나온 사람이 "○○회사 아무개입니다."라고 할 때 그는 사장이다. 학계의 경우 "○○대학교 아무개입니다."라고 하는 이는 경륜 있는 교수이며, 자기 이름에 교수 직함을 붙이는 사람은 연륜이 짧거나 명함을 받아보면 조교수인 경우가 많다.

소개하는 경우가 아닐 때 자기의 이름과 직함을 말하는 상황은 좀 복잡하다. 윗사람의 전화를 받을 때 'A(이름)부장입니다.'라고 하는 사람이 있다. 그것은 이름을 빼고 'XX부장입니다.'라고 직책만을 말하는 것보다도 못하고 -상황에 따라서는 직책만 빨리 말하는 게 좋을 때도 있고, 직책과 관등성명을 똑바로 대야하는 경우도 있지만 -이름만 말하는 것보다도 훨씬 못하다. 이름만 말하는 것은 자기의 현 직위가 과분하다는 것을 윗사람에게 암시하려는 자세일 수 있으며, 그렇지 않은 사정이더라도 겸손한 자세임에는 틀림이 없다. 나는 회장께서 찾으시거나 전화응대 때에 꼭 이름 석 자만 말한다.

이름과 관련한 지혜로운 일화가 있다. 대우빌딩에 있는 모 은행의 지점장에게 김우중 회장이 비서실에서 연결해 놓은 전화통에 대고 "저 우중입니다" 했다. 일시적인 자금협조를 부탁한 그 전화에 성까지 빼고 이름 두 자만 달랑 말하는 통에 '그만 감격하여 오줌을 쌌노라!'는 지점장의 뒷얘기는 화제가 되었고, 이런 사소한 것도 대우의 성장사(成長史)에 숨어 있다고 한다. 그런데 나는 이 실화를 뛰어난 비즈니스 감각의 한 예인 동시에 '이름과 직함'의 좋은 사례도 될 수 있다고 생각한다.

나에게는 버리지 못하고 있는 메모지 한 장이 있다. 편지도 아닌 그것의 전문(全文)을 옮기면 다음과 같다.

> 나무는 가만히 있어도 바람이 불면 흔들리고
> 눈이 오면 눈꽃이 핍니다. 감사합니다. - B이사.

B이사는 나와 근 20년 동안 두 직장을 함께 다닌 직장 후배이며 그중 15년 동안은 나의 부하직원으로 일하였고, 나이는 9년 연하이다. 일을 우선으로 하는 내 직장관 때문에 업무추진력이 뛰어난 그는 남들이 시기할 정도의 많은 일을 하였으며, 그것으로 하여 나는 윗분으로부터 그를 편애한다는 지적을 받기도 했다. 그런데 그에게는 과시욕과 오만이라는 -내게도 약간의 책임이 있는- 단점이 있었다. 2년 전, 아무도 대신 져줄 수 없는 사유로 그는 회사를 떠나게 된다. 'B이사' 다음에 '올림'이라는 두 글자마저 빠져 있는 그 메모지 한 장을 남기고….

나는 대단히 실망했다. 이 회사에 소개한 내게 누를 끼친 점은 차치하고라도 평소 그렇게 자주 충고하고 야단도 쳤는데, 인생의 전환점이 되는 상황에서조차 그는 조금도 개전의 기색이 없단 말인가. 자기를 나무에 비유하고 남들을 바람이나 눈에 비유한 것이 무언가 여운을 남기는 대목이기는 했지만, 이미 그런 것으로 판단을 할 단계는 지나 있었다. 내 방에 와서 작별인사를 하면서 회사가 불러줄 날이 언제쯤이겠느냐고 물었을 때나는 대갈(大喝)하였다. 무조건 근신하라고, 사람이 달라지기 전에는 나를 만날 생각을 말라고. 그 순간 내 머리 속에 바로 그 'B이사'가 지울 수 없는 분노의 씨앗이 되어 자리 잡기 시작하였다. 그 단어 하나가 그의 단점 두 가지를 더 확실히 설명이나 하는 듯…. 그러나 그 자리에서 그것을 거론하는 것만은 참았다. 어쩌면 그것은 마지막 벌이어야 하며, 언젠가는 그에게 말해 줄 기회가 있을 것이라는 생각이 들었기 때문이다. 그 후 새해와 명절을 맞을 때마다 전화라도 한 번 해줄까 하다가 오늘까지 왔다. 그 'B이사'만 생각하면 아직 멀었다는 생각이 들면서 내 감정을 눌러버리곤 한 것이다.

직함의 사용에 내가 이렇게 엄격한 데에는 오랜 뿌리가 있다. 학교를 졸업하고 사회에 첫 발을 내디딘 해에 나는 어떤 사정으로 검찰 고위층의 한 어른에게 부탁하러 갔는데, 그분은 명함의 뒷면에다 관할 경찰서장에게 '이 사람이 억울하지 않도록 선처하시오'라고 쓰더니 명함 앞면의 지검장 글씨에 사선(斜線)을 긋는 것이었다. 지검장이라면 일선 경찰서장에게는 가히 할아버지 격이 되는 직함인데, 그것을 지우는 것이 너무 인상적이었다. 그것은 겸양지덕을 나타내려는 유교적 관습이라는 것을 나중에 알았다. 요즘은 흔한 직함이지만 그 당시는 많지 않았던 은행의 지점장들도 명함을 소개장으로 사용할 때 직함을 지우는 것이 관례였다.

내 이름은 욕이다. 고등학교 때까지는 몰랐는데 서울에 와서 대학친구들이 '병태 같은 자식' 하면서 서로 내 이름을 부르는 것을 보고 너무 놀랐다. 될 수 있는 한 나는 내 이름을 말하지 않으려 애쓴다. 지금도 "영자 씨 잘 있어요?" 하는 농담을 캐디가 걸어오면 골프공이 잘 안 맞는다. 내 이름에 관련되는 말은 듣고 싶지도 않은 것이다(영자는 히트영화 '고래사냥'과 '영자의 전성시대' 등에서 어줍게 순진하고 사려 깊지 못한 행동을 하는 병태의 애인이다). 그런데도 지금껏 나는 상사에게 내 성에다 직함만을 붙여 말한 기억이 없다.

마음이 겸손하면 행동도 겸손하다. 품성이 겸손하고 매너도 훌륭한 사람은 윗사람에게 자기를 'C상무'라고 표현해도 오만스럽지 않다. 하지만 겸손하지 못한 사람은 말이라도 조심해야 한다. 자기 신분을 표현하는 말 하나를 적절히 사용하지 못할 때 그는 자칫 오만하게 보이는 것이다.

2년이라는 세월이 너무 길었다면 그것은 기대가 컸던 만큼 벌도 커야하며, 또한 그를 유난히 좋아했기 때문일 것이다. 오만의 치료약은 고통이라 했던가. 그러나 약이 과하여 비굴에 이르렀을까 걱정이다. 이제 그 '마지막 편지'를 돌려주면서 술 한 잔 권하는 자리에 그를 초대해야겠다. 자기과시욕도 지속적인 자기발전을 위하여 조금은 필요하다는 격려의 말도 그 술잔에 담아서….

'이름과 직함'에 대해 무심코 실수를 한 것이라는 변명이라도 기대하며 이제 그를 만나려 한다.

*그런데 세상일이란 참 이상한 것이다. B이사의 그 메모지는 여직원이 필사(筆寫)한 것으로, '감사합니다.' 다음에 직함을 빼고 이름 석 자만 쓴 것을 그녀가 'B이사'라고 옮겨 쓴 것임이 드러났다. 상사와 부하 직원에게 남기고 싶은 글들을 한꺼번에 한 통의 편지 속에 담았는데, 내게 해당되는 부분을 뽑아 적으면서…. 그녀로서야 상사의 이름이니까 직함을 빼지 않는 것이 당연할 테니까. (1997년 5월)

피고 지고, 지고 또 피고

오랜만에 남산에 오른다.

직장을 쉬면서부터 남산은 내게서 멀어졌다. 직장생활을 이쯤에서 한 번 멈추는 것은 쉬어 가는 인생여정쯤으로 이해하겠지만, 남산이 내 생활의 일부분에서 접어지고 있는 것은 아쉬움으로밖에 달리 표현할 길이 없다.

안중근의사 광장을 지나 素月詩碑 앞에 선다.

'韓國新詩 60年 記念, 一九六八年 三月 一三日, 한국일보사 세움' 등을 새긴 석물 위에 놓여진 타원형의 큰 바윗돌, 거기에 비문으로 남겨진 「산유화」가 노래를 부르고 있다.

산에는 꽃 피네
꽃이 피네
갈 봄 여름 없이
꽃이 피네…

첫눈이 내린 지도 보름이 지났건만 시인은 오늘도 꽃과 산새를 낭랑하게 노래한다. 산에서 우는 작은 새요… 하면서.

가파른 계단을 천천히 오른다. 양편에 큰 나무들이 보이고, 정상 방향을 두어 번 비껴가면서 휘어져 오르는 호젓한 이 길을 나는 산 오솔길이라 이름 지었었다. 식물원 쪽에서 능선을 따라 올라오는 넓은 길과 만난다. 공원관리소 직원이 인부들을 동원하여 낙엽을 긁어 모아 큰 부대에 담고 있다. 궁금해서 물어보니 산불예방을 위한 작업이라며 담배꽁초를 버리는 사람 때문에 쓸 데 없이 인건비를 들이는 거란다. 토양이 메마르게 되는 것이 속으로 안타까웠지만, 실업자들에게 일감을 준다는 생각이 들어 "수고들 하세요." 하면서 지나친다.

부지런히 올라가니 저만치 팔각정이 보인다. 봉수대(烽燧臺) 위에 올라서서 빌딩의 숲을 한 번 내려다 본 후 늘 하던 버릇대로 넓고 평평한 산정마당을 한 바퀴 돈다. 우울한 분위기가 온 산을 뒤덮고 있다. 마주치는 사람들의 얼굴이 한결같게 어둡다. 모두가 서로를 외면하면서 눈인사를 두려워한다. '산 오솔길'에서 만났던 40대 중반의 부부조차 운치 있는 그 길에 어울리지 않는 굳은 얼굴이었다. 내가 여태껏 보아온 남산 정경은 이런 것이 아니었는데….

훌쩍 세월을 건넌다. 30년 전 그러니까 소월시비가 건립되기 두 달 전인 1968년 초에 나는 남산 근처에서 직장생활을 시작했다. 그동안 회사를 세 번 옮겼어도 거의 남산 곁을 떠나지 않은 그 인연을 정리해보면 처음 5년은 소파길에 인접한 회현동에 사옥이 있었고, 다음 10년 동안은 소월길(원래 소파, 소월 이 두 길을 '남산순환도로'라고 불렀다)이 시작되는 지점에 사옥이 있었다. 최근 10여 년은 수도권지역에 본사를 둔 회사에서 일하였지만 서울사무소는 역시 소월길 앞이었고, 13층에 위치한 그 사무실은 남산의 풍광이 한눈에 들어오는 곳이다. 결국 나는 4반세기 동안 매일 또는 한 달에 며칠씩이라도 정기적으로 남산 기슭에서 일한 것이 된다. 출근길에 벚꽃과 은행잎들의 장관 속을 지나다니고, 어느 해엔가는 점심시간을 이용해서 운동 삼아 거의 매일 뛰어오르기도 했었다.

어쩌면 남산과 나의 '끈질긴 인연'은 서울에서 시작되기 그 이전부터 준비되고 있었다고 해야겠다. 왜냐하면 내가 남산을 처음 본 것은 중학교 때의 서울 수학여행에서였지만, 이름 두 자로만 따지면 나는 '남산초등학교'를 다녔고 더 거슬러 족보를 들추면 두 살 때부터 우리 집은 대구시 '남산동'에 있었다.

남산에는 낭만이 넘쳤었다. 산책로와 벤치들은 연인들로 북적거렸고, 지금은 없어진 야외음악당은 만남의 장소였다. 광장 중앙의 분수대가 한여름 밤의 명물인가 하면, 소파길의 적당한 경사면에서는 눈 미끄럼들을 탔다. 그때 내 별명은 눈사자였다. '눈만 오면 사라지는 자.' 사무실 창 밖에 눈발만 희끗거리면 나는 남산으로 줄행랑을 치기 일쑤였다….

오늘 남산에 그런 것은 없다. 시대의 변화로 젊은이들의 놀이문화가 달라졌으니 그때의 낭만을 아쉬워하려는 것이 아니다. 그러나 잎을 떨군 나무들보다 사람들의 모습이 더 쓸쓸한 것이 마음 아프다.

내려오는 길에 누군가가 큰소리로 "안녕하세요?" 한다. 벽안의 외국인이다. 풍요로운 나라의 사람이 불황에 허덕이는 우리에게 용기를 잃지 말라고 해 주는 보시인가. 운동복 차림으로 산을 뛰어오르면서 밝은 웃음을 선사하는 그의 뒷모습에서 나는 불현듯 세계경제 공황사를 떠올린다. 140여 년 전(1857년)에 시작된 구미 선진국의 공황은 약 10년을 주기로 하여 100여 년 동안 일어났고, 1929년의 대공황 때는 미국의 실업자만 천오백만 명이었다. 일당 2달러의 구직자 행렬로 상징되는 산업자본주의의 쓴맛을 그들은 경험했다. 인간은 풍요 속에서도 가끔씩 고통을 겪어야 진정으로 성숙해지는 법인가. 저들의 선조가 대물림하여 준 고통 속의 용기와 절망 뒤의 여유를 그의 인사말 한마디에서 찾는다.

주기적인 불황이 항상 대량생산에 뒤따랐던 특성을 가졌듯, 우리의 이 난국도 흥청망청 다음에 온 것이다. 우리도 저들의 과정을 거치면서 제대로 되는 것일까. 그것이 역사의 순리일까. 그러나 풍요 속의 검소함과 가진 자의 자선활동 등이 선진국 시민의 뿌리 깊은 의식구조임을 우리는 잘 알고 있는지.

손에 잡힐 듯한 상업은행 본점 건물을 내려다보면서 나는 우리 세대의 현주소를 생각한다. 12층인 저 건물을 내가 처음 본 것은 대학에 다닐 때인 35년 전이었는데, 그렇게 높은 빌딩을 봄에서 우리는 위로만 쳐다보는 버릇이 생겨난 듯하다. 또한, 경제발전의 도정에서 치열하게 일했던 만큼이나 자족의 정량(定量)을 생각해보는 기회도 적었던 것 같다. 졸업 후, 자꾸자꾸 들어차는 고층건물들의 숲 속 늪을 건너기 위해 우리 국민은 지금 한 걸음 뒤로 물러서 있다.

주차장에 내려와 이제는 뒤에서 봉긋 솟은 산을 한 번 올려다 본 후 소월시비 앞에 다시 가서 산유화를 읽는다. 오늘 시인은 인생과 역사의 유전(流轉)을 노래하는 듯하다. 더 정확히는 경제유전을 설(說)하고 있는 듯하다.

산에는 꽃 지네
꽃이 지네
갈 봄 여름 없이
꽃이 지네

꽃은 피고 지고, 지고 또 핀다. 남산의 낭만은 나의 추억 속에서 살고, 밝은 얼굴들이 넘치는 남산정경이 오기는 올 것이다.

(1999년 3월)

단상3제(斷想三題)

一. 단골

청계산을 오르내리며 애용하는 목욕탕이 있다. 어느 날 이발사가 바뀌었는데 용모가 내가 잘 아는 사람과 너무나 닮아서 깜짝 놀랄 지경이었다. 헤어스타일이 멋졌는데 알고 보니 가발이어서 두 번째 놀랐고, 세 번째 놀란 건 바둑이 1급이라 해서였다.

"대머리구나!" 하면 "비료 많이 줘서 길어졌어요."라면서 유머도 곧잘 한다.

욕실에 들어와 등을 밀어 줄 때는 대머리가 너무나 우스워 한 번 만져보자며 낄낄거렸다.

늦게 배워 7급인 나는 바둑 좀 가르쳐 달라며 한 판 두자고 했지만 다음에, 다음에 하며 응해주지 않았다. 쉬는 시간에는 책을 열심히 읽어서 무슨 책인가 보니 어려운 사상(思想) 서적이 아닌가. 수필집을 갖다 주었더니 읽고 독후감을 말하는데 상당한 수준이었다.

공인중개사 시험 준비를 하고 있어 시간이 없으니, 자격증 따고 나면 바둑 가르쳐 주겠다고 했다.

등산을 쉬는 겨울에는 여기까지 올 것 없이 집 근처에서 이발하겠다고 하면 집에까지 쳐들어오겠단다. 수필집에 내 프로필이 나와 있어 주소와 핸드폰 번호까지 알고 있으니 도망갈 수도 없겠다며, 봄이 되고 다시 겨울이 왔지만 계속 그 대머리에게 단골이 되었다.

한 번 좋으면 여간해서는 바꾸지 않는 성미인지라 바꿀 마음이 없으면서도 바둑 좀 배워볼까 해서 "동네 길 하나 건너면 이발소이니 다시는 안 오겠다."고 하면서 놀려주었다. 이발할 때가 되면 전화를 해온다. "청대머리구나! 청계산 대머리!" 하면서 받고, 웃으면서 차를 몰고 간다.

다음은 구정이 끼어 있으니 연휴 전날 오라고 날짜까지 정해준다. 오늘이 전화 올 날이니 무슨 말로 놀려줄까 생각하다가 '동네 이발소에 갔더니 오랜만에 오셨다며 이번엔 공짜로 깎아 주겠다고 해서, 공짜면 양잿물도 마신다고 했으니 깎았다. 염색은 안 했으니 염색만 하러 가겠다고 해야지' 하며 웃었다.

문을 열고 들어가니 청대머리가 없다. 새 이발사에게 인계하고 가버렸단다. 어디로 갔느냐고 하니 미국에 이민 갔는지, 어디 갔는지 모른단다. 단골손님에게 알리지도 않고 가버렸다니 괘씸했다. 핸드폰 문자메시지에 이렇게 찍었다. '세상에 믿을 놈 없다더니 청대머리도 그렇구나. 구정연휴 전날 오시라며 날짜까지 정해주더니 없네.' 보내려다가 생각하니 '손님 빼가지 않겠으니 후임에게 깎으시라.'는 것 같아 새 이발사에게 머리를 맡겼다.

한 번 거래해 보고 믿을 만하면 계속하고 좋지 않으면 바꾸지만, 일단 기회는 한 번 준다는 상도(商道)를 실천하라는 것 같아서였다.

청대머리에게 전화하고 찾아가야겠다. (2006년 설날)

二. 제 사

설날이 왔는데 장인께서는 올해는 제사를 모시지 않겠다고 하신다. 장모님이 편찮으셔서 않는단다. 돌아가신 조상님께 감사하는 마음으로 절하며 지내는데, 후손이 아프면 조상님이 보시고 걱정을 하시기 때문이란다.

음식을 차려 놓으면 귀신이 먹는다고 하는 제사를 나는 어리석은 행동이라고 생각해왔다. 그래서 기일에는 성당에 가서 미사에 참여하여 "조상님의 영혼이 하느님의 자비로 평화의 안식을 얻게 하소서." 하고 기도한다.

내가 신앙을 갖고 있는 천주교에서는 제사를 금하지 않는다. 16세기에는 미신이라 규정해 금지했지만, 1939년 교황 비오12세가 미풍양속으로 허용하여 위패에 신위 쓰는 것만 금지한다.

즐겨보는 TV 프로 중에 KBS의 '여섯시 내 고향'이 있다. 방방곡곡을 다니며 고향 소식들을 담아 정겨운 이야기들을 전하는데 오늘은 제사음식을 차리는 장면이 나왔다. 상 위에 정성껏 음식을 놓는다. 대추, 밤, 감을 한가운데 제일 좋은 자리에 놓는데, 대추는 씨가 큰 것 하나이고, 밤은 밤톨이 3군데로 나누어져 있고, 감은 씨가 6개여서 왕과 3정승 6판서를 상징하기 때문이란다. 이조시대 당파싸움에서는 제사상에 물고기를 동쪽에 놓느냐 서쪽에 놓느냐(魚東肉西, 魚西肉東)를 두고 동인, 서인으로 갈라져 싸웠다고 한다. 유교를 믿는 선조들이 그런 걸 두고 파벌을 형성했다니 웃음이 나왔지만, 오늘 상 차리는 후손들의 마음을 보면서 조상님들을 이해할 것 같다. 관혼상제(冠婚喪祭)는 인륜지대사(人倫之大事)라 하지 않았던가.

음식상을 차려 놓고 절하는 것은 조상님께 감사하면서 잘 먹겠다는 것이지, 조상들이 잡수시라고 그러는 것이 아니라는 생각이 들면서, 제사를 금하지 않는 성당의 교리가 이해가 간다. 제사를 지내지 않는 서양에서는 '추수감사제'를 지내지 않는가.

죽으면 육신은 흙이 되지만, 영혼은 불사불멸함을 조상님들이 알고 있다는 데 생각이 미친다.

새해 설날 "복 많이 받으십시오." 하면서 인사 나누고, 제사 모시며 조상님께 감사하는 우리의 민속이 자랑스럽다.

해가 바뀌면 시산제(始山祭)를 한다. 상 위에 삶은 돼지머리 올려놓고 입에 돈을 물리며 한 해 동안 산행 사고 없이 잘되기를 빌며 절을 한다. 해마다 시산제에 참석해서 돼지 입에 돈은 물렸지만 절은 하지 않았다. 올해 관악산에서 시산제 할 때는 절을 할까보다. 큰 몸으로 말없이 앉아있는 대자연의 산에게 "자연을 경외합니다! 한 해 동안 경외하는 자세로 오르내리겠습니다. 무사히 산행하기를 기원합니다!" 하며 큰절을 올려야겠다. (2007년 설날)

三. 장고(長考)

나는 바둑을 못 둔다. 고교 졸업 후 바로 시작한 친구들은 잘 두는데 몇 점씩 깔고 두어도 늘 그 모양이어서 "이젠 안 두겠다. 재미없어서." 했더니 친구 왈, 30대에 시작하면 늘지 않는다며 두뇌의 발달은 20대까지란다.

병원에서 예약하고 기다리는데 바둑잡지가 있어 이런 것도 있나 하며 보니 만화가 실려 있다. 「만방 아저씨」라는 제목이다. 내용은 이랬다.

A　　“던져! 아무리 쳐다봐야 죽은 자식 부랄 만지는 거야.”
B　　“더러바아서…. 도저히 살 길이 없나.”(푸하~ 담배연기를 내뿜는다)
B　　“원장님 이 대마 교통사고로 죽은 거지요? 그것도 난폭 운전자 한테, 횡단보도에서.”
원장님 “내가 볼 땐 이 대마 암으로 죽었어!”
B　　“네?”
A　　“암 중에서도 폐암 맞죠?”
원장　“그래, 바둑 한 판 두는데 담배꽁초가 12개 나왔어. 인생장고(人生長考) 좀 해봐.”

나는 바둑을 안 둔다. 장고를 해 봐야 늘지 않는다니, 혼자서 신문에 기보(碁報) 실린 것 보면서 해설 읽어가며 놓아 본다.

인생살이에서는 장고를 해야 할 때도 있지만, 승부에 집착할 필요 없이 그냥 즐기는 자세도 필요할 것 같다.　　(2008년 2월)

선비 紀行文(前篇)

- 다시 태어난다면 선비이고 싶다 · 1-

문경새재 제3관문(鳥嶺 嶺南 第三關) 앞에 선비상(像)이 있었다.

그 상대(像臺)에 새겨져 있는 '과거(科擧)길'이라는 제하(題下)의 글은 이렇다.

> 영남 선비들이 한양에 과거보러 가는 길은 서남쪽의 추풍령(秋風嶺)을 넘거나 동북쪽의 죽령(竹嶺)을 넘거나 그 가운데의 새재(鳥嶺)를 넘는 길 세 갈래가 있는데, 추풍령을 넘으면 추풍낙엽같이 떨어지고 죽령을 넘으면 미끄러지고 이 고개를 넘으면 급제한다고 하여 이 길을 과거길이라 불렀다.

지도로 살펴보니 새재로 연결되는 곳은 안동, 풍산 지역이고, 죽령은 영주와 풍기이며, 추풍령은 김천 등지에서 올라오는 길목이다. 안동, 풍산은 우리가 알만한 사대부들이 수없이 배출된 곳으로, 6백여 년을 세거(世居)해온 풍산 류(柳)씨의 동족마을인 하회민속촌도 눈에 띈다.

그런가하면 영주, 풍기나 김천 등에는 대과(大科)에 진출하여 명문대가를 이룬 사림(士林)을 별로 듣지 못하였으니, 그들은 대부분 향시(鄕試)에 만족한 것이 아닌가 여겨진다.

'선비'라는 낱말의 우리말 사전 세 가지 의미 중 그 첫 번째인 '학식은 있으나 벼슬을 하지 않은 사람'의 관점에서 보면 영주지방에 단연 선비가 많았던 것 같다. 32번 국도를 타고 죽령을 넘어오다가 '안녕히 가십시오. 선비의 고장 영주'라고 쓴 행정구역 안내판을 만났을 때, 나는 그 대형 간판이 표방하고 싶어 하는 의미를 금방 이해하였다. 그때 나는 영주에서 소수서원(紹修書院)을 보고 오는 길이었는데, 그 유서 깊은 서원을 중심으로 한 북부 경북지방의 유림들은 대부분 학자이거나 벼슬자리에 연연하지 않은 선비들이었다고 들었기 때문이다. 새재의 선비상에서 나의 '선비기행'이 시작된 것을 예기치 못한 행운이었다고 한다면, 서원을 찾아 간 것은 길을 제대로 잡은 것 같다.

난생처음 가본 서원이라는 곳, 그 넓고 조용한 마당 한 가운데에는 묵향이 오랜 세월을 건너 바람에 실려와 있었다. 냄새란, 후각이 미치지 않는 곳에서 시각에 의해서도 맡아지기는 하지만, 서원 마당의 그 묵향이 내 무의식의 세계 깊은 곳까지 저며 들었을 때, 내가 느낀 한없는 편안함은 현실의 감각으로는 표현될 수 없는 것이었다. 이곳이야말로 내가 꿈속에서 그리던 귀거래(歸去來)의 고향이 아닐까 하고, 또한 전생에 내가 글공부하러 다니던 서당이 예 있고, 나는 세파를 헤쳐 나가다 훌훌 털고 책이나 읽겠다며 은거하러 온 것일 거라고.

어릴 때 아버지께서 "그만 갈아라." 하실 때까지 먹을 갈아드린 기억은 있지만 내 스스로 묵향을 가까이 한 적은 없다. 지금껏 그런 여유를 멀리하며 살아왔다고 해야 할까.

비로 쓴 뜨락에 앉아 정갈한 기와를 쳐다보다가, 대청마루에 올라 책상다리도 하다가는, 넉넉한 마당에 다시 내려서 본 서원과의 첫 만남은 그렇게 아늑했다. 그 심회(心懷)는 어느 고궁이나, 어떤 사찰, 그 어떤 유적지에서도 느낄 수 없었던 평온함 그 자체였다.

영주에 다녀온 나는 지체하지 않고 안동으로 향했다. 소수서원에서 선비를 느껴보았으니, 도산서원(陶山書院)에서 선비를 알아보고 싶었기 때문이다. 나의 '선비를 알아보고 싶다'라는 명제에는 그럴만한 이유가 있다. 어릴 적부터, 커가면서는 물론, 최근에도 내게 선비기질이 있다고 몇 분에게서 들은 것이 그것이다.

오줌을 싸서 키를 뒤집어쓰고 옆집에 소금을 얻으러 갔을 때, 사랑채 쪽에서 들려온 음성이 있었다.

"그 선비아이 소금 많이 퍼 주거라. 으흠!"

최초로 내게 '선비'를 들려주신 그 할아버지의 얼굴을 나는 지금도 똑똑히 기억하고 있다. 머리에 휘어진 뿔을 가득 이고 턱 아래로 긴 수염을 늘어뜨린 산양(山羊)의 고지식하고도 순한 얼굴을 한 그 할아버지, 글이나 겨우 깨우치기 시작할 아이에게서 무엇을 보고 선비라고 하셨을까.

도산서원에는 퇴계선생의 많은 유품과 장서 및 목판들이 보존되어 있었다. 보물로 지정된 건물(典教堂-대강당, 尙德祠-사당)을 포함한 서원 전경은 천 원짜리 지폐 뒷면에 인쇄되어 있기도 하다.

그렇지만 그 서원에서 내가 꼭 보고 싶은 것은 서당이었다. 우리들의 막연한 상식과는 달리 서원은 명현(名賢)을 제향하기 위한 사

(祀-사당)를 지으면서, 유생들을 가르치는 재(齋-서재)를 보완하여 완성하는 것으로, 서당은 서원의 필요조건이 아니었다. 그런데 도산서원은 퇴계선생께서 손수 일으키신 서당이 먼저 있었고, 스승이 돌아가신 후 제자들이 스승의 신주를 모시기 위하여 사를 짓고, 서당 주변에 여러 개의 학당들을 재로 보완하여 완성한 서원인 것이다.

서당은 두 개의 작은 건물로 되어 있었다. 서원 전체가 스무 채의 크고 작은 건물들로 구성된 것에 비하면 매우 소박했다. 선생께서 몸소 거처하며 공부하신 방 완락재(玩樂齋)와 마루인 암서헌(巖栖軒)은 합쳐서 8평 남짓했다. '암서'의 뜻은 '바위에 기대어 사색 좀 해보자.' 라고, 안내직원이 풀이해주었다. 제자들이 공부하던 기숙사인 농운정사(隴雲精舍)는 선생께서 '工'자형으로 짓게 하셨으며, 자나 깨나 공부(工夫)하여 '언덕 위의 뭉게구름, 그 은은한 모습을 자기 마음속에 담을 수 있기까지 열심히 정진하라'는 당부의 뜻을 담으셨단다.

서당의 정원 절우사(節友社)에는 매화나무가 줄지어 서서 꽃을 피우고 있었다. 그 직원은 선생께서 죽, 국, 송(竹菊松)의 세 절개도 벗하셨으나 특히 매화를 매형(梅兄)이라 부르셨다면서, 돌아가시기 이틀 전에 머리맡의 매분(梅盆)을 두고 선생과 제자들 사이에 있었다는 대화를 이렇게 전해 주었다.

"들어내어 물 주어라."

"그토록 사랑하시는 매화를 어이 들어내라 하십니까. 이 자리에 두고 물을 주겠습니다."

"내 죽는 모습을 형님에게 보일 수 없음이다."

나는 상허(尙虛) 이태준의 글 「매화」 중 생각나는 구절에다, 선생을 흠모하는 정을 담아 그 직원에게 화답해 주었다. "매화를 좋아함은 우선 옛 선비들의 아취를 사모하는 데서부터려니와, 절개란 무릇 견디기 어려움에서 나고…, 선생께서 사랑하신 매화의 고절이 제 가슴에 와 닿습니다."

유홍준의 '나의 문화유산 답사기'에 보면 '퇴계 청문회'라는 것이 나온다. 선생에 관련하여 제자들이 남긴 과장된 기록과 도산서원 안내원들의 근거 없는 해설 등이 인식의 객관성을 잃게 하는 것이 안타까워 퇴계의 문학, 사상, 역사 등에 관하여 각 분야 전문가들을 찾아다니며 묻고 들은 취재 기록이라는 것이 그것이다.

'퇴계 청문회'는 선생이 세상을 떠나기 전 나흘 동안의 말씀을 기록하는 것으로 끝을 맺고 있다. '마지막 날에는 "저 매화나무 물 줘라." 한마디 하시고 저녁에 일으켜 앉히니 앉은 채로 서거하셨다.'

매화에 관하여 누구의 말이 옳은 지 알 길이 없다. 다만 선생이 선비임을 알게 된 나로서는 그 안내직원의 말을 의심하고 싶지 않다. 구전(口傳)되어오는 사제 간의 대화로 믿을 따름이다. '매형'과 그 대화가 허구임을 유홍준이 증명해 보이기까지는….

'선비'를 일컫는 두 번째 정의 '학덕을 갖춘 이를 예스럽게 이르는 말'의 의미로 볼 때 선생은 분명 선비셨다. 관직으로 충청도 암행어사와 예조판서를 거쳐 대제학에까지 오르셨지만, 선생은 학덕을 갖춘 선비의 표상임에 틀림이 없다. 퇴계(退溪)라는 아호도 '계곡에서 물러나 있다.' 즉 '물가에 산다.'란 뜻으로, '退'의 뜻에 겸양의 의미가 있음을 알고 보면, 계곡에도 겸양해 하신 선생의 덕성을 가히 짐작할 수 있다.

(1998년 가을)

선비 紀行文(後篇)

- 다시 태어난다면 선비이고 싶다 · 2-

안동에서 돌아오는 길에 하회(河回)마을을 찾았다. 천혜의 지리적 여건이란 이런 걸 두고 하는 말인가. 완벽한 'S' 자 형태로 물돌이 하는 이 마을은 그 덕에 외침(外侵)을 한 번도 겪지 않아, 상류층의 기와집으로부터 서민의 초가토담집에 이르기까지 2백여 채의 전통 고가가 고스란히 보존되어 있었다.

선비의 흔적을 찾아내려 이집 저집을 기웃거렸다. 초가에 살았어도 선비는 선비였겠지만 눈으로 보는 선비의 집은 솟을대문집이 제격이었고, 보통의 기와집 정도는 되어야 선비의 체취가 느껴짐은 어쩔 수가 없었다. 조선시대의 사회신분은 양천제(良賤制)가 엄격하였고, 선비는 양인(良人)이었으니, 배고픈 선비가 사(士)의 신분을 박차고 농, 공, 상으로 전락한다는 것은 상상하기 어렵다. 그 시대의 사회를 지배한 체제에 있어 신분은 곧 목숨이었던 것이다. 그렇다면 초가토담집에서 빈한(貧寒)한 선비의 그림자를 찾을 수 있어야 하는데 그게 못내 아쉬웠다.

수확은 예기치 않은 데에 자주 있다. 진정한 선비의 또 다른 일면을 서애 류성룡 대감에게서 찾아낸 것이다.

대감이 임란 때에 영의정을 지낸 것은 다 아는 사실이지만, 문인 최고의 명예인 사가독서(賜暇讀書, 일정 기간 공직을 떠나 학문에만 전념하는 것)의 어명을 받았음을 아는 사람은 많지 않다. 대감은 1년 동안 이 사가를 받았으며 하회 서쪽 언덕(西厓)에 서당을 짓고 은거하려다 뜻을 이루지 못하고 '西厓'라 자호(自號)하였다. 시대가 그를 가만두지 않았다고 해야 할까. 그의 진면목은 이순신, 권율 두 장군을 발탁하였다가 이순신 파면에 반대하여 사직원을 올렸음에 있고, 2년 후 충무공이 전사하던 해에 향리로 돌아와 다시 조정에 나아가지 않고 은거하였다.(파격적인 품계(品階)승진을 선조께 건의하여 임진왜란을 승리로 이끌었음)

『징비록(懲毖錄)』을 저술 '전쟁은 기록도 없애므로 진정으로 끝내기 위하여 저술한다.'고 저술 이유를 밝혀둠으로써 동양선비의 진수를 느끼게 한다.

나의 선비 기행은 여기서 끝난다. 내가 보고, 듣고, 읽은 '선비의 요건'을 정리해 보면 이렇다.

1. 학식은 있으나 벼슬하지 않은 유림을 선비라 불렀다.
2. 선비는 공부를 좋아했다. 도산서원의 정문에는 낡은 북이 하나 걸려 있는데 화장 많이 한 여자나, 책 가져 나가려는 자나, 술 마신 남자의 출입을 막을 때 북을 쳤다고 한다. 이를 불문(不文) 3원규(院規)라 부른다.
3. 외롭고 고통스러운 절개를 알고, 직(職)에 연연하지 않는 기개

가 있었다. 직을 버려야 할 때 버릴 줄 알았다.

4. 재물보다는 명예와 신분을 중히 여겼다. 청렴 강직하면서 수졸(守拙)하였다.
5. 사전의 세 번째 정의 '어질고 순한 사람'을 비유하여 이르는 말이라고 풀이한 것으로 미루어, 선비는 품성이 온유하고 착했다.

나는 선비의 기품을 탐하지만 내게 그런 것은 없다. 나에게 선비정신이 고갈되어간 가장 큰 이유는 기업체에서 오랫동안 일했기 때문이 아닌가 생각한다. 기업의 존재가치는 영리추구이다. 그 조직의 한 부문에서 일을 배우기 시작해서 종내, 크지는 않지만 그런 조직을 책임지고 경영했으니 내가 선비일 수 없음은 당연한 것이리라.

산업사회에 살면서 우리를 가난하게 만든 주범의 하나인 사농공상을 새삼스레 들먹이며, 사족(士族)을 흠모하는 것은 어쩌면 시대착오적인 착상일지도 모른다. 그러나 경제의 시장규칙을 어기면서까지 영리를 추구하려는 천민적 방식을 불식해 나갈 선비정신은 재조명되어야 하지 않을까?

'산양 할아버지'가 생각난다. 할아버지께서 지금의 나를 보면 무어라 하실까. 선비의 기품은 없지만 선비정신을 여태껏 탐하니 기특하다 하실까. 어쩌다 한 번씩은 선비기질이 있다는 소리를 듣는 것을 가상하다고 하실 것도 같고…. 나는 취학연령이 되기도 전에 "반장 아저씨요! 학교 좀 다니게 해 주이소!" 했단다.

타이타닉호가 침몰하기 시작할 때 선비 한 사람을 보았다. 선장이었다. 구명조끼 입을 것을 거절하며 돌아서는 그의 뒷모습을 보는 순간 눈시울이 젖어왔다. 선장이 침몰하는 배와 운명을 같이하는 것은 흔히 있는 일이긴 해도, 선박 설계 책임자의 구차스런 속물근성과 극명한 대조를 이루면서, '외롭고 고통스러운 절개'를 아는 우리 선비들의 기품 같은 것이 엿보였기 때문이다. 이미 기능을 상실한 방향타를 잡아보며 멀리 바다를 응시하는 외로운 그 모습이 뇌리에 깊이 박힌 채 극장 문을 나섰을 때 나는 소리쳤다.

"그는 선비다. 서양 선비다!"

마음이 곧 행동일 수 없고, 기질이 곧 기품이 아님을 생각한다. 하여, 다시 태어난다면 나는 선비이고 싶다! (1998년 겨울)

*人瘦尙可肥, 士俗不可醫(사람이 여위면 그래도 살찌울 수 있지만, 선비가 속된 것에 물들면 치유할 수 없다.)

-宋 蘇軾이 '於潛僧綠筠軒'에서 선비의 절개를 비유한 글

천수(天壽)

'가을걷이'를 구경하러 운동화 신고, 밀짚모자 쓰며 나선다.

'단심(丹心)' 익은 걸 감상하면서 새콤달콤한 맛을 보려고 산수유를 찾는다. '빌라촌'을 지으면서 몇 그루 심은 수령 35년의 늠름한 자태들이 곳곳에 '단심'의 수를 놓고 있다. 맛을 보니, '새콤'과 '달콤'이 반반인 걸로 보아 동토(凍土)에 몸을 던져 내맡길 준비가 되어가나 보다.

양재천에 들어서니 햇살은 따가워도 시원하다. 한여름 청계천변과 동대문가의 기온을 측정해보니 8도C 차이가 났단다. 미세먼지도 적어 산책하기에 숲속과 다름없다. 햇살이 따가운 건 '딸은 봄볕에, 며느리는 가을볕에 내보낸다.'는 속담을 증명이라도 하는 듯….

5월에 산란하러 한강에서 거슬러 올라오는 잉어 떼 외에 물고기 보기가 '가뭄에 콩 나듯' 하던 이곳, 10여 년 전부터 '양재천을 살립시다!'라는 플래카드가 걸렸더니 이젠 다시 살아났나 보다.

손가락만한 놈들은 많고, 황소의 발목처럼 굵은 놈도 가끔 보인다.

묵주기도 10단 바치며 걸었으니 30분, 3㎞는 되었겠지. 바위에 걸터앉아 '강태공'이 된다. 한참을 내려다보아도 없다. 어제 다녀온 '一字山' 옆 '배다리 낚시터'에서는 잡히면 풀어줘야 하는데, '손맛' 보려고 2만원 내고 들어와 앉아들 있다. 나는 '눈맛' 보려는데, 몇 단 바치면 고기떼가 보일지 기도 계속 바친다. '천주의 성모님! 이제와 저희 죽을 때에 저희 죄인을 위하여 빌어주소서. 아멘!' 하며.

몰려다니는 고기떼가 보인다. 그렇지! 우글거리는 놈들이다. 눈맛이 쏠쏠하다! "야호!"

아주머니가 징검다리를 건너오는데, 손에 묵주가 보인다. "묵주네요!" 하니 "반갑습니다!" 한다. '레지오마리애'에 가입하시라고 권유한다.

'황색호수'가 없다. 사라졌다! 일주일 전에 약간 설익은 호수 봤으니, 내년을 기약하자며 돌아섰다. 그 사이에 수확해서 가버렸네…. 서향(西向)이 되어 모자 푹 눌러 쓴다. 자외선이 피부암의 원인이라니….

형님은 '말초신경증후군'으로 약 복용하신다. 완치하려면 금연이 필수인데, '금연학교 3년 이수' 하셨는데도 끽연 계속하시니 못 고친다. 그나마 매일 '만보 걷기운동' 해서 차도는 있으시다.

이 마테오 형제가 생각난다. 루게릭병. 현대건설 설계과장 재직 중 차장 승진을 코앞에 두고 52세에 발병, 6년 동안 코로 숨 쉬는 것 밖에 혼자서 아무것도 못하다가 선종했다. 메이저 리그 야구 포수 '루게릭'에게 신이 내린 병, 스트레스가 작은 원인이 된다는 점 외에 원인을 모른다. 승진 늦어 안달할 때 발병했단다. 방문하여 늘 웃겼다. 웃음 소재가 빈약할 때는 그냥 "웃자! 웃어요!" 하며 박장

대소(拍掌大笑)했다. 그러면 환자도 좋아했다. '줄기세포' 연구가 활발히 진행 중이니 머지않아 치료약이 나올 거라면서 위로했다.

명문대학을 나왔지만, 목표인 '사법고시'에 실패하고, 공기업 임원으로 일하던 벗 '心遠'은 아파트 옥상에 올라가 몸을 던졌다. 나는 '심장마비려니…' 하며 두 번 절 했는데, 가족들은 '쉬쉬' 했단다. 우울증이라는 '마음의 병' 참으로 무섭다! 우리는 '마음을 멀리'라는 호까지 지어줬는데….

감나무에 홍시 몇 개를 남겨서 까치밥으로 주는 마음 씀씀이, 병고에 시달리는 이웃을 찾아 도우려는 마음 자세, 치과 앞에서 '이 없으면 잇몸으로 산다!', 산부인과 앞에서 '무자식이 상팔자지요!', 한의원 앞에서 '밥이 보약이지!' 하며, 미소 지으면서 살다보면 천수를 다 하리라.

98세에 선종(善終)하신 금아(琴兒) 피천득(皮千得)선생은 소식과 유머를 장수 비결이라 하셨다. 소식은 '욕심 없이 살자!', 유머는 '인생살이를 해학(諧謔)으로 받아들이며 살자!'이리라. 법정스님은 결혼식 주례사에서 "잘 먹고 잘 싸십시오!" 했단다. 잘 싸야 건강하게 사는 거겠지.

젊은이들이 운동으로 살 빼려고 빨리 걷는다. 목적지에 빨리 도착하려면 '마사이족 걷기'로 걸으면 된다.

나의 걷는 법 '慕緣걷기'는 琴兒선생의 '맛과 멋'의 결구인 '맛에 지치기 쉬운 나는 멋을 위하여 살아간다.'처럼 4계절을 감상하면서 슬슬, 쉬지 않고 걷는 것이다. 그러면서 욕심 없이 살면, 나는 천수를 다 하리라! 야호!!

(2008년 10월)

*오늘은 '문인회'에서 문학기행 떠나는 날이다. 재작년엔 정선의 '아우라지 처녀상'을 감상하면서 '아리, 아리랑, 아라리요.' 따라 불러 좋았고, 풍력 발전기도 처음 봤다. '이효석 기념관'을 관람하고, '메밀꽃 필 무렵'을 한 권 사가지고 왔다. 작년엔 오곡백과 푸짐한 전남지방 '走肖爲王(조광조)'의 제자 묘소 '유적지'가 인상적이었다. 만원 밥상엔 반찬이 32가지라 참 재미있었다. 올해는 안성, 평택항 간다기에 실망스러워 가지 않았음. 가보지도 않고 속단한 것이 잘못일지도 모르겠다.

5.

여정 낙수

여정 낙수(旅情 落穗)

– 해남, 땅끝 마을, 보길도를 돌며

여행은 혼자 다니는 맛이 괜찮다. 남도의 질편한 인심들은 혼자 다니면 더 깊이 느낄 수 있다. 선현(先賢)의 동상 위를 나는 갈매기는 왠지 영악스러워 보이지 않는다.

때로는 자유인임을 실감한다. 하지만 한 폭의 절경 앞에서 인연 맺고 있는 사람들과 함께 볼 수 없음에 아쉬워 그곳을 떠나지 못하고 쩔쩔맬 때는 스스로 자유인이 아님을 절감하기도 한다. 나는 지금 속박으로부터 자유로울 뿐, 나 자신에게 자유롭지는 못하다. 자신에의 자유, 그것은 인간이 결코 도달할 수 없는 경지임을 어렴풋이 깨닫는다.

성가실 때도 있다. “왜 혼자 오셨어요?” 이 질문에 대한 대답은 상대방에 따라 다를 수 있지만 가장 적절한 답은 그냥 빙그레 웃어주는 것이다.

– 조양강, 구절천과 골지천 합수머리에서

정선의 아우라지 처녀상 앞에서 사진 한 장 찍는다. 너무 애달픈 표정이어서 나도 따라 시무룩해진다. 이태리 북부도시 베로나의 줄리엣 동상이나, 중국 시안(西安)의 양귀비 목욕와상(臥像) 곁에서 그랬던 것처럼 재미있는 포즈를 취할 수가 없다. 줄리엣의 허리를 살짝 감거나 양귀비의 어깨를 팔로 껴안던 대담함은 엄두도 못 낼 일이다. 골지천 건너 여량리에 살았다는 이 처녀에게, 싱거운 길손, 단정치 못한 포즈 한 번 취하다가 구절천 건너 유천리 그 총각에게 들키는 날에는…. 봄을 맞아 처녀는 싸리골에서 총각과 만나기로 하였으나 때아니게 내린 큰비로 강물이 불어 나룻배가 떠내려 가버렸단다.

골지천과 구절천이 만나는 합수머리의 언덕배기 소나무 숲 옆에 처녀상은 있고, 동상 뒤 아우라지비에는 노랫말이 새겨져 있다.

> 아우라지 뱃사공아 배 좀 건너 주게
> 싸리골 올 동박이다 떨어진다.
> 떨어진 동박은 낙엽에나 쌓이지
> 잠시 잠깐 님 그리워 나는 못 살겠네.

동박은 동백의 사투리라는데 강원도에 웬 동백? 하지만 정선 지방에서는 생강나무를 동박이라고 부른다 했다. 이른 봄 아주 작고 노르스름한 꽃을 피우는, 산수유와 착각 하리 만치 비슷한 나무.

겨우내, 남해안의 동백이 해풍 속에서 핏빛 정염을 잉태하는 동안 정선의 동박은 칼바람 속에서 노란 정한을 여미는가 보다.

숲 앞 정자에 오른다. 처녀는 하염없이 강물을 내려다보고 있고 나는 정자에 앉아 처녀를 바라본다. 위로의 말 한마디 건네려다가, 애절한 여자에게 그것마저 조심스러워 나는 먼 산을 바라본다.

- 백봉령 넘어 동해시에서

영월, 정선을 거쳐 백봉령으로 길을 잡는다. 끊어지는가 싶으면 이어지는 동강과 조양강의 물길을 따라 달리노라니 노르웨이의 하루가 떠오른다. 아침에 오슬로를 출발하여 산 넘고 재 넘어 북해의 항구도시 베르겐까지 가는 동안 5백㎞의 물길은 끊어질 줄 몰랐다. 호수 곁을 지나면 시내가 이어지고 시내가 끝나면 또 호수가 나타났다. 절벽을 끼고 곡예를 한 버스가 새로운 시야를 열어주는 곳이면 어디에든 파란 호수가 어김없이 손짓을 해 왔다. 육지 속의 좁고 긴 바다줄기 같은, 흡사 흐르는 강처럼 보이는 피오르드(Fjord) 해안은 쾌속정으로 달렸다.

그런데 저녁에 버스에서 내리면서 내가 느낀 것은 실로 엉뚱한 것이었다. 요상한 게 인간심사라 하더니 처음 그렇게 좋던 물도 하루 종일 엇비슷한 풍경이 이어지니까 싫증이 나버리더라는 사실이다. 빙식곡(氷蝕谷) 중에 세계 최장을 자랑한다는 송네피오르드(Songnefjord)만 해도 한참을 뱃길로 달리다보니 그게 그거고, 마치 소양호에서 인제로 올라가는 배를 탔을 때 그랬던 것처럼, 처음의 감흥을 지속시켜 주지는 못하였다.

지금 나는 그런 기분으로 백봉령을 넘어가고 있다. 벌써 마음은 동해의 그 힘센 파도와 맞선다. 마알간 솔바람 내음은 이제 그만, 축축한 소금 냄새를 맡기 위해 달린다.

이 시대의 인생 천재 구영한(邱永漢)이 말한 인생론도 이런 것이 아니던가. 그는 '인생은 계림(桂林)의 산과 같은 것이다'라고 썼다. 중국 계림에서 리강의 유람선을 타고 수많은 기봉(奇峰)들을 보면서 사람들은 그 천하의 경관(景觀)에 탄복하지만, 1만 개나 이어져 있는 기이한 산봉우리들이 그들에게 감동을 주는 것은 처음 얼마 동안이라는 것이다.

250권이 넘는 저서 가운데 하나인 『나는 77세에 죽고 싶다』에서 그의 글은 이렇게 이어진다. '새로운 것이어야 인생에 감동을 준다. 고통과 비애마저도 기쁨과 마찬가지로 인생에 색조(色調)를 더하게 하는 것이며, 지루함을 느끼지 않게 하는 역할을 해 준다. 어떤 변화든 간에 그것이 반복되어 보통의 일이 되거나 놀라움을 불러일으키지 않으면 끝장인 것이다. 연극과 인생은 지루하게 생각되기 전에 끝내 주는 것이 좋고, 사는 동안은 끊임없이 새로운 것을 찾아야 한다.'

동해시와 삼척시의 경계선 바닷가에 한 발씩을 걸치고 있다는 추암(湫岩), 속칭 촛대바위를 바라본다. 암벽 아래, 파도가 크게 몰려오는 백사장을 골라 자리를 잡는다. 우르릉 철썩 쏴-쏴-.

- 삼척 백사장에서 우산을 받치고 앉아

비 오는 바닷가 풍경은 색채가 담백해 좋다. 수평선이 하늘과 섞여 있는 듯 여리다. 바다와 파도와 모래와 바위, 뒤에 있는 소나무

숲마저 튀는 것이라곤 하나 없다. 바닷물은 왜 짤까? 조물주의 섭리와 피조물의 역할에 대해 생각한다. 창조주에게서 받은 이 육신을 어떻게 남길까. 내가 '장기 기증증서'를 만들었던가. 며칠 전 외손녀를 내게 안겨준 딸이 함께 그걸 만들자고 한 적이 있었는데… 비 오는 바닷가에서 나는 영혼을 만난다. (2000년 6월)

작가노트

*윤후명 소설집 『여우사냥』의 작가 후기에 이런 구절이 있다. "이 소설을 기행(紀行)소설에 해당한다고 하지만, 실은 나로서는 어디로든 조금도 떠난 느낌이 없다. 그것이 어떤 형태든 문학은 '떠남'으로부터 출발하는 것이라면, 나는 항상 '나'를 찾아서 떠났을 뿐이었다."

'여정낙수'의 작가노트를 쓰면서 나는 윤후명과 비슷한 말을 하고 싶다. 왜냐하면 이 글의 소재는 여행지에서의 낙수들이지만 주제는 '나를 찾아서'이기 때문이다. 나는 이 수필이 '기행 편'으로 분류되지 않고 '인생 편'으로 분류되었으면 하는 마음이다. (2000년 6월)

** '08년 迎新동창회'에 갔더니 회장이 이런 덕담을 했다.

"1. 멋진 물건이 보인다. '살까 말까' 사지마라! 가지고 있던 물건 버리면서 살아야 하는 나이이니….

2. '몸짱''얼짱'이 유혹을 한다. '바람피울까 말까'피워라! 젊어져서 좋다. 하지만 손주 재롱떠는 것 보는 게 바람피우는 것보다 더 재미있으니 손주 보며 살아라. 바람피우지 말고….

3. '여행 갈까 말까' 가라! 떠나라! 비행기 5시간 이내 여행이면 누가 같이 가자고 하거든 무조건 떠나거라!" (2008년 3월)

내일보다는 오늘

'봄을 노래한 시들은 많지만, 봄의 모습을 실제로 다룬 시들은 생각보다 적다. 대부분의 시들에서 봄은 사건이나 현상이 아니라 관념으로 다루어진다.' 작가 복거일(卜鉅一)의 산문 「도시인의 봄」을 읽다가 나는 불현듯 생각만 게으르게 하고 있을게 아니라 바로 실행에 옮기고 싶은 충동 한 가지를 느낀다. '관념보다는 사건'이라는 말에서 연상 작용이 일어난 것이다. 겨울이 가기 전에 입지 않는 겨울옷들을 '헌옷 모으는 상자'에 내다 놓는 일이 그것이다.

> 봄이 오기를 기다리기보다
> 겨울이 가기 전에 할 일이 있는 것을
> – 습작시 「봄이 오기 전에」 중에서

'이불과 베개는 받지 않습니다.'라는 팻말과 함께 아파트 지하주차장 계단에 사시사철 놓여 있는 그 상자 옆을 지나다닐 때마다, 헌옷가지들이 좋은 용도로 쓰일 것으로 짐작은 하면서도 실행에 옮기는 것은 내 몫이 아니라고 치부해버린 이유가 무엇이었는지를 새삼스럽게 생각해본다. 사고와 행동의 분리가 만성적으로 굳어진 탓이라고밖에 할 말이 없다. 자선함에다 헌금을 하는 데도 생각과 행동에 작은 용기를 필요로 함을 우리는 알고 있다. 마음은 있지만 지갑을 열 생각까지는 아닌 것은 용기 있는 생각이 아니며, 남들이 보기 때문에 행동으로 옮기기가 쑥스러운 것도 용기 있는 행동은 아니다.

옷에 관한 한 또 다른 변명의 여지가 있기는 하다. 새 옷을 좋아하면서도 길들여진 옷의 편안함 때문에 입던 옷을 버리지 못하는 것은 흡사 내성적인 사람이 때로는 전혀 딴 사람인 양 외향적이 되는, 두 가지 성격을 공유하는 경우만큼이나 자연스러운 현상인 것이다.

옷장을 열고 옷들을 훑어본다. 잠바와 사파리와 양복 2벌을 먼저 걷어낸다. 세탁소의 비닐커버가 그대로 씌워진 채 걸려있는 양복을 옷걸이 째 꺼내다가 머뭇거린다. 그동안 몸이 불어 넉넉한 품을 잃긴 했지만 새 양복이나 다름없는데…. 하지만 더 이상 미련을 접기로 한다. 이런 일은 과감하게 하지 않으면 용두사미가 될 것이기 때문이다.

다음은 오리털 파카다. 이 파카는 특별히 애착이 가는 옷이다. 오래전 겨울의 일이 머리를 스친다. 불우이웃돕기 활동을 할 때 새벽에 이 옷을 입고 집을 나서면서 흥얼대곤 했었다. "눈보라 흩날리는 겨울 거리에 외투로 몸단속을 단단히 하고 나선, 그 기분이란 말할 수 없이 상쾌하다." 김소운의 「외투」에 나오는 구절인데, 어둑한 겨울 새벽에 시 암송하듯 이 구절을 외우면 한결 몸이 따뜻해지면서 발걸음도 가벼워졌다. 일종의 자기최면이랄까. 지금은 유행에서 밀려났지만, 파카만큼 몸단속을 단단히 하는 기분을 갖게 하는 옷도 아마 없을 것이다.

내친걸음에 춘추복과 여름 옷 중에서도 몇 가지를 골라내었다. 아내는 옷들을 차곡차곡 개어 보자기에다 나누어 싼다. 그것을 지켜보노라니 저 옷들이 주인을 찾아가기까지의 일거리들은 얼마나 많을까 생각하게 된다.

옷들을 분류하는 데도 많은 일손이 필요하고 세탁도 해서 보내야 할 것이다. 요즘 세상에 헌옷을 얻어 입어야 할 처지에 있는 사람은 가난만으로 설명할 수 없는 사람들일지 모른다. 무의탁자와 행려자를 거두어 보살피는 단체나 지구촌의 헐벗은 곳으로 보내어질 것이다. 받아서 나누어주기까지의 일손도 대부분 자원봉사자들의 몫일 터이고…. 실제로 불우이웃돕기 성금을 모으는 것도 힘들었지만 그것을 나누는 일도 몹시 힘들었었다. 살림집을 겸한 비닐하우스 여섯 채가 한꺼번에 타버린 곳에 쌀 여섯 가마를 사서 싣고 갔더니 돈으로 바꾸어 주었으면 좋겠다고 했다. 들쥐가 파먹을 거라는 걱정이었다. 쌀을 담아 둘 큰 용기도 없고, 취사도구도 없고, 칫솔 등도 사야하니 당장 필요한 것은 돈이라는 말을 이해는 하면서도, 쉽지 않은 것은 일손이었다.

얼마 전 금세기 말의 살아있는 성인 마더 데레사가 세운 수많은 사랑의 집들- 죽어가는 사람을 위한 집 '니흐말 흐리다이', 불쌍한 노인과 환자들을 보살피는 '프렘 단', 헐벗은 어린이들을 거두는 '쉬슈바반' 등 -을 찍은 사진이 성인의 투병근황과 함께 보도된 것을 보았다. 봉사하는 '마음'을 어떻게 담을 수 있느냐며 취재를 거부하는 수녀들의 감시를 피하기 위하여, 기자들이 자원봉사자로 일하면서 취재했다는 그 특집기사는 '그곳들은 흡사 인종전시장 같았다. 세계 각국으로부터 모여든 일손들로 하여'라고 전하고 있다.

격주 일요일마다 봉헌했던 불우이웃돕기 2년의 임기를 마친 그때 나는 하나의 결정을 내린 게 있다. 은퇴 후에 이런 종류의 활동에 전념하겠다는 결심을 한 것이다. 그러나 오늘, 헌옷가지들에 많은 일손이 필요할 것이라는 상상을 하면서, 또한 '사랑의 집'에서 일하는 자원봉사자들이 배낭여행을 스스로 감내할 수 있을 정도의 젊은 일손들이었다는 기사내용을 떠올리면서, 나는 은퇴자들의 일손이 과연 무슨 일을 할 수 있을까를 생각하게 된다.

은퇴자들이 그들에게 닥치는 소외감과 무력감에서 벗어나기 위하여 사회봉사활동에 나서는 것은 나쁘지 않다. 그들은 사회학자이며 미래학자인 리스만(David Riesman)이 「고독한 군중(The Lonely Crowd)」에서 '개개의 인간은 그 내부에 길러도 끝이 없는 무한한 가능성을 가지고 있으므로 결국 고독으로부터 탈출할 수 있다.'라고 결론지은 것을 자기들의 고독 문제에도 적용되는 것으로 해석할 정도로 '적극적 사고방식(Positive thinking)'을 갖고 있다. 우리나라의 사회구조는 그들에게 적합한 자리를 넉넉하게 제공하고 있지 못하다. 더구나 자족(自足)의 인생관과 자기희생을 전제로 하는 헌신적 봉사활동에 있어서는 정열을 가지고 젊을 때 그 일을 시작해서 은퇴의 나이에는 그것을 계속하는 상황이어야지, 은퇴의 나이에 시작해서 될 일이 아닌 것이다.

내일보다는 오늘이 중요하다. 내일을 위하여 오늘을 산다고 하지만, 은퇴 후에 본격적으로 하겠다고 결심한 나의 '그 일'에 관해서는, 내일 하겠다고 미루는 것은 아무것도 못하는 것일 수도 있다. 그런 일은 오늘이 중요하며, 꿈보다도 현실이 아름다운 것이다.

(1997년 여름)

국립 중앙박물관 탐방기

어제 3시간 관람했는데 반도 못 봐서 오늘은 하루 종일 보려고 오전에 입장했다.

경로표는 공짜인데, 나는 나이가 많이 들어 보인다는 소리를 자주 들었으므로 장난삼아 매표소에 손을 내밀었다. 나를 흘끔 보더니 표를 준다. 입장하다가 직원에게 말했더니 '어르신들이 하도 소리를 질러서' 손 내밀면 얼른 준다고 했다.

구석기시대, 신석기시대, 청동기시대, 철기시대로 구분된 전시실의 각종 생활도구, 무기, 도자기 등을 보며, 선조들의 손길과 숨결이 느껴지는 곳이라는 생각이 들었다.

인기 드라마 「주몽」에 보면 부여가 한나라와 전쟁하는 장면이 나오는데, 삼국시대 이전의 지도가 걸려있어 보니 압록강 건너 만주 벌판에 있다. 부여의 왕자 주몽은 고구려를 건국한다. 이 부여는 백제의 수도 부여와 다름을 알겠다.

조선시대 풍속도실에 가니 김홍도, 신윤복의 작품들이 사회상을 잘 묘사하고 있었다. 희로애락을 어찌 그리 해학적으로 그렸는지 감탄사 연발! 내레이션은 빠르고, 배경음악은 커서 잘 알아들을 수 없을 때도 있었다. 아쉬웠지만 "경로표로 다시 오지 뭐." 하고 지나쳤다.

전시품들의 설명표지가 조명을 너무 예술적으로 해서 다음에는 돋보기를 꼭 가져 와야겠다고 메모지에 적었다.

조선시대 주민등록증인 호패가 있고, 소 값보다 못한 노비가격 그림도 있고, 담뱃대를 길게 물고 있는 양반그림에는 '길수록 신분과 권위가 높다'는 설명이 붙어 있다.

호패는 '양반이 상것들 등골 빼 먹으려고 만든 것'이라고 할 만큼 천민들에게는 신분을 옥죄는 수단이기도 했단다.

과거제도 그림에는 시험이 열리는 시기, 주어지는 관직 등이 자세히 표시되어 있다. 나는 그 시대에 살았다면 과연 급제할 수 있었을까 생각에 잠겼다.

천연두(마마)는 추사 김정희와 백범 김구 선생도 앓았고, 19C말에 일본에서 서양의학 기술 배운 지석영의 노력으로 예방접종이 시행되었다고 적혀 있다.

'고산자(古山子) 김정호' 영상실에 가니 대동여지도가 완성되기까지의 과정을 잘 표현하고 있다. 산줄기, 물줄기를 사람의 몸으로 생각하고, 산맥은 뼈대, 강은 핏줄로서 강산에 애정이 넘치게 표현했다. '세계적으로 빛나는 문화유산'이라는 평가를 받고 있단다. 첨단 과학장비를 이용한 현대지도보다 백두산 부근이 조금 크게 그려졌을 뿐 완벽하다. 도대체 몇 년에 걸쳐 그렸을지 궁금하다. 백성들이 편리하게 활용할 수 있게 디자인한 것도 놀랍다.

다시 보는 역사 편지 '고려 묘지명(墓誌銘)'들을 자세히 읽고 나니 나도 써두어야겠다 싶다. 권장하는 의미로 예문까지 붙여 놓았고, 종이와 볼펜도 비치해두었다. '미래의 나에게 보내는 편지'를 쓰라는 안내문이 있다.

> 각자 자신의 미래를 상상해보라. 어떤 모습인지, 꿈꾸던 것을 이루고 있을지 상상해보고, '먼 훗날의 나와 하는 소중한 약속'을 써보라.

세계문화유산으로 지정된 고인돌을 비롯하여 무덤 관련 소장품이 많고, 전통 종교인 불교의 문화재도 무척 많았다.

관람을 끝내고 나오는데 이런 생각이 들었다. 10여 년 전에 써둔 '추억의 전승'을 이 탐방기 끝에 붙여 놓자. (2006년 8월)

볼 것이 많은 나라 터키

가깝지만 친하지 않은 일본과 달리 터키는 아시아의 서쪽 끝, 유럽이 시작되는 먼 곳에 있지만 우리나라를 지켜준 형제의 나라이다.

6・25 전쟁 당시 유엔군의 일원으로 14,936명을 파병하여 3,216명의 사상자를 낸 혈맹으로 이스탄불 시내에 참전비가 있다. 그로부터 약 50년이 흐른 1999년 터키에 큰 지진이 났을 때 터키 돕기에 온 국민이 동참해서 형제의 우의를 다졌다. 2006년 새해 벽두(劈頭) 신문엔 '피를 나눈 형제들 은혜 후손들 통해 갚는다.'라는 제목으로 터키인 참전용사들의 후손들이 국내 3개 대학에 장학생으로 입학한다는 기사가 났다. 4년간 등록금 전액과 기숙사 제공 혜택을 받고 신입생으로 입학한단다.

터키는 유럽으로 분류되는가, 아시아로 분류되는가?

비행기에 내리면서 그들의 코를 보니 높아서 유럽이라 생각되었다.

국토의 97%가 아시아대륙에 있고, 3%가 유럽대륙에 소속되어 있다. 유럽연합(EU)은 터키를 유럽에 끼워주지 않고 있다. 정확하게 분류하면 아시아라고 함이 옳을 것 같다. 국민소득(GNP)은 우리나라의 절반수준인 5천 불이다.

6·25 당시 국민소득이 우리의 30배였으나 지금은 IMF에서 헤어나지 못하고 있는 것을 보면서, 우리나라 정치, 경제 지도자들의 공로가 새삼 자랑스러워진다.

전주와 전선은 전부 지하에 묻혀 있어, 공간이 지저분한 우리나라의 도시 풍경과 대조를 이룬다. 우리나라는 급성장 하느라고 도시 미관을 도외시했으나, 그들은 오랜 시간을 두고 개발했나 보다.

이슬람신자가 97%이며 국민성은 낙천적이다. 얼굴 붉힐 일이 생겨도 "인슐라(하늘의 뜻)" 한마디로 손 흔들며 헤어진다.

이 나라에는 볼 것이 많다.

카파도키아 지역은 활화산에서 분출된 용암으로 인해 형성된 응회암이 오랜 세월 동안 풍화, 침식작용을 일으켜서 생긴 버섯모양의 기암괴석들로 이루어져 세계문화유산으로 지정되었다.

달에 착륙한 루이 암스트롱은 "카파도키아를 보면 달나라를 본 것이다." 했다 한다. 특이지형을 이용하여 만든 지하도시도 볼만 하다. 응회암은 암석이지만 쉽게 깎이므로 돌을 파내면 거주공간이 생긴다. 90m 지하까지 연결된 3개의 도시는 이민족의 침입을 피하기 위하여 만들어지고 박해받은 기독교도들의 생존 흔적으로 남아 있다.

기원 전 2,600년에 건립되어 지금은 기둥 하나만 남은 아르테미스신전은 만리장성, 피라미드, 피사의 사탑 등과 함께 세계 7대 불가사의로 지정되어 있다. 그 신전의 기둥들을 옮겨 소피아성당을 지었는데 기독교를 박해하던 무슬림(이슬람교도)들이 소피아를 본받아 더 웅장한 사원을 옆에다 지었지만, 건물을 받치는 기둥도 없는 소피아를 따라갈 수 없었다고 한다. 소피아성당도 불가사의로 지정되어 있다.

중세에서 근세에 이르기까지 지중해주변을 지배했던 오스만터키의 영화를 볼 수 있는 돌마바우체 궁전에 들어가니 관광객들은 통로에 깔려있는 붉은 카펫 위를 걷지 않으면 추방한다고 한다. 또 사뿐사뿐 우아하게 걸어가라는 주의를 받는다.

그렇게 아끼는 그 문화재는 파리의 베르사유궁전을 본떠 만들었다는데 그보다 더 화려하다. 금 14톤과 은 44톤으로 장식되어 있고, 영국 빅토리아여왕이 보낸 4.5톤의 대형 샹들리에가 휘황하다. 오스만제국의 권력과 영화의 상징인 이 궁을 짓는데 너무 많은 재정이 들어가 제국의 멸망에 일조를 했다고 한다.

2천 년 전 30만 명이 모여 살았던 생활의 흔적을 보여주는 에페소는 30%가 발굴되었는데 거대한 도서관과 찜질방, 사우나시설까지 있다. 비만을 줄이려고 사우나가 유행인 현대와 비슷한 수준이라고 해야 할까.

2만 5천명의 관람객을 수용하는 원형경기장에 앉아 사진을 찍는데 성량 좋은 동행이 성가와 가곡 「봄처녀」를 부른다.

오렌지나무와 무화과나무가 많고, 튤립은 터키의 국화이다. 비엔나커피와 함께 세계 3대 커피라는 터키식 커피 맛을 보며 에게해의 햇살 아래 선탠도 해본다.

지중해 바다 위에 우뚝 솟은 토로스산을 배경으로 아름다운 카라일리오올루 공원은 볼 것이 많아 피로한 관광객들의 다리를 쉬게 한다.

에페소에는 사도 요한의 무덤이 있고, 바오로 사도의 출생지와 성모 마리아가 살던 집터가 보존되어 있다.

모세의 지팡이, 아브라함의 밥그릇, 세례자 요한의 팔 등이 전시되어 있다.

박해시대 피해 살았던 지하도시와 석굴교회들은 석회석 지역으로서 나무가 없고 집을 지을 수도 없으나 암굴형태의 주거공간이 되어 지하 공동체생활을 하게 하였다. 바위에 구멍을 내고 많은 비둘기를 사육하여 고기는 단백질로, 알은 성화를 그리는 재료로 썼다 한다.

이스라엘, 예루살렘은 아니지만 많은 기독교 유적들은 이곳이 제2의 성지라는 생각을 갖게 한다.

문화유산은 많지만 부유하지 못한 나라가 있는데 그들 나라가 주는 역사의 무게가 무겁다고 나는 생각한다.

세계를 지배한 3대강국은 로마, 비잔틴, 오스만제국이다. 이 고대강국의 터키에 우리가 여행하는 것은 우리나라에서 23억 달러를 수입하고 수출은 1억 달러를 하여 심한 무역역조를 보이는 형제의 나라에게 조금이나마 보답하는 길이 될 것이다. (2005년 4월)

동유럽 여행기

고교동창 일곱 명(전상열, 김국년. 김창재, 김태현, 서병태, 이진태, 허영도)이 부부동반으로 유럽5개국 여행길에 나섰다. 기억에 남는 3곳의 기록이다.

1. 다뉴브강

출장길에 다녀본 중에 이름난 강으로는 런던 테임스강, 독일 라인강, 파리 세느강, 워싱턴 포토맥강, 뉴욕 허드슨강, 보스톤 찰스강 등이 있고 은퇴하여 이번에 다뉴브강에 왔다.

영어로는 도나우강이라고 하며 항가리 부다페스트를 관통하고 있다. 요한 스트라우스의 '푸른 도나우'를 들으며 야간 유람선을 타고 2시간 동안 둘러본 강변 풍경은 수백 년 된 성당을 비롯하여 중세기 건물들이 줄을 이어 서울의 한강변과는 좋은 대조를 이루고 있다.

젊을 때는 열심히 일하면서 출장길에 6大江을 보았고, 지금은 쉬면서 동유럽을 흐르는 강에 구경 왔으니 내 인생도 행복한 인생이 아닌가 싶다. 성경 말씀대로 항상 감사하는 마음으로 살아야겠다는 생각을 한다.

부다페스트의 유적 중에 특히 기억에 남는 것은 역대왕의 대관식이 행해졌다는 대관성당 앞의 삼위일체 탑이다. 페스트가 물러간 뒤 신에게 감사하는 뜻으로 세웠다고 하는데, 그 당시 그 몹쓸 병은 인구의 3분의 1을 쓸어갔다고 한다.

2. 오스트리아

영원한 예술의 도시 비엔나에 도착하여 오스트리아 최대의 고딕 사원인 스테판 성당을 둘러보고 케른터너 거리에서 그 유명한 비엔나커피 한 잔씩을 즐긴 후 짤스부르크로 가서 영화 「Sound of Music」의 중요장면 곳곳을 돌아본다. 달리는 버스 안에서 틀어주는 그 영화를 30년 만에 보는데 '도레미 송', '에델바이스'를 부르는 장면과, 일가족이 봉쇄된 국경을 넘어 스위스로 탈출하는 장면들이 지금 보아도 감회가 새롭다. 미국으로 망명한 그 가족들은 합창단으로 지금껏 활동하고 있다는 TV뉴스를 보았다. 그들을 핍박하던 히틀러는 망했고(자살이라든가!?), 그들은 지금도 활동하고 있으며 'Sound of Music'은 불멸의 명화가 된 것이다. 내가 가장 감명 깊었던 영화 두 편을 뽑으라면 「벤허」와 이 영화다.

소떼, 양떼가 풀을 뜯고 있는 들판을 지나 스위스로 들어간다.

3. 융프라우

해발 4천m를 넘는 알프스산맥 융프라우봉에 기차에 몸을 싣고 오른다. 해발 3,454m지점까지 2시간 동안 올라 눈 덮인 봉우리를 보며 목도리를 하고 사진을 찍는다. 여기가 이번 여행의 하이라이트라 한다. 이 철도를 깐 지가 100년이 되었다니 인간의 힘에 감탄하지 않을 수 없다. 25년 전 이곳에 왔던 기억을 돌이켜 본다. 아프리카의 지사(나이지리아)에 근무할 때 아이들을 데리고 유럽에 휴가를 나왔다가 이 융프라우가 있는 인터라켄까지 왔지만 날씨가 나빠 기차를 타지 못하였다.

양과 소가 풀을 뜯고 있는 초원지대를 차로 달리는데 아이 둘이 코를 막으며 "아이고, 소똥 냄새야!" 했었다.

1년 중에 날씨가 좋은 80일만 오를 수 있다니 이번 여행은 날씨에서 행운이 따른 것 같다. 그러고 보면 내가 타고 있는 이 기차는 예나 지금이나 그대로인데 날씨에 따라 오르고 못 오르니 자연 앞에서는 인간의 힘도 무력함을 느낀다.

이번 여행을 마감하며 몇 자 적는다.

인간은 컴퓨터를 만들어 정보의 바다에서 살고, 휴대전화를 만들어 통신의 하늘을 누비며 살지만 페스트같은 병에 시달렸으며, 융프라우의 기차도 대단하지만 자연 앞에서는 무력하였다.

불원간 암 치료약도 개발할 것이라 하나, 암이 정복되면 신은 또 다른 불치병을 인간 세상에 줄 것이다. 그러고 보면 이렇게 살아가는 것이 우리 인생이니 현재의 이 시공(時空)에서 행복을 느끼면서 늘 신에게 감사하며 살아야 하리라고 생각한다. (2004년 9월)

장가계(張家界) 여행기

중국 중앙에 위치하고 아열대기후인 장가계에 다녀왔다.

죽을 때까지 맛보지 못하는 요리가 있고, 가보지 못하는 지역이 있는데 그런 대국에서 '사람이 태어나서 장가계에 가보지 않았다면 백세가 되어도 어찌 늙었다고 할 수 있겠는가?(人生不倒張家界 百歲豈能稱老翁)'라는 곳이다. 넓고 기후가 다르니 국화도 연꽃, 함박꽃 등 여러 개란다.

세계자연유산에 지목되어 있으리만치 절경이 많다.

해발 2,200m의 천문산(天門山)은 기암괴석의 극치다. 마이크로버스로 아흔 고개를 굽이굽이 오르고 나서 999계단을 걸어서 오르면 바위구멍(天門)이 있다. '태산(太山)이 높다하되 하늘아래 뫼이로다. 오르고 또 오르면…'이 읊어진다. '세계 볼 만한 곳 50개'의 1위가 '그랜드캐년'이라는데 10여 년 전 경비행기를 타고 보았으므로 그런지 여기보다 실감이 덜 났다.

원가계로 가서 선산(仙山) 황석채(黃石寨)를 보니 인간이 만드는 조형물은 자연의 '작품'에 이르지 못한다는 결론에 도달한다. 인간이 그 '작품'에 가까이 가서 감상할 수 있는 시설을 만드는 재주를 가졌다는 사실은 인정하고 싶다. 바위산에 설치한 모노레일과 엘리베이터를 타고 오르며 이런 난공사를 어떻게 했을까….

금편계곡을 7㎞ 거니는 동안 마시는 공기 한 모금이 3달러어치가 된다고 미국의 여행 전문가가 말했다 한다. 좋은 풍광(風光)에 맑은 공기, 세상에 이런 곳이 다 있나 싶다.

기적 중의 기적이라 불리는 높이 300m의 커다란 두 개의 바위를 이어놓은 천연석교를 지나니 아름다운 절경에 정신을 잃는다는 미혼대(迷魂臺)가 나온다. 혼을 놓고 나올 수 있으니 꼭 챙겨서 오라고 한다. 사진을 찍자니 서야할 자리도 아찔하고, 사진으로는 이런 풍광을 담을 수 없을 듯하여 한 번 더 보면서 마음에 담기로 하고 혼을 챙겨 나온다. 기이한 봉우리와 암석이 각양각색의 형상을 띠고 있는 협곡 '십리화랑'을 모노레일로 돌아본다. 금강산에 가본 적은 없지만 이렇지 않나 싶다.

중국여행은 '양파 벗기기'라 한다. 산위에 반(半)인공호수를 만들어 놓고 배를 띄우는 곳 보봉호(寶峯湖)가 있다. 가이드가 한 이야기- 총각이 하느님께 말했다. "저 여자를 사랑하므로 혼인하게 해주시면 절대 바람피우지 않겠습니다. 바람피우는 날 죽이셔도 좋습니다." 살다보니 더 예쁜 여자가 있어 바람을 피웠다. 그래도 죽지 않자 몇 번 바람을 피웠는데 3년이 흘러 배를 타게 되었다. "나 혼자도 아니고 열 명이나 탔으니 나 죽이려고 배를 가라앉히지는 않겠지." 창조주 하느님께서 말씀하셨다.

"너 같은 놈들 모으느라 3년을 기다렸다. 지금이 바로 그때다!"

'황룡동굴'에 들어가 보니 19m 높이의 석주가 있다. 1cm 자라는데 100년이 걸린다니 나이가 1억 9천만세이고, 2,5m더 자라면 즉 2,500만년 있으면 천장에 닿을 거란다. '천지창조의 처음은 언제였을까?'라는 생각이 들자 성녀 소화 테레사 수녀의 말 "매 순간은 영원…. 그분과 단 하나가 되는 영원입니다."가 떠올랐다. 천지창조는 창조주의 작업이니 수녀 말이 정답인 것 같다.

곳곳에 '小心地滑(땅에 미끄러짐을 조심하라)'는 표지판이 붙어 있다. '小心'에 대응하는 말(大心) '斷食肉空大心(단식하여 육신이 비면 마음이 커진다.)'고 써 붙여 둔 것도 있다.

유비, 관우, 장비가 의형제를 맺었다는 도화원에는 복숭아꽃이 만발해 있다. 그 옛날 무릉도원에서 세 장수가 술잔을 기울이며 의형제의 예를 갖춘 걸로 되어 있는데, '그 술상이 여기다!' 하고 석상 하나 만들어 두었으면 하는 아쉬움이 든다. 중국인들은 풍이 센데 이럴 때 풍을 쳐야지 싶다. 거짓말도 이럴 땐 보시가 될 것이다. 관광객들로 하여금 「삼국지」를 회상케 하면 여기가 명소가 될 수 있을 텐데….

유채꽃이 노란 바다를 이루고, 그 사이로 끝없이 펼쳐진 신설 고속도로를 주행한도 120㎞로 달리면서 이 대륙은 지금 W.Rostow 교수의 경제발전 5단계 중 제3단계인 청년기(도약기)에 접어들었다는 생각이 든다. 한국은 제4단계인 장년기(성숙기)이다. 작년, 계림에 갔을 때 석류동굴 가는 모노레일에 몇 개 있는 걸 보고 웃었던 '보지거리(保持距離)'가 끝없이 붙어 있다. 웬 보지! ㅋㅋㅋ

많은 자연유산을 가지고 경제성장을 하고 있는 대륙이 무섭게 보인다.

(2006년 4월)

신, 인간, 그리고 자연

- 캄보디아 앙코르와트 여행기 -

시속 800㎞로 비행기가 흐른다.

생활 속에서 바쁜 사람들은 정보의 바다에서 유영(游泳)하는데, 나는 여행으로써 '정지해 있는 시간'과 함께 머물고 있다.

'정지해 있는 시간!' 시간은 흐르지 않는다. 흐르는 것은 사람이요, 인생이다. 시간은 그 자체가 무한자다. 시작도 끝도 없는 것, 그냥 있는 것, 절대자와 함께 있는 것, 그것이 시간이다.

앙코르와트에서 12세기에 '멈춰 서 있는 시간'을 보러 간다. 이역만리 공간을 날고 날아 800년 전 과거에 멈춰있는 시간과 해후하기 위해서….

앙코르는 왕조, 도시국가라는 뜻이며, 와트는 사원이란다. 인간은 약해서 온갖 신을 만들어 놓고 의지하려 한다. 힌두교는 3억 3천 3백만 명(개)의 신(神)을 숭배한단다. 뱀, 소, 원숭이를 숭배하며 최고의 신은 '파괴'의 신 '재창조'의 신 '시바'이다.

종파는 280개나 되며, 선신 악신 54개씩을 만들어 양편에 세워

놓았다. 백팔번뇌를 상징한단다.

미물세계, 인간세계, 천상세계를 석판에 부조(浮彫, 돋을새김*)로 만들어 놓았다.

이 잡는 모습, 닭싸움하는 모습, 일상생활의 여러 장면들… 남근, 여질도 있다.

아이 낳고 싶은 여자는 남근에 절하고, 장가가고 싶은 남정네는 여질을 만진단다.

천상세계의 신의 딸을 인간세계에 내려 보냈는데 남자 만나 아이들 낳고, 천상나들이 때 데리고 온 손주들이 너무 시끄러워 내려가서 살라며 지어준 작품, 천지창조, 저승세계, 왕권과 신권의 위대함을 새겨 놓은 돋을새김들…. 세계 7대 문화유산이다.

佛 문공부 장관이 작품 한 판을 밀반출하려다 들통 나 실형을 살았다는 12세기 작품들….

왕궁의 정원에는 수백 년 된 고목들과 유적들이 서로 등을 맞대고 상부상조하는 자세로 어우러져 있다.

창조론과 진화론은 다 맞으며, 진화는 긴 세월이 소요되고, 창조는 '영원이며 순간', '천년은 하루'임을 느낀다.

일인당 국민소득 $55, 평균수명 55세의 나라. 길거리에는 아리랑을 연주하며 구걸하는 무리. 30년 전 나이지리아에 살 때 보던 풍경들보다 더 비참하다.

우리나라는 복 받은 나라라는 생각이 든다. 선각자가 조국 근대화를 이루어놓았기 때문인데, 이곳은 2대 통치자가 나라를 망쳐 놓았다.

지뢰박물관이 그 증거다. 1975년~1979년 7백만 캄보디아의 인구 중에 2백만 명을 죽여 이룩했다는 '평등한 천국', 안경 낀 사람 지식인들 모두 쓸어버리고 평등한 노동자 천국을 만들겠다는 이데올로기의 신봉자가 만든 역사를 담은 곳이다. 소위 'Killing Field'…. 지뢰는 한국산과 북한산이 대부분이란다.

'햇볕 정책'한다며 쌀 비료 실어 보내고, 돈도 거두어 보낸 자. 약자를 배려하겠다는 마음은 가상하나, 보낸 물자와 돈이 핵 개발에 쓰였으니, 노벨 평화상 받았지만 의인(義人)이 되지는 못했다. 공산당이 어떤 집단이라는 걸 모르고 행동한 속인(俗人)이다. 철갑상어로 자기 배 불리며 '아바이 동무' 탄신일에 닭알(계란) 한 알씩 민중에게 배급 주는 인간, 위선자다. Killing Field를 보면서 속인과 위선자가 눈에 아른아른….

박물관을 나서다 보니 다리 없는 사람이 뭘 사란다. 합죽선이다. 예쁘게 만든 손부채가 1$이란다. 도처에 팔다리 없는 사람이 즐비하다. "할아버지 예뻐요. 사랑해요!" 하며 조개 팔찌를 1$ 주고 사라며 졸졸 따라다니는 아이들 보니 열 받는다. 그 신봉자들은 씨를 말려야 함을 가르치는 현장이다.

민중을 굶기는 역사의 현장에 비가 내린다. 하루 한 번씩 내려 아열대 더위를 식힌단다. 가로수는 야자수와 바나나 나무들로 풍성하고, 야자 물마시고 버리면 원숭이들이 몰려온다. 서열대로 야자 껍질 차지하고 힘없는 놈들은 굽실거리며 눈치 보면서 먹는다. 위선이 없는 세상을 보는 것 같다.

위선이 없는 세상에서 웃으면서 살면 행복할 것 같다.

우산을 썼으나 사람들이 뛴다. 하인이 우산을 받쳐주면서 걸음을 빨리 하자 "이 놈아 여기 맞는 비도 많은데 앞에 떨어지는 빗방울도 맞으려고 뛰느냐?" 했다는 오성과 한음의 유머를 이야기하며 좌중을 웃겼다. 2만 5천명 병사를 동원하고, 식물성 접착제를 써서 37년 동안 만들었다는(현대 기술로도 50년 걸린다는) 역사의 유적들과 호흡하며 웃어 본다.

인간이 만든 신들의 세상은 자연에 순응하면서 순리대로 살라고 한다. 인간들에게…. (2007년 6월)

*돋을새김 : 조각에서, 형상이 도드라지게 새기는 일. 모양이나 형상을 주로 도드라지게 처리한 평면성 조각.

**특산물은 상황버섯이란다. 국경 사방이 해발 800m~1700m의 산맥이어서 우리나라와 달리 전부 자연산이고, 현대인 병인 아토피 피부, 비만 치료에 특효약이라 한다.

***다녀온 지 열흘 후인 6월 25일 Killing Field 현장을 보러 가던 경비행기가 추락하였다. 한국인 관광객 12명과 가이드 1명이 희생되었다. 나는 지뢰박물관 보고 현장에는 안 갔는데…. 신문에 난 기사는 이렇다.

'앙코르와트의 신들이 사랑하는 가족, 친구와 여행을 떠난 사람들의 행복을 시샘했을 것일까.' 수 억 신들의 나라임을 표현한 글이다.

해외여행을 많이 한 나는 후진국을 갈 때는 그 나라 국적 비행기는 타지 않는다. 비행술도 경험이 중요하기 때문이다.

산행 낙수(落穗)

41년 만에 열린 길, 김신조 루트

북악산 내 서울 성곽(태조 이성계 때 쌓고, 세종 때 보강)을 따라 재바르게 걸었다. 탄흔들을 올려다보니 천안함 사태가 떠오른다.

진해와 윤중로의 벚꽃 축제는 꽃 숲에 숨이 턱턱…. 이 길은 숨쉬기조차 아깝다.

원가계 금천계곡 7㎞ 거니는 동안 마시는 공기 한 모금이 3달러어치가 된다고 미국 여행 전문가가 말했다는데, 여기도 그에 못하지 않은 듯….

남한산성(해발 460m 정상)

광해군이 제주도에 유배 가서 쓸쓸하게 세월을 죽이고 있는 동안 인조는 여기서 50여 일을 버티다가 항복했다. KBS 2TV '한국사전(傳)'에 보면 역사가 광해군을 '군'으로 평가한 것에 반론을 제기하고 있다. 임진왜란 때 왕세자로서 보여준 그의 언행은 훌륭했지…

문화재인 기와를 조심스레 밟지 않고 성곽을 넘는다.

도봉산

文友 민혜님은 매주 혼자서도 올라 정상 근처에서 책 읽고 내려온다는 '도봉산 지킴이'다. 1시간 정도 오르니 진달래가 붉고 개울에 물소리가 난다. 산에서 웬 물이 그렇게 나오는지 자연의 신비가 새삼스럽다. 북한산에 비해 등산로가 더 조밀해서 다채롭다.

진달래가 흐드러지게 담장을 친 듯하게 보이는 절경을 감상하면서 오르니 작년에 비슬산 갔을 때의 기억이 떠오른다. 해발 886m인데 꼴찌를 면해보려 무리를 한 탓인지 고환이 아파 애먹었지. 거기선 진달래가 아니고 참꽃이었다.

아침마다 108배를 한 덕인지 오르기가 수월하다. 땀이 흘러도 쉬지 않고 가보(家寶)인 액자의 글귀 '川流不息(思)'를 떠올리며 걷기를 계속한다. 천천히 하되 쉬지는 않겠다며.

약수 받아 마시고 오르니 드디어 보문능선 우이(牛耳)령이다. 성자(聖子)가 '겟세마니'에서 기도하는 모습이라며 보라는데, 내 눈엔 별로 그렇지 않다. 개 눈엔 똥만 보이고, 스님 눈엔 불자(佛者)가 보인다며 문우에게 덕담을 했다.

'애기똥풀' 같이 생긴 꽃이 보인다. 키는 더 작지만 꽃잎 색깔은 샛노랗다. 꽃 이름이 뭘까? 해발 500m 높이에서 서식하니 우면산 생태공원에는 없을까? 『애기똥풀』의 저자 서명언 님은 이름 알까? 아기처럼 호기심이 발동한다. 민혜님이 노랑제비꽃이라고 가르쳐준다.

봉우리 5개가 뚜렷한 오봉(五峯) 옆에 앉아 간식을 먹는다. 둘러보니 '해발 880m'라는 표지판이 있다. 다음엔 주봉인 자운봉(740m)

옆에서 책을 읽다 오잔다. 스산한 공기 마시며 책 읽는 맛이 다르다나. "아예 도를 닦으슈! 목탁도 두드리며…." 했다.

우면산

예술의 전당을 휘돌아 오르니 연못이 있다. '꽃씨를 뿌렸으니 들어가지 마시오.'라는 팻말이 있고 끈으로 만든 줄이 쳐져 있다. 흙이 듬성듬성 파헤쳐져 있는 걸로 보아 씨를 뿌리기 전인 듯. 줄을 건너 들어가는 순간 "꽝" 하며 쓰러졌다. 6척 장신이 널브러졌으니 꼴 좋다. "꼴값 했네 이놈아!"

오르니 대성사(大聖寺)가 보이고 목탁 치는 소리가 들린다. 법당 앞에 '부처님 앞에 참회하시오!'라는 팻말이 있다. 어떻게 참회 할까 생각하다가 '부처님께 절을 하자. 10배 아니지, 100배를 하자.' 빠르게 하니 땀이 비 오듯 한다. 그래 다시는 그러지 말자. 마음 다스리자.

약수터에서 물 마시는데 꿩이 푸르륵 난다. 두 마리다. 배낭에서 건빵을 꺼내 던지니 그냥 도망간다. 팔을 흔들며 던졌으니…. 그러지 말고 얌전히 봉지 째 놓고 가자. 청설모도 여러 놈 나무를 오르내린다.

해발 293m 빠른 걸음으로 오르니 소망탑이 보인다. 박목월의 「나그네」가 없다. 그 자리에 신길우의 「산에 오르면」이 걸려있구나.

피조물인 인체의 206개 뼈 중 25%(52개)가 양발에 있다. 사람은 걷거나 달려야 건강해진다.

관악산(624m)을 오를 때를 대비하여 연습 많이 해두자. 오른다

하면 정상을 밟아야 직성이 풀리는 기질이니. 문인 등산모임은 1,000회 등정했다는 신지호 님이 이끄신다. 망신당하지 않으려면 연습 게을리 말아야지.

인왕산, 북악산

화강암 돌산이라더니, 과연 아기자기한 풍광이 드러나 TV 드라마 '이산'의 장면들을 떠올리게 한다. 도화서의 화공들이 연출한 명장면들이 나타나는군.

해발 338m 등산로 가장자리에 밧줄이, 그 안쪽은 철책이 쳐져있어 자연을 보호하고 있다. 기암괴석을 오르면서 서로 들은 말을 옮기는데 그중 "호랑이가 궁궐까지 내려갔다네."가 압권이다. 무악대사가 이성계에게 "북악을 뒤에 두고 궁궐을 지으면 왕세가 번성하리라!" 했단다.

앞 다투어 내려들 가는데 나는 '치마바위'를 감상했다. 중종이 폐비 신씨를 그리므로 붉은 치마를 걸어두었다는….

내려와서 차도를 건너니 북악산 입구다. 북악산(해발 342m)은 신분증을 보이고 패찰을 받아 목에 걸어야한다. 종로경찰서 최규식 경정의 동상이 그날(1 · 21 사태)을 증언해주고 있다. 그들의 산화(散花)로 청와대는 일촉즉발의 화를 면했었지. 김신조 일당이 쏜 총알의 자국(銃痕)이 있는 소나무. 환멸을 느꼈다. 투항한 김신조는 개신교목사가 되었단다.

이어지는 계단을 밟으면서 성곽의 기와들을 보니 문화재를 만들려는 정성이 느껴진다. 일정한 간격으로 조그만 창문 같은 게 있어

내다보니 바람이 신선하고, 산세가 살아있는 듯 눈을 즐겁게 한다.

북악산은 월요일이 정기 입산금지 날이다.

정상에 서면 아무 생각 없이 마음이 편하다. 무념무상(無念無想)이 된다. 산을 즐겨서 인자(仁者)가 되도록 노력하자. 어진 사람이 되어야지! 산삼인삼만이 보약이겠는가? 산에서 좋은 생각들을 마음에 키우며, 산으로 몸을 다지면 인자(仁者) 아니, 도인(道人)인들 안 되겠는가!

산은 오를 때 보지 못했던 풍광이 하산 시에 보인다. 오를 때는 힘들어서 정신력을 집중해야하므로 볼 수 없었던 산의 큰 아름다움이 하산할 때는 마음의 여유가 있게 되어 보이는가 보다!

'산이 거기에 있어 오르게 된다!'는 명언(名言)이지만, 여기에 있는 결구 3줄('산은 오를 때 보지 못했던 풍광이…. 보이는가 보다!')도 틀림없는 산의 진리라 사료된다.

출장 낙수(落穗)

나의 출장편력에서 얻게 된 사실 가운데 하나는 선진국을 다닐 때는 배울 점이 많았고, 후진국에서는 느끼는 점이 많더라는 것이다. 그것은 선진국일수록 발달한 문명을 보게 되고, 후진국에서는 더딘 문명으로 인해 현재에 살아 움직이고 있는 전통문화를 느껴볼 수 있기 때문이다.

그런가 하면 최근 수년 동안에 출장 다닌 인도와 중국의 경우 나는 그들 나라에 대해 좀 생각하고 싶은 것 한 가지씩이 있다.

먼저 인도 거지와 관련된 이야기다.

인도의 거지는 고맙다는 말을 아낀다. 희사를 받은 그 자리에서 고맙다고 할 것이 아니라 받은 호의를 다시 다른 누구(동물을 포함한다)에게 돌려주어야 한다는 것이 그 이유이다.

구도자들의 종교철학에서 유래한다는 이러한 관념은 거지나 행려자들뿐 아니라 절대다수를 차지하고 있는 저소득층에도 정신문화적 유산 같은 것으로 인식되고 있는 듯하다.

그러나 연 8%씩의 고도성장을 원하고 있는 인도에서 이러한 사회통념은 걸림돌이 될 것이다. 도움을 받았으면 그에 상응하는 만큼을 갚는 합리적 관계가 산업사회에서는 중시되기 때문이다.

그렇다고 하더라도 나는 인도가 가난하지 않은 대국으로 성장하면서 동시에 그 특유의 정신적 전통을 계속 보존할 길은 없을까 하는 아쉬움과 희망을 떨쳐 버릴 수가 없다.

왜냐하면 내가 받은 인도의 총체적 인상 두 가지는 '어우러져 사는 사회' 및 '때 묻지 않은 때 많은 사회'이며, 그것들은 나에게 인간의 신선한 정신세계를 엿보게 해주었기 때문이다.

인도인은 머리가 좋다. 물건을 팔려고 할 때 값을 먼저 말하면 실패한다. 깎고 또 깎아 정나미가 떨어진다. 얼마에 사겠느냐고 물으면 자기들끼리 구수회의를 거쳐 대답한다. 그 가격에서부터 "안 판다." "팔 수 없는 가격이다."라고 하며, 목표가격까지 끌어 올리는 게 비결이다.

다음은 중국에게 항의하고 싶은 이야기.

시안(西安)- 고도(古都)의 원래 이름은 장안(長安) -에서의 일이다. 싼시성(陝西省) 역사박물관에 들러 B.C10세기의 주(周)에서부터 관람을 시작하여 진(秦)을 거쳐 A.D 6세기의 수(隨)나라 전시관에 이르렀을 때였다. 벽에 붙여진 대형 지도를 쳐다보고 있던 나는 눈을 의심하였다. 고구려가 수의 영토로 그려져 있는 것이 아닌가.

신라, 백제 및 일본은 옅은 색으로 되어 있는데 한수(漢水) 이북의 고구려는 짙은 색의 수나라 영토로 채색되어 있는 것이 꼭 두 동강 난 지금의 한반도처럼 보이는 것이다. 이런 통탄할 일이….

황당해진 느낌은 다음 홀의 당나라 전시관에 이르러 더 확실한 사태로 진전되어 있었다. 한수 이북은 물론이고 백제의 한가운데에다 짙은 색의 타원형을 그려 놓았다. 소위 '웅진도독부(熊津都督部)'였다. 신라가 삼국통일을 위하여 일시적으로 당나라의 힘을 빌린 흔적을 아예 당 300년 역사의 지도에다 영토로 못 박아버린 것이다.

중국은 고구려와 백제가 수와 당의 속국이었다고 보고 있는가. 출장에서 돌아와 나름대로 중국사를 뒤진 결과를 간추려 보면 이렇다.

1. 수 양제는 첫 관문인 요동성을 함락시키지 못한 상태에서 직접 평양성을 공격하였고, 당 태종은 요동의 성들을 하나씩 전부 점령하면서 평양성까지 오는 작전을 썼다. 양제는 살수대전의 참패와 요동전투의 장기전에서 실패하여 돌아갔고, 태종은 요동성 등을 함락시켰으나 끝내 안시성의 저항을 뚫지 못하고 혹한의 동장군을 만나 큰 희생을 치르며 철수하였다.

2. 고구려는 양제에게 고구려왕이 입조(入朝)할 것을 제의 및 약속한 사실이 있고, 태종에게는 사죄사(謝罪使)를 보냈다. 그러나 입조의 약속과 사죄사의 파견은 전시(戰時) 외교전의 수단으로 해석함이 옳다. 이 점에 있어 중국의 역사는 '오만과 착각'에 빠져 있는 것 같다.

3. 중국의 원정기록에 있는 전과(戰果)와 자국군(自國軍) 피해는 고구려의 항전기록에 있는 그것들과 현격한 차이를 보이고 있다. 확실한 것은 두 나라 모두 고구려의 국도(國都)를 점령하지 못하였고 입조 또한 받지 못하였다는 것이다.

고구려는 결코 수와 당의 속국이 아니었다. 성공하지 못한 원정사실을 영토의 확장으로 보는 것은 극우파적인 해석이라고 중국에

항의하고 싶다. 1974년에 발견되어 아직도 발굴이 진행되고 있는 진시황의 '지하대군단' 병마용(兵馬俑)을 보러가는 세계의 수많은 관광객(특히 그들의 역사를 자부하는 유럽의 백인들과, 우리 역사를 왜곡하고 싶어 하는 일본인들)이 오늘도 그 지도판을 쳐다보고 있을 것을 생각하면 억울한 생각이 든다. 어쩌다 우리는 남북이 대치하여 한수 이북을 자기네 땅인 듯 그려놓은 그들에게 동의나 하는 것처럼 보여야 하는지 답답하기도 하다.

인도와 중국의 여행길에는 낙수들이 많다. 나는 그것들을 여정(旅情)의 바구니에 주워 담기를 게을리 하지 않을 것이다. 문화유산은 많지만 부유하지 못한 나라가 있는데 그들 나라가 주는 역사의 무게가 무겁다고 나는 생각한다. 역사에 무게라는 것이 있다면… .

선진국 출장은 볼거리위주의 관광이나 박물관 관람에 업무 이외의 모든 시간을 늘 쫓기다시피 하면서 움직였다. 그러다보니 '구경한 번 잘 했네.'라고나 할까, 별로 느낀 것이 없다.

다만 인도에 처음 갔을 때 오래전 뉴욕 출장에서의 기억 한 가지가 '보면서 느끼는 여행'에 연상 작용을 일으키게 했음을 생각하면, 선진국 출장이 견문을 넓히는 면에서는 소중한 경험으로 남으리라 믿는다.

그것은 자동차 문화에 관련된 이야기이다. 맨허튼 한복판에서 질서정연하게 움직이는 차량의 대열을 보면서 물었다. 어쩌면 클랙슨 소리 하나 들리지 않느냐고. "클랙슨 한 번 잘못 눌렀다가 어제 운전자가 권총에 맞았어요." 지사 주재원이 운전을 하면서 들려준 끔

찍한 대답이었다. 그로부터 15년 후, 봄베이 시내의 무질서한 거리 한가운데에서 내가 본 것은 두 운전자가 양 손을 뒤로 모은 채 입으로만 싸우던 장난 같은 광경이었다. 클랙슨 소리에 살인하는 것은 개인주의의 극치인데 반해, 촌스럽게 보이지만 'PLEASE HORN(경적을 울려주세요)'를 차 뒤편에 붙이고 다니는 것은 싸우지 말자의 극치가 아닌가. 질서 속의 살인과 무질서 속의 인간미, 그 두 가지는 인간사회의 본질적인 아이러니 같았다.

여유 없는 출장 일정 가운데 낙수를 하나씩 줍는 것은 즐거운 일이다. 가령 보스턴 출장에서 저 유명한 심포니 홀의 관중석에 앉아 금아(琴兒) 선생의 수필 「보스턴 심포니」를 떠올려보았을 때의 감격 같은 것은.

영어의 어휘를 빌리면 출장은 TRIP이다. 여행 그 자체가 목적인 진정한 여행은 TRAVEL이고 관광여행은 TOUR라고 한다. 여정(旅程)이나 인생항로라는 뜻을 담고 있는 여행은 JOURNEY이다. 나는 앞으로 TRIP을 졸업하고, TRAVEL의 시대를 맞게 된다. 그때가 되면 가끔씩은 TOUR도 즐기지만 늘 JOURNEY를 생각하면서 여행할 것이다.

'출장 낙수'가 '여행다화(旅行茶話)'로 바뀌면 더 많은 낙수들을 주울 수 있기를 바라는 마음이다. (1997년 가을)

이순(耳順) 살기

어릴 때 골목길에서 반장이 지나가면 "반장어른··· 학교 좀 넣어 주소! 키도 큰데, 좀 넣어 주소!" 했다. 취학 연령에서 1달 모자랐지만, 반장은 내 '소원'을 들어주었다.

중 1때 선친께서 돌아가셨다. 공부 잘하는 길 밖에 살 길이 없을 것 같아 열심히 했다. 고3 담임 김욱원 선생님께 원서 내러 가니 "너는 어릴 때 아버님이 돌아가셨는데, 법대 가서 고시 안 되면 홀로 너를 키우신 어머니에게 불효하는 거니 상대에 가라!" 하셨다. "예!" 하고 따랐다. 졸업하고 입사 시험(은행)에 합격했는데, 신체검사에서 폐결핵 초기 진단을···.

은행장 등을 역임하시고, '(주)한국비료' 사장으로 취임하신 당숙어른께 갔더니, "은행에 가지 말고 '한비'로 와라! 약 복용하면서 근무해라!" 하셨다.

세월이 흘러 (주)대우에 '이사'로 근무하고 있는데, 중소기업을 키워달라는 지인이 있어 '전무'자리 받아 옮겼다. 출근하기 전에 '입사권유에 대하여'라는 제목으로 문서를 써서 그 지인의 서명을 받았다. 7개항의 '조건' 말미에 '다른 의견이 있으면 쓰십시오.'라는 공란을 넣었는데, 그것이 나에게 도움이 됐다.

그것은 : '모든 말씀 다 좋습니다. 다만 어떠한 경우에도 정(情)과 의리(義理)를 지킵시다!'(署名 Kun Soo Lee)

서간체 형식으로 썼지만 나는 그 '서류'를 소중히 보관했다.

다시 세월이 훌쩍 뛰어, '소일(消日)'할 게 아니라 '석음(惜陰)'(세월이 헛되이 지나감을 애석하게 여겨 시간을 아껴 소중하게 보냄)하며, '보람찬 이순(耳順) 시기를 보내리라!' 생각하며 사는데, '회장' 명함 박아주며 도와달라는 중소기업이 나타났다.

사장 소리만 듣다가 '회장님'소리 들으니 송대관의 '해 뜰 날'이 떠올랐다.

"쨍하고 해 뜰 날 돌아온단다. 안 되는 일 없단다. 노력하면은 쨍하고…."

'서류'에 서명한 그 지인(이건수 회장)의 회사(발전하여 중견기업체가 되었음)가 지금 내가 회장으로 일하는 회사(중소기업체)를 도와주려 한다.

Robert Frost의 명시(名詩)가 떠오른다.

가지 않은 길(The Road Not Taken)

노랗게 물든 나무숲 속으로 두 갈래
길이 나 있었어.
아쉽지만 두 길 다 가 볼 순 없었지.
나그네 몸으로 오랫동안 서서
한 길을 따라 가능한 한 멀리 바라다보았어.

길은 덤불 속으로 꺾여 사라지더군.

이윽고 난 다른 길을 택했어.
아름답긴 마찬가지이지만,
어쩜 더 나을 것 같다는 생각이
들었는지도 몰라.
그 길은 잡풀이 우묵했고, 사람의 발길을 기다리는 것 같았어.
그로 인해 내가 그 길로 가게 되면
두 길은 정말이지 똑 같아졌을 테지.

그날 아침 두 길 모두 낙엽으로 덮여 있었고
누가 지나간 발자국도 없었어.
아, 나는 처음 길은 훗날 가 볼 작정이었어!
길은 계속 길로 이어지는 것을
모를 리 없었으니
정녕 다시 올지 미심쩍기는 했어.

이 모든 것을 한 숨 쉬며 말하게 될 거야.
어딘지 모르는 곳에서 더 늙을 것도 없는
노인이 되어 말일세.
나무 숲 속을 걷다 두 갈래 길을 만나 망설였어…그리고 난,
나는 사람이 덜 다닌 길을 택했지.
그리고 그것은 내 인생을 완전히 바꾸었어.

인생 제2막의 커튼을 올리며, 이 시(詩)가 하나의 '지침'이 될 것 같은 느낌이 든다.

자호(自號)는 '모연(慕緣)'이다. 어릴 때부터 '지명(知命)'까지 늘 나를 도와주는 사람들 속에서 살았다. 이순(耳順)부터는 남을 도우면

서 살아야겠다.

60대 중턱에 올라서고 있다.

받으며 산 인생, 자주 베풀면서 살리라!

(己丑年을 맞으며)

*R. Frost는 John F. Kennedy의 시인이기도 했다.

1961년 대통령 취임식에서 축하 시를 낭송했고, 반대로 케네디는 자신의 연설에 프로스트의 시를 인용했으며, 또 1963년 10월 27일 그의 죽음을 기리는 추모연설을 했다. 프로스트가 숨을 거둔 후 한 달이 채 안 돼 케네디는 흉탄에 스러지고 만다.

**이순(耳順) 사는 길: '잔머리 굴리지 말고 사는 길'이 아닐까 싶다. 잔머리는 늙어도 굴려진다. 일종의 습관이리라. 단아하게 살자! (2009년 1월)

아름다운 추억

(주)대우 근무 시절 실화 한 자락

김우중 회장께 보고할 것 있다고 비서실에 쪽지 전달 '30분~1시간 소요되니 회장님 바쁘지 않은 시간에 알려 달라.'

"상하(常夏)의 나라 나이지리아 라고스 지사장 근무 중에 있었던 이야기 하겠습니다. 30분 넘고 더하라고 하시면 1시간도 하렵니다."

오바마 같은 흑인이 살고 종교는 90%가 이슬람교, 성당은 도시에 1개 정도 있는 나라.

상품은 어떻게 팔고, 대금회수는 어떻게 했는지, 재미있는 에피소드 곁들여하니 회장께서 "잘했군! 재미있으니 더해봐!" 그래서 한 시간을 떠들어댔더니 "다음 지사장 회의에서 1시간 특강을 해주게!" 하셨음.

부인 정희자 여사도 참석하여 질문도 하고, 지사장들 점수 매겨서 회장에게 주면 회장이 참고하지요.

비서실로 물러나오니 나보다 3살 연상인 재미교포가 기다리고 있다가 "집이 어디요?" 순간 이상한 예감이 들어서 "시골에 삽니다."

하고 헤어졌는데 다음날(10월 9일 한글날, 그때는 공휴일) 늦잠자고 있는데 집사람이 "누가 찾아왔어요."

일어나서 보니 나보다 몸집이 더 장대한 젊은이가 "이사님을 모셔오랍니다." 나가보니 Benz 최상급 형이 있고 차문을 열어 주며 "안전하게 모시겠습니다." 예의바른 운전기사가 대우빌딩 옆 대우재단 빌딩에 납치해갔음.

방에 들어가니 신입사원 면접 볼 젊은이가 수백 명 가슴에 번호표를 달고 앉아있는데, "Your decision is my decision." 하더니 "수고 좀 해 주시면 꼭 보답하겠습니다." 하고 나갔고, 밤 9시에 들어오더군요.

그분은 월남할 때 가족이 전부 폭격 맞아 죽고, 혼자 살아남아 생활력이 매우 강한 사람, 미국에서 슈퍼마켓 시작해서 체인까지 만들어 돈을 제법 많이 모은 인물.

"매출액 40억짜리 회사를 인수했는데 전무자리 줄 테니 회사 좀 키워주세요. 부탁이요!"

남의 말을 긍정적으로 잘 듣는 성격이라, 대우 사표내고 옮겼음.

가보니 구리시에서 창고 같은 건물에 ㈜동아전기 간판 붙어있고, 연통에 톱밥을 넣어서 난방을 하는, 대우에 비하면 한심한 회사. 그것을 년 매출 1,200억, 이익이 너무 많이 나서 법인세 줄이려고 직원들 옷을 춘하추동 4벌씩, 여사원은 청소부 아줌마도 양장을 해주고 임원은 8벌씩 해줬음. 지금까지 그때 해준 양복들을 입고 있음.

퇴직할 때 인사규정을 개정, 퇴직금 3배로 주고 내곡동 주택에 와서 둘러보더니 "당장 부숴! 이런 집 미국에서는 입주불가 딱지 붙입니다." 사실 방수가 불량해서 장마철에는 거실에 낙숫물 떨어지는 소리가 요란하고, 신경질 나는 하자가 있었지요. 분당에 Apart 50평짜리 사주고 기흥CC 회원권도 사주더군요.

전무에서 사장으로 승진이 되었을 때 사명(社名)을 동아일렉콤으로 바꿨고 전자시보에는 '어떤 기업의 성장비결'이라는 기사와 내 사진이 실렸음.

비서를 잘 뽑아야 내가 일할 때 실수를 줄일 수 있으므로 10명을 면접 보면서 나 외에 4명, 젊은 인사과장도 면접위원이 되어 점수를 매겼는데, 그는 내가 B준 아가씨를 C를 주기에 이유를 물었더니 "잔머리 잘 굴리는 것 같아서 C라고. 결국 내가 찍은 成은영씨를 채용했음. 전공이 독어독문과였는데, 일본에서 부품을 많이 사들여야하므로 비서가 일본어에 능통해야 되어서 1년 동안 일본에 유학 보냈음. 일요일에도 근무해야 되는 날 "나는 성당에 미사참례하고 오후에 출근하겠네." 내가 종교생활 하는 것 보고 불교집안인데 천주교신자가 되었다오.

퇴직하고 몇 년이 흘렀는데 청첩장이 와서 보통은 십만 원 하면 되지만(기밀비 풍풍 쓸 때는 축의금 백 만원, 조의금 50만원) 30만 원 했어요. 그랬더니 해마다 성탄절이 오면 카드를 20매씩 만들어 등기우편으로 보내오는데 그냥 인쇄된 것 아니고, 꽃잎 여러 종류를 도화지에 놓고 풀로 아름답게 붙이고 글씨도 아주 멋진 성경구절 아름답게, 예쁘게 써서 멋이 넘치는 카드 보내더니, 작년 성탄절엔 10매가 우송되어오고 편지도 있어 보니까 '유방암에 걸려서 2차 항암

치료까지 받고 수술 날짜도 정하게 되어 힘드니 10매만 보냅니다.'

그래서 편지를 작성 '내가 워싱턴 포토맥 강변 달려보니 숲속에 예쁜 집들이 참 보기 좋아 초인종을 눌렀더니, 부인이 나와서 묻지도 않는데 이것저것 잘 말해주고 미국식 발음을 내가 잘 못 알아들으니까 천천히, 영국식 발음으로 1시간이 넘도록 숲속에 사는 좋은 점을 얘기해주며 "시장하시면 식사도 준비해드리겠습니다." 해서 농담을 했어요. "동방예의지국 Gentleman이 서양 예의지국 Madame의 친절과 후의에 감탄을 했습니다." 하며 성호를 그으니 "Catholic을 믿으세요?" 하며 악수를 청했고, 손바닥을 마주치며 "야호!" 하고 그렇게 좋아할 수가 없었습니다.

암환자들이 경쟁적으로 들어와 집을 구해서 집값이 폭등했다. 암 초기 진단만 받으면 집을 구하러 오고 살던 집 팔고 들어와 삽니다.

성씨에게 편지를 보냈습니다. 1)집 아파트 팔아서 경기도에 조그만 전원주택으로 옮기고, 2) 소식하며 운동은 천천히 걷는 것 매일 하고, 카드 만드는 것 중지해라. 3) 나한테 카드도 보내지 말라 이제는 한 해에 3매 정도만 있으면 되니까.

답장이 왔는데 '지금 시골집에서 치료 잘하고, 사장님 말씀대로 3가지 실천하며 살고 있습니다. 고맙습니다.'

6.

어르신으로 살기

어르신으로 살기

- 존경하는 어르신(연말연시에 주고받는 '송년카드' 대신에 보내는 글임)

1) 다산(茶山) 정약용

연구 정진(精進)하는 선비의 삶

1762년 출생 20세 과거 합격, 조선의 르네상스를 연 정조를 보좌함.

천주학의 비조(鼻祖) 이벽(1754~1786)의 가르침을 받아 입교(入教)하였으나 서양학문에 관심 있을 뿐 천주교 신앙과는 무관함을 밝히는 혜언(慧言)과 정조의 관대함으로 무사, 서학과 서양학 배우고 과학지식을 습득함. 제사 때 신주 불사르며 천주교 의식으로 거행한 이유로, 신유박해 (1791) 때 참형은 면했으나 형극의 길을 걸었음. 다산초당에서 저술 작업에 전념, 『경세유포』, 『목민심서』, 『흠흠신서』 등 500여 권의 방대한 저술(여유당전서)을 남겼음.

조정의 일을 할 때 서고 뒤져 다독 후 역사적 증거 입수, 상대방에게 '역지사지'를 생각게 하여 '일거양득' 묘책을 제시, 승복하도록 유도함. 싸우면 양자(兩者) 득 되는 묘안 제시, 미소 지으며 고맙다고 절하게 만들었음.(중국 외교사절에게)

유능한 목민관으로 공정한 판결 내리고, 실사구시의 방향을 권장했음.

근본적 문제부터 해결하라는 정조의 훈시 따라 활쏘기 벌을 열심히 하여 육신의 힘도 기르려고 애썼음. 왕이 묘책을 연구하라며 섬에 유배 보낸 사례(궁궐 안 연못에 배를 띄워 자리에 앉아 끝내 묘안을 도출하게 하였고, 절호의 기회도 스스로 찾아내게 이끌었음)에서 보듯이 매사를 긍정적으로 받아들이면서, 결과를 최대치로 이르도록 노력함.

정조가 수원에 성을 축조하고 한양 양반들을 이주하게 하려는 정책을 쓰려했을 때 돌(石)대신 흙(土)으로 벽돌을 만들어 쌓으면 공사가 쉽고, 효과적으로 축조할 수 있음을 실현하였음.(벽돌이 돌만큼 견고함을 실험을 통하여 증명한 후에 실천)

마을에서 물레 타는 것 살펴보며 물레가 일정한 힘을 가할 수 있는 가장 안전한 방법임을 깨닫고, 도르래가 적은 힘으로 무거운 것을 움직이는 것도 알게 되어, 절반의 힘으로 들어 올리는 거중기(擧重器)를 개발, 청나라의 기기도서에 있는 것보다 더 훌륭하게 제작하였음.

실험 과정에서 좌우 2줄 중에 한 줄을 놓치면 백성이 다칠 수도 있음을 정조가 걱정하자, 천천히 더 완벽하게 제작하였다.(정조의 인명중시(人命重視) 성품이 엿보임)

인상과 출생일시 물어 어떤 인물인지 알아낸 '주역의 대가'이기도 함.

유배생활 동안 술로 세월 죽이며 살아, 금아(피천득) 선생(98세 선종)처럼 장수하지는 못했으나, 우리가 본받아야 할 인생을 살았음.

탄생 250주년…애민(愛民)정신과 용감한(언행일치하는) 선비로 산 어르신임.

정조는 자신의 몸 돌보기보다 나라 일에 더 신경 쓰다가 50세에 승하하고, "영의정까지 하시게!" 하며 덕담하던 왕이 없는 대궐을 떠나 낙향한다. 인맥의 도움이 적다고 해야 하나? 아니지. '과유불급'을 염두에 두고 제2의 인생을 시작, 글쓰기 인생을 본격적으로 한 것이다.

사자(Lion)는 혼자 공격 않고 동료와 협력체제 구축, 상대가 쓰러질 때까지 끝까지 공격함. 어린것 먼저 먹이는 가족생활 즐김.

재미있게 살려면 취미생활 즐겨야하는데, 프로야구 삼성(Lions) 응원하러 야구장에 가서 박수치면 스트레스 확 풀린다.

체중 늘어나 고민스러운 현대인 살기. 수첩, 펜, 물 배낭에 담고, 암 예방하기 위해 숲길 거닐면서 여유자적 살자. 암세포는 숲길에서 맥을 추지 못한다. 떠오르는 글귀 있으면 수첩에 적으면서 걷고.

금아(피천득 선생) -소식(少食)과 해학으로 일생을 즐김-처럼 살고, 사자같이 살며, 다산 선생처럼 살아야겠다.

2) 충무공 이순신(1545~1598)

구국일념(求國一念)으로 최선을 다하여 성취하는 삶.

말씀: "집안이 나쁘다고 탓하지 마라. 나는 몰락한 역적의 가문에서 태어나 가난 때문에 외갓집에서 자라났다. 머리가 나쁘다고 말하지 마라. 첫 시험에서 낙방하고 서른둘의 늦은 나이에 겨우 과거에 급제했다."

적과 싸울 때 상황을 면밀히 살피고 연구하며 부하들이 자발적으로, 적극적으로 하도록 유도함. 지휘관이 솔선수범하여 일함으로써 군영전체가 일심동체가 되도록 하면 소기의 목표를 달성할 수 있음을 증명하였음.

남긴 명언(名言) "신에게는 12척의 배가 있습니다."

유언(遺言) "내 죽음을 적이 알지 못하게 하라."

3) 김수환 스테파노 추기경(1922. 6. 16~ 2009. 2. 16)

성(聖)스럽게 살고 멋있어 아름다운 삶.

29세 사제 서품. 독일 뮌스터대학교 대학원 사회학 전공. 가톨릭시보사(현 가톨릭신문) 사장. 1969. 4. 28 추기경 서임. 평양교구장 서리 겸임. 1998. 5 서울대교구장 및 평양 교구장 서리 퇴임.

죄 짓지 않으며 성스럽게 살려는 고뇌의 삶이었음. 자호(自號)는 바보. 2009. 2. 16. 88세 선종

충무공과 추기경의 삶은 감히 할 수 없으나, 다산의 멋진 삶처럼 살고 싶다.

*건배제의: "구구팔팔이삼사"가 유행하기에 내가 "팔팔구성일이사" 했더니 '구성'이 뭐냐고 질문. 구성: 작품을 이루는 여러 요소를 결합하여 전체적인 통일을 꾀함. 얽어서 조화롭게 만듦. 구성지다: 천연덕스럽고 구수하다.

90세 넘으면 사는 게 지겨울 수 있으니, 88세까지 재미나게 살다가 하루 이틀만 앓다가 선종하자.

**금아(琴兒) 피천득 선생님은 이순에 절필하셨다지만, 뇌세포 덜 죽이는 길이라 여기고 '어르신으로 살기' 엮음. '글'다운 글이 되기 위해 노력하며 사는 게 건전한 삶이라 사료됨. (2012년 10월)

어떤 가보(家寶)

옛날에 한 형제가 서예가인 외숙부에게 휘호를 청탁하였다. 형이 받은 휘호는 '日新又日新'이었고 동생이 받은 휘호는 '川流不息'이었다. 형제는 각기 그 글씨를 액자에 담아 집에 걸었다.

동생이 형의 집에 갔다가 액자를 보며 말했다. "형님, 이 휘호 참 좋습니다. '날마다 새롭고 또 날마다 새롭다'이니 매일 아침 이 글씨를 마주하면 일하러 갈 기분이 절로 나겠습니다. 제 것은 '냇물은 쉬지 않고 흐른다.'입니다. 휴식 없이 일해야 하는 게 제 팔자인 것 같아 저는 그 글 앞에 서면 인생의 피곤함을 느낍니다. 형님 것 참 좋습니다."

그 후 형이 동생 집에 들러 액자 앞에 섰다. "천류불사(不思)라!" '息'을 '思'로 읽은 형은 몹시 감명을 받은 듯했다. "냇물은 생각하지 않고 흐른다. 하! 명문이다. 흐르는 물은 생각이 없다. 그렇지. 그저 흐르기만 할 뿐 생각할 게 뭐 있나!"

형제의 외숙부가 이 글을 휘호할 때 '息'자의 첫 획을 삐침 별(丿)자로 시작하지 않고, 구절 찍을 주(丶)자로 시작한데다가 먹을 흠뻑 찍어 썼기 때문에 '恩'이나 '思'처럼 보인 것이다. 그런데 '불은(不恩)'으로는 뜻이 전혀 통하지 않으므로 동생도 '思'자로 읽었었다. 심오한 뜻이 담긴 동양철학이나 한시(漢詩)의 한 구절로 착각했던 것이다. 식(息) 자로 바로 읽기까지의 잠깐 동안은 동생도 형과 유사한 생각을 했다는 말이다. 그런데 식 자로 바로 읽은 후에도 동생은 가끔은 그 휘호를 '천류불사'로 읽으면서 세상을 살았다고 한다.

고사(故事)같은 위 이야기에는 '息' 자와 '思' 자가 들어간 그럴듯한 고사성어 하나쯤 딸려 있을 법도 하다. 그러나 사실을 말하면, 이 얘기는 우리 집 거실에 걸려있는 액자 휘호에 관한 것이다. '옛날에'로 시작하여 고사의 흉내를 낸 데는 이 휘호 하나가 내 생활철학에 고사만큼이나 의미 있는 생활의 예지로 작용해 왔기 때문이다.

가로로 쓴 4자 휘호의 끝에는 작은 글씨로 '己未歲暮／爲丙泰君／外叔'이라 적혀 있고 두 개의 낙관에는 '金圭晟'과 '間山'이라고 찍혀 있다. '己未'는 우리에게 낯설지 않은 해다. 3·1절 노래가사가 '기미년 3월 1일 정오…'로 시작되어서이다. 독립만세사건이 일어난 그 기미년은 1919년이고, 같은 기미년은 60년을 주기로 한 번씩 돌아오니 내가 30대의 나이에 받은 이 글은 외숙께서 1979년에 휘호하신 것이 된다.

외숙께서는 국문학을 전공하셨으며, 명필이셨다. '息'자를 별(／)자 획으로 시작하여 쓰지 않은 것은 이 서체가 행서체(行書體)이기 때문인데, 나는 그것을 최근에 서체에 관해서 공부를 좀 한 다음에야 알게 되었다. 한글세대이면서 한문을 따로 공부하지 않고 서예도

하지 않은 나 같은 사람은 평이한 해서체(楷書體)로 쓴 액자에서도 모르는 글자가 있어 답답함을 느끼는데다, 서체까지 난해한 글씨 앞에서는 속수무책이 되곤 한다.

오래전 추사의 글씨 앞에서 지(芝) 자를 못 알아본 것이 내가 액자글씨에 경외감을 느끼게 된 최초의 기억이다. 그것은 경외감이었음과 동시에, 모르던 글씨를 알아보게 되었을 때 명필에 대해 가지게 된 하나의 희열이기도 했다. 대학에 갓 입학했을 때였는데 집안 어르신 댁에서 '芝山居'라고 써진 대형액자를 올려다보면서 그 첫 글자를 읽지 못한 것이다. 중학교 때 외운 '꽃다울 지'라는 그 글자의 훈(訓)과 음(音)이 떠오른 후에야 "꽃다운 산에 살도다. '지산거'라!" 하며 소리 내어 읽었다. 마치 춤을 추는 듯한 芝, 한껏 비뚤어진 형상의 山, 구도가 맞지 않는 居(집채만큼이나 크게 보이는 '戶'속에 절구통만큼 밖에 차지하지 못한 크기의 '古'), 그 세 글자의 왼쪽 끝에 '秋史'라고 쓰여 있었다.

외숙의 글씨는 그 정도의 파격이거나 난해한 서체는 아니었지만, 순간적인 오독을 유발시킨 것은 오히려 내게 행운이었다고 할 수 있다. 아니, 세월이 흐를수록 외숙께서 짐짓 그런 예상을 염두에 두고 쓰셨던 건 아닐까 하며, 일찍 혼자되신 당신의 누님과 그 슬하의 생질형제인 우리들에게 각별한 보살핌과 남다른 애정을 보이셨던 생전의 모습이 그리움으로 떠오른다.

천류불식(川流不息)! 쉼 없이 인생을 성실하게 살아야 한다는 뜻이니, 그것은 평범함 속에서 빛나는 진리일 것이다. 그 덕일까? 나는 지금껏 그 보편타당한 진리의 실천에 크게 어긋나게 살지는 않았던 것 같다.

천류불사(川流不思)! 작위하지 않는 무위자연, 노자는 도(道)의 본성을 자연이라고 하였다. 즉 물 흐르듯이 자유롭게 살아가는 유유자적함이다. 도에는 어떠한 의지와 목적이 없이 무위하다는 것이다. 그것은 바로 천류불사가 아닌가.

무념무상(無念無想)! 생각조차도 존재하지 않는 상태! 불가(佛家)에서 행하는 쉽지 않은 수행의 길!

'주어진 인생이니 그냥 하루 넘기자. 목표고 무어고 오늘 하루를 그냥 때우는 거다. 인간관계에서 오는 갈등도 오늘은 생각을 말자. 내가 옳으니, 네가 옳으니 유보를 해두자!' 심신이 피곤한 때는 나는 그렇게 쉬었다. 그것은 포기와는 다른 자연에의 순응이었다.

집사람이 어느 날 말했다. 내 서재를 청소할 때마다 자기는 시외숙의 휘호액자를 가장 정성들여 닦아 왔노라고, 그 액자를 닦다보면 사람은 흐르는 냇물처럼 살아야 함을 생각하게 된다고, 늙더라도 사람은 보람 있다고 생각되는 일을 찾아 생동감 있게 살아야 하며, 일생을 살아가면서 가장 필요한 것은 끈기와 꾸준함이라는 가르침을 배우게 된다고. 그리고는 이 액자를 거실에 옮겨 달자고 했다. 그것은 지금 거실에 걸려있는 가훈 이상으로 우리 아이들에게 '천류불식'을 좋아하게 하자는 뜻이란다. 그 제안을 듣는 순간 나는 언젠가 계곡에 앉아 흐르는 물소리에 지친 귀를 내맡겼을 때, 머릿속의 온갖 복잡한 것들이 사라지면서 무념무상에 빠져들었던 '천류불사'의 시간을 문득 떠올렸다. 아이들에게 '천류불식'을 좋아하게 하면서도,

'천류불사'의 여유를 갖게 하려는 마음 때문이었으리라. '息'자를 본다. 아니, '思'자를 본다. 아무 일도 하지 않고 팔짱 낀 채 있음을 뜻하는 불위(不爲)를 인생에서 늘 경계하라는 '不息'의 철학과, 지식, 법제, 인의, 예악 등 인간의 의식에 입각한 일체의 행위인 인위(人爲)를 부정하라는 '不思'의 철학, 그 두 개의 상반된 철학을 한 글자에서 보는 것이다. 흡사 동전의 양면을 동시에 보는 듯하고, 음양을 하나로 투시하여 보는 듯하다. 아내의 제안대로 나는 이 액자를 거실에 내다 걸 생각이다. 이 액자를 보면 큰 뜻을 내게 남기신 외숙에게 감사하는 마음을 품게 되니, 역시 '호랑이는 가죽을 남기고 사람은 이름을 남긴다.' 는 말에 공감하게 된다.

이제 이 액자가 거실에 옮겨지고, 우리 집을 찾는 이들이 이 글 앞에 설 때마다 나는 이 액자를 우리 집 가보라고 소개하려 한다. '식'으로 읽는 이에게는 '사'로 읽어보라 권하고, '사'로 읽는 이에게는 '식'으로 읽어보라 할 것이다. 그 상반되는 뜻의 묘미를 헤아리는 사람이라면 누구나 이 액자를 가보로 정한 나에게 고개를 끄덕이며 공감해 주리라 믿는다. (1997년 겨울)

*지금 생각해보니 나는 산을 천천히 오르는데 외숙께서 내게 주신 천류불식 때문이기도 하다. 천천히 오르지만 쉬는 경우는 없다. 쉴 때는 천류불사를 생각한다.
(2008년 5월)

**'5慾 7情'의 '情'에는 '생각하는 것(思)'도 들어간다. '기뻐하고, 성내고, 근심하고, 생각하고, 슬퍼하고, 놀라고, 무서워하는 것….

'노자의 道, 自然'이 '耳順'을 지나 '古稀'를 올려다보며, 하루하루 살아가는 나의 길(道)인 듯하다. (2009년 3월)

분수(分數)

대상포진(帶狀疱疹). 이름도 모르던 병….

'피부에 급성 바이러스가 감염되어 생기는 병.

몸의 좌우 한 쪽 신경에 수두(水痘), 대상포진 바이러스가 감염되어 일어나는 병. 지름 2~4cm의 붉고 동그란 발진이나 수포가 띠 모양으로 밀집하여 생긴다.

2주후에 저절로 회복된다. 그러나 신경통은 회복된 뒤에도 몇 개월 계속되기도 한다.

이상은 인터넷 두드려 알아낸 대상포진의 실체다.

집사람은 늦게 본 자식이지만, 딸이 서른이 되니 가슴이 조마조마….

그러던 중에 갑자기 나타난 사위 자리와 그의 부모님은 우리가 급하다니 '상견례' 자리에서 혼례 날짜 정해 주었다. 신혼여행 떠난 며칠 동안 집사람은 또 걱정, 자식이 안 들어서면….

집사람은 신혼 시절 들어선 태아지만, 열병에 감염되어 대장 절제 수술을 2번이나 받으며 "아이는 기대하지 마십시오."라는 의사의 '조건'을 담보로 생명을 구했다. 6년이 지나 의사를 찾아가서, 안고 간 아기 보여주니 의사 선생님은 깜짝 놀라셨다.

기우(杞憂)란 이런 걸 두고 하는 말이렷다! 외손녀 본지 '돌'이 지났다.

딸이 직장 다니느라 주 5일 우리 집에서 맡아 키우는데, 자다가도 울면 달래고, 우유 타 주고… 새벽에 일어나서 넓은 거실 돌아다니는 것 지켜보며 보살핀다… 이름은 曙(새벽서)聿(붓율) '새벽에 일어나서 붓으로 공부하라'이다. '돌'잔치에서 이런 덕담(德談)을 했다. "서율아! 학자 되어라. 직업은 교수가 되고, 연구 매진하여 노벨상도 받으려무나. 알았지?" 교수 직업을 부러워하는 나의 소망이지만 아기에게 괜찮은 덕담이리라!

예방주사 맞히고 열이 이틀 이상 계속되어서 전전긍긍, 감기에 동네 병원 다니고, 처방전 받아 약국 들어설 때 문을 열고 바로 손 놓았더니 "애기 업고 들어가는데, 뒷사람 배려할 줄 모르는 '매너 꽝! 할배'소리 집사람에게 들었다. ㅋㅋㅋ

어느 날 다리를 약간 저는 듯… 총알 같이 차 몰아 병원 가니 '소아마비'는 한국에서 퇴치된 지 여러 해라며, '임파선염'이란다.

집사람이 주 1회 골프운동 가는 날은 '도우미' 아주머니가 오고, 이 '하비'(할아버지 발음이 어려워 쉽게 '하비'로 함)가 '도우미'를 도와 버틴다. 잠시도 눈을 뗄 수 없고, 호기심이 많아 여기 저기 문 열고 뒤지며 다 꺼내 놓는다. 먹성이 좋아 힘도 세어 막 집어 던진다. 나는 "잘했군! 잘했어!"를 연호하고.

어느 날 파스를 더덕더덕 붙이고, 차 몰고 골프장에 가더니 좀 이르다 싶은데 왔다. 동반자들이 옆구리 보더니 포기하라고 손사래를 치더란다. 오는 길 고속도로 주차장에 차 세웠는데 2시간을 잤단다.

동내병원 정형외과에 가니 척주 뼈 4, 5번 사이가 디스크 증세라며 물리치료 받았다. 며칠 치료 후에도 더 심해서 노인 의사 내과에 가니 소변 검사 등등… 더 심해져서 딸이 종합병원에 근무하는지라 가니 "대상포진이군요! 힘든 일 하셨군요!" 한다.

정형외과는 그렇다 치고, 내과는 의사가 노인이니 경험이 많아 잘 볼 거라며 긍정적으로 생각했던 나는, '긍정적인 사고가 행복에의 디딤돌이더이다!'라고 명수필집 『빈산엔 노랑꽃』 첫 쪽 여백에 자서해서 주신 초우(草友) 장돈식 선생을 떠올리며 늘 그렇게 살고 있다. 草友 샘은 90세, 며칠 전에 돌아가셨다.

진통제도 강도가 여러 가지다. 강한 진통제를 주던 약사의 말이 맞다. "나이 환갑인 할머니가 '돌'아기 건수 못 합니다. 이 진통제는 잘 들을 겁니다."

대상포진은 노약자 찾아다닌다!

"너 자신을 알라!"는 성현의 가르침 따라 자신을 알고, 분수(分數)에 맞는 삶을 살도록 노력해야겠다. (2009년 4월)

건 강

후배가 오랜만에 만나자고 했다. 헤어질 때 "건강하게 오래 오래 사십시오."라고 인사해서 좀 이상하다 싶었는데 며칠 후 경찰서에서 전화가 왔다. 가출신고가 들어와 소재를 확인하는 거란다. 그로부터 몇 달 후 죽었다는 전갈이 와서 병원(영안실)에 찾아갔더니 산에 올라가 목을 매었다 한다. 숲 속인데다 여름에 비가 많이 와서, 시신은 뼈만 남았더라고 부인이 통곡을 했다.

왜 자살했는지 이유를 알 수 없었다. 마지막 만났던 카페 앞을 지날 때마다 '건강하게 오래오래'가 떠올랐고 그때마다 고개를 갸우뚱했다.

사업을 여러 번 했으나 번번이 실패했다. 그러나 집 있고 자가용도 있고 현대인의 이기(利器) 핸드폰도 자주 사용했다. 건강하고 테니스를 즐겼고, 나와 여행도 여러 번 다녔는데 이유가 뭘까? 유서도 남기지 않았으니 이유를 알 길이 없다.

헤어지기 직전 돈을 빌려달라고 했다. 주식투자에 자신이 있으니 해보겠다고. 나는 은퇴 후 쓸 노후자금을 안사람에게 맡기고 매월

용돈만 타 쓰니 그런 목돈은 집에 의논을 해보겠노라 했고, 그는 "형수님께는 말씀하지 마십시오." 했다.

이것저것 장사를 할 땐 물건을 사주기도 했는데, 시대를 너무 앞서가는 아이템으로 사업을 해서, 집어 치우고 나면 늦게야 유행이 온다고.

이유를 알 길이 없어 그 나이에 죽을 운명을 타고난 거라고 생각하기로 했다. 영화배우 이은주가 목매어 자살한 뉴스가 보도되었다. 이유는 우울증이란다. 그러고 보니 후배는 우울증을 앓고 있었던 것은 아닐까?

역사상 유명한 사람이 자살한 예(노벨문학상에 빛나는 헤밍웨이와 절세미인 M.몬로)도 있지만 이유를 알 수 없다 한다. 지금 생각해보면 우울증이 자살원인이었던 같다.

내가 경영하던 회사에는 작업현장에서 직원이 목매어 자살한 사건이 발생했다. 전자제품 개발을 담당하던 그는 근무시간 중에 늘 졸았다고 한다. 집중력을 가지고 일에 몰두해야 할 텐데 밤에는 걱정이 되어 잠을 못자고, 낮에 졸고 그러기를 계속하니 우울증에 걸린 모양이다. 개발담당자들이 공 던지고 치면서 스트레스를 풀도록 야구방망이와 폐타이어도 준비해 두었으나 소용없었다.

희망이 있으면 자살하지 않는다.

내가 일주일에 한 번씩 방문하는 환자는 루게릭이라는 난치희귀병을 앓고 있다. 운동신경이 죽고 근육이 퇴화하는 신경퇴행성 질환으로, 자신의 힘으로 할 수 있는 것은 숨 쉬는 것뿐이다. 음식은 위에 구멍을 내어 유동식을 넣고, 봉사자들이 이발, 목욕을 시킨다.

나는 다른 봉사자와 함께 가서 성가 부르고, 성경 읽어 주고, 등산 다닌 얘기를 들려주는데, 일주일에 그날이 제일 기다려진단다. 등산은 백두대간을 뛰는 분이 산행기록들을 들려준다.

뇌세포는 정상이므로 기억력은 좋아서 가본 산에 대해서는 질문도 한다. 치료의 희망을 잃지 않는 것이 그를 지탱시키는 힘이 되고 있다.

이 병을 앓고 있는 세계적인 물리학자 스티븐 호킹 박사는 학문을 하는 열정으로 살고 있다고 한다.

우울증은 정신병이며, 국내 모 재벌의 장남은 과대망상증이라는 병으로 아무 직업도 없이 살고 있다. 물려받은 유산은 많아 사냥과 낚시 등으로 소일하고 있지만, 정신병으로 행복하게 산다고는 할 수 없다.

'인명(人命)은 재천(在天)'이라 했다. 열 살 때 부친을 여의고, 1년 후 모친마저 잃은 금아(琴兒) 피천득 선생은 올해 96세이신데 건강하시다. 장수비결을 묻는 기자 질문에 소식(小食)과 해학(諧謔 유머)이라 했다. 욕심내지 않고, 조그마한 것에 의미를 찾고 만족하며, 인생살이를 해학적으로 보고 즐겁게 사는 것이라 했다. 성경에 '늘 감사하는 마음으로 사십시오.'라는 구절이 있다. 작은 일에 의미를 갖고 감사하는 마음으로 산다면 우울증에 걸리지 않을 것이다.

집에서 바둑을 둘 때마다 그가 생각난다. 두꺼운 원목으로 만든, 골동품 같은 바둑판을 내게 주고 갔다. 육신은 건강하니 택시 운전이라도 하면서 나하고 바둑이나 두며 살지… 하는 아쉬움이 크다.

의술이 발달하면서 육신의 건강은 점점 향유되고 수명도 늘어나고 있다. 암도 정복될 것이라 한다.

문제는 정신건강이다. 현대인은 그것에 약하다. 한 영화평론가는 현대사회를 '자살 권하는 사회'라 했다. 현대인이 어떻게 살아야 하는지를 생각하게 하는 글이다.

성녀 마더 데레사는 '현대인의 가장 심각한 병은 자신이 불필요한 사람이자 아무도 돌봐주는 이 없는 버림받은 존재로 예단하는 것'이라고 했다. 이런 '심각한 병'에 걸리지 않도록 살아야겠다.

(2005년 7월)

개자지

"니 '개자지'를 순 우리말로 뭐라 카는지 아나?"

"개도 우리말이고 자지도 우리말인데, 개자지면 개~자지지 따로 우리말이 또 있나?"

"개, 자지는 두 단어인데 한 단어로 '개의 자지' 있다."

"한 단어로? 모르겠다."

"너는 문인이라고 하면서 그것도 모르나? 개의 자지는 한자(漢字)로 구신(狗腎)이고, 순 우리말은 엘레지다. 사전에도 나와 있는데 너는 공부를 더 해야겠다."

개자지를 사전에서 찾아보니 없다.

거짓말할 친구가 아닌데 분명히 있다 했으니 더 큰 사전에 있나 보다 하고, 여자 문인 집에 들렀을 때 '우리말 큰 사전'이 있기에 찾아봤다. 없다.

나보다 어휘실력이 뛰어나고 동화 작가이기도 한 그녀는 동창이 농담한 거라며 웃었다. "개~자지 ㅋㅋ" 하면서.

핸드폰으로 문자 메시지 보냈다. '야! 네집 '도끼자국' 잘 있나?

없는 개자지 타령 말고… 그거나 잘 간수해라.'

전화가 왔다. 엘레지를 찾아보란다.

1) 개의 자지(구신)
2) (프)elegie

개자지의 순 우리말은 '엘레지'인 것이다.

친구가 충고한 대로 어휘공부 더 해야겠다 싶어 '한글 공부'라는 제목으로 종이에 적어 지하철 타고 오가며 읽고 외우기로 했다. 외우다 보니 한자는 참 깊지만, 한글은 아름다운 우리말이라는 생각이 든다. 친구에게 감사하며 주머니에 꼭 넣고 다닌다.

한글 공부

도담하다: 야무지고 탐스럽다
의뭉하다: 겉으로는 어리석은 것 같으나 속은 엉큼하다
찔뚝 없다: 엉뚱하게 고집을 부리거나, 말귀를 못 알아듣고 엉뚱한 소리를 함. 자기의 이익만을 생각하여 나부대다.
자드락: 산기슭의 비탈진 땅.~길 : 비탈에 난 좁은 길
울력: 힘을 합하여 일을 함, 또는 그 힘.~다짐 : 여러 사람이 울력하는 기세
호도깝스럽다: (말이나 행동이) 경망하고 조급하다
함함하다: 보드랍고 윤기가 있다
훌훌하다: (미음 죽 따위가 알맞게 퍼져서) 부드럽고 묽다. 훌훌한 마음으로 새해를 맞다.
이내: 해질 무렵에 멀리 보이는 푸르스름하고 흐릿한 기운, 남기

마뜩하다: 마음에 마땅하다
몽니: 심술궂게 욕심 부리는 성질
는개: 안개처럼 보이면서 이슬비보다 가늘게 내리는 비 . 무우(霧雨)
역성: 옳고 그름에 상관없이 덮어놓고 한쪽만 편드는 일. 역성들다 : 편들다.
그악하다: 지나치게 심하다. 사납고 모질다. 억척스럽고 부지런하다.
웃비: 내리다가 잠시 그친 비.
성마르다: 도량이 좁고 성미가 급하다.
종주먹: 상대편을 위협하는 뜻으로 쥐어 보이는 주먹
훼절: 부딪쳐서 꺾임.
지질하다: 보잘것없고 변변하지 못하다. 싫증이 날 만큼 지루하다.
훤당: 남의 어머니 (높)자당
채신없다: 처신(處身) 몸가짐이나 행동. 주로 부정하는 말과 함께 쓰임. 채신머리

사투리는 우습고 구수하다. 훈민정음도 예외가 아니다.

전라도 훈민정음.

시방 나라 말씀지가 떼놈들 말하고 솔찬히 거시기혀서 글씨로는 이녁들끼리 통헐 수가 없응 께로 요로코롬 혀갖고는 느그 거시기들이 씨부리고 싶은 것이 있어도 그 뜻을 거시기 헐 수 없응께 허벌나게 깝깝하지 않커쏘?

그러코롬 혀서 나가 새로 스물 여덟 자를 거시기 했응께 수월허니 거시기 혀부러갖고 날마동 씀시롱 느그들은 편하게 살아부러라.

(2013년 1월)

수 술

부정맥이 있어 약을 먹고 있다. 맥을 짚어보면 1분에 52회 정도로 서맥(徐脈)이고, 맥이 일정하게 뛰지는 않지만 쉬지 않고 뛰긴 하는데, 홀트(24시간 심전도)검사를 해보니 5초 동안 심장이 뛰지 않은 것이 발견되었다. 길을 걷다가 어지러워 발길을 멈추고, 집에서 일어서다가 쓰러진 적도 있었는데, 심장이 뛰지 않았기 때문이란다.

입원해서 수술대에 누웠다. 전신마취하지 않고, 국부마취에 시간은 2시간 정도 걸린다고 하여 큰 걱정은 하지 않았지만, 왼쪽 사타구니 면도하고 피부를 5cm 정도 절개한 후 심장박동기를 몸속에 넣고 실로 꿰맨다니 약간은 겁도 났다. 몸속에 금속바늘이 발견되어 원인을 조사했더니 수술할 때 놓아두고 봉합한 적도 있다지 않는가.

마취주사 맞을 때 뜨끔하더니 전혀 통증 없이 수술이 진행되는가 보다. '불멸의 이순신' 소설에 장군이 어깨에 총알이 꽂혀 수술 받는 장면이 있다.

'얼굴에 비 오듯 땀이 쏟아져 내렸다. 정운은 사정없이 살점을 좌우로 찍어 후벼 팠다. 이순신은 온몸을 부들부들 떨면서 발버둥 쳤

고, 병졸들이 힘껏 팔다리를 눌러 움직이지 못하도록 했다. 이순신은 이를 악물면서 비명을 참아냈다.'

장군이 겪은 통증을 묵상하면서 마취약의 위력에 놀란다. 의술의 발달은 얼마나 놀라운가. 심장에서 발생하는 전기적 박동을 건전지로 일으켜 심근에 연결하다니….

건전지도 리튬전지가 개발되면서 수명이 길어져, 30년 전 3개월에서 시작한 것이 이제는 5~10년 후에 건전지 바꾸는 수술을 하면 된다고 한다.

수술 시작할 때 소변을 보았는데 한 시간 지나니 소변이 마려워 어떻게 하느냐고 하니 그냥 싸란다. 링거주사로 혈관에 주입된 수분이 신장으로 들어가 소변으로 빠지는 것을 알았다. TV에서 '생로병사의 비밀'을 시청하면 창조된 세포의 기능들과 생명체의 메카니즘이 참으로 걸작이라는 생각을 하게 된다. 핏줄로 들어갔는데 소변되어 나오니 새삼 신기하다.

간호사들이 하루에 한 번씩 하는 질문 중에 "오늘 대변 보셨나요?"는 세월의 변화를 생각하게 한다. 옛날 보릿고개 때 인사는 "진지 드셨습니까?"였는데 이제는 소식(小食)하고 대변 잘 보는 것이 중요한 시대가 되었다. 좋은 시대에 태어나 고장 난 몸 고치며 똥 인사까지 받으니 우리는 행복한 시대에 살고 있는 것 같다. 쥐를 잡아 항문을 꿰매 놓으면 오랜 시간 배설 못한 쥐는 발광 직전에 이르러 종족도 잡아먹는다고 한다. 생리적인 순환이 막히자 식욕이 배설인 양 역상을 하는 행동이 보인다니 배설이 중요하긴 한가 보다.

문병객 중에는 멀리 있어 볼 수 없었지만 꼭 만나고 싶은 사람이 찾아왔다. 미국에 살고 있고 한국에 사업차 나온 후배인데, 살면서 가장 보고 싶다고 생각한 세 사람 중의 한 명이다. 회자정리(會者定離)는 인생살이의 진리이지만, 건강하게 오래 살다보면 이자재회(離者再會)도 되는 세상에 우리는 살고 있는 것 같다.

시작한 지 2시간이 지나 이유를 물었다. "심장내과 선생님이 외과 선생과 구수회의를 하더니 연결이 어려워 시간이 많이 걸린답니다." 한다. 손 묵주를 달라고 하여 묵주기도 30단 바치니 끝났단다. 장장 3시간 30분이 소요되었다.

오랜만에 맑은 공기 마시고 운동도 하려고 이효석 '메밀꽃 필 무렵'의 봉평에 갔다. 오대산에 오르다가 맥을 짚어보니 70회를 뛴다. 박동기가 60회에 맞춰져 있는데(52회인 맥을 60회로 박동기가 만들었음) 더 많이 뛰려니 기계는 멈추고 인체가 작동하는 것이다. 수술 후유증도 없고, 맥이 펑펑 뛰니 등산을 더 자주 할까보다. 박동기가 뛰지 않고 쉬어야 건전지 바꾸는 수술이 늦어져도 될 것이기 때문이다.

2개월 후, 기계가 잘 뛰고 있는지 검사받으러 갔다가 선생님께 물어봤다.

"무식한 질문이겠지만 죽을 때가 됐는데 박동기 덕분에 심장이 계속 뛰어 죽지 않으면 어떻게 하지요? 살 만큼 살았으면 죽어야 할 터인데…."

"무식한 질문이 아닙니다. 궁금하실 겁니다. 심장박동은 대뇌에서 뛰라고 명령하면 교감신경, 부교감신경등이 함께 시스템으로 작동하는 것이므로, 돌아가시면 기계가 작동해도 심장은 뛰지 않습니다.

시신 속에서 박동기만 계속 뛰죠."

창조된 생명체가 얼마나 Systematic하게 움직이고 있는지 놀라움을 금할 수 없다.

다시 3개월이 지난 후 정기진단을 받으러 갔을 때 말했다. "박동기 달기 전보다 기운이 나고 힘이 넘치는 것 같아요. 행동이 역동적인 것 같네요." 선생님 왈 "혈색도 더 좋아지고 회춘하시는 것 같아요. 부인이 좋아하시겠네요. 하하하."

"서맥(徐脈)이다가 박동속도가 빠르게, 정상으로 되니 활기가 생기는군요." 했더니 그렇다며, "정상적 활동 때는 문제없어요. 빨리 뛰어줘야 할 때 뛰지 못하니 문제이지요." 하신다. "그러고 보니 산에 가서 항상 꼴찌로 올라가는 게 맥이 빨리 뛰어주지 못해서 그렇군요. 이유가 있었군요." 하니 그렇단다.

이젠 봄맞이 등산 때부터는 체중이 무거워서 선두그룹에는 못 끼이겠지만 중위그룹에서 힘차게, 자신 있게 올라가야겠다. 체중을 감량해서 선두그룹에서 등산하는 꿈도 꾸어 보련다.

(2006년 2월)

노 을

일출을 기다리고 있다. 하늘이 희부옇게 밝아오면서 오징어잡이 배들의 집어등 불빛이 차츰 현란한 광채를 잃어간다.

정신 똑바로 차려야지. 일출은 시작되는가 싶으면 순식간에 그 장관이 드러나니까. 바다 속에서 수평선 위로 모습을 나타내기 시작하는 해는 하늘의 또 다른 해로부터 마중을 받는 듯 끌어올려지면서 붕긋 솟아버림을 안다. 초등학교 수학여행 때 캄캄한 토함산을 기어올라 석굴암 옆에서 바라본 일출이 그랬었다. 그 타원형으로 이글거리던 해와 불타던 바다의 광경을 나는 오늘 또다시 보겠지.

하늘을 본다. 샛별만이 외롭다. 한 시간이 지나도록 붉은 기운인 듯 아닌듯한 처음의 빛깔은 더 이상 아무런 변화를 보이지 않는다. 사람들이 흩어지기 시작한다. 날씨가 그다지 흐리지 않게 보이는 것은 이쪽 지역의 사정이고, 먼 하늘과 먼먼 바다는 해를 완전히 감추고 있다. 1998년 1월 1일 새벽, 속초 앞바다에서 맞이하는 해돋이다.

바람이 분다. 포근한 날씨라 차갑지는 않지만 그래도 한겨울의 바닷바람인데, 내가 이렇게 꼼짝 않고 서 있는 것은 그만큼 일출에의 기대가 크기 때문이다. 백사장이 바다 쪽으로 향한 바위 돌출부의 끝에 선 것도 떠오를 해에 조금이라도 가까이 가보고 싶은 마음 때문이다. 바위돌기에 서서 기다리는 새해맞이 해돋이!

한 순간, 청산조우(成山交) 바위 절벽에 새겨진 '천진두(天盡頭): 하늘 끝머리'의 기억이 되살아나기 시작한다. 바위돌기가 연상 작용을 일으킨 것이리라. 인천에서 닭 우는 소리가 들린다고 하는 중국 산둥(山東)반도의 맨 끝 청산조우, 대륙의 맨 동쪽에 위치한 이곳에 천하를 평정한 진시황이 땅 끝까지 정복하겠다며 왔단다. 북쪽의 흉노를 쫓아내어 만리장성을 쌓고, 남쪽으로 베트남의 북부지방까지 점령한 그의 나이 50세 때 이야기다. 황제는 해돋이를 보면서 감격하여 "이곳이야말로 '하늘 끝머리'로다." 하였다. 그러나 돌아가는 길에 병을 얻어 객사하게 된다. 그 후 세인(世人)들은 천진두의 뜻을 두고 '인생에서 끝나는 일 밖에 안 남았다'라고 해석하였다. 하늘의 끝이니 죽을 일 밖에 더 있겠는가라는….

권력자 후오우방(胡耀邦)의 친필 '天盡頭'가 선명하게 붉은 빛깔로 새겨져있는 바위에 한 손을 얹고 기념사진을 찍을 때 나는 진시황의 과욕에 대해 생각하고 있었다. 후오우방은 다녀간 지 1년 만에 실각했고, 자오즈양(趙紫陽)도 그 기암절벽의 해돋이를 구경하고 돌아가서 그 해에 죽었다는 안내자의 설명을 들으며 나는 진시황의 무망한 욕심을 한참이나 떠올렸었다.

다시 바람이 세차게 불어온다. 바람에 맞서다가 몸을 돌려 등을 바람에 기댄다. '바로 이거야. 지금은 바람을 거역하면서 대항할 때가 아니지. 바람이 부는 방향에 순응하는 거야. 새해에는 이상한 바람이 일 것 같아. 직장생활을 시작한 이래 꼭 30년 만에 경험하게 될 마이너스 경제성장률, 바로 '임프바람(IMF)'이라는 거지. 또 산꼭대기에도 심상찮은 바람이 불고 있어.

수년 동안 대표이사를 맡았던 그곳에 돌개바람이 찾아온 거다. 산 위에 웬 돌개바람? 하지만 이제 하산할 때가 온 거야. 어쩌면 지금 시작해도 해 저물 때까지 산 아래 마을에 안전하게 도착할 수 없을지도 몰라. 그리고 하산 길에 보는 풍광이 더 멋있을지도 모르지. 빨리 오르려다 보지 못했던 경치들을 만날 수 있을 테니까. 박의상(朴義祥) 선배의 시를 외우면서 지금부터 천천히, 재미있게 내려가도록 하자.

> 스무 살 때는 어렵게 살 것
> 높은 목표에 최선의 단련을 바칠 것
> 오십이 넘으면… 쉽게 살 것
> 단순하고 명쾌하게, 그리고, 언제
> 죽어도 어쩔 수 없다!

하산을 위하여 계획을 세워야한다. 지금까지와는 정반대의 생활을 시작하자. 자주 여행을 훌훌 떠나는 것도 그중 하나가 되겠군.

일출을 못 본 새벽에 나는 불타는 노을, 아름다운 노을을 머릿속에 그리며 천천히 바닷가를 걸어 나오고 있다. '천진두의 과욕'이 내게 메시지를 던진다. '너는 지는 해가 아닌가. 네가 오늘 일출을 못 보는 것을 다행으로 알고 지금부터 네 인생을 자연에 순응하여 생

각하는 거야!'

새벽의 첫 아침을 원단(元旦)이라고 한다. 으뜸 중의 으뜸을 뜻하는 '元'이 새해 첫날이고, 해가 솟는 모습을 나타내는 '旦'이 아침이어서 원단이 새해의 첫 아침인데 새해도 벌써 2월에 접어들었다. 원단의 해돋이 여행에서 받은 예감과도 같은 것들은 하나 둘 현실이 되어 나타나고 있다.

하산이 끝나 마을에 도착하는 날이 천명(天命)을 다 하는 날이라는 생각이 든다. 마을이 얼마나 남았을까. 하고 싶은 일을 하며, 유유히 하산하지 않으면 후회할 것이다. 속절없는 황혼을 맞이하기 전에 멋진 노을을 그려내고 싶다.

아름다운 노을! 노을은 구름의 색깔과 형태에 따라 작품을 만든다. 구름 없이 맑아서 곱기만 한 노을은 왠지 슬프다. 언제든가, 멀리 수평선에 해가 걸쳐 있었다. 수평선 바로 위에는 구름기 없는 하늘이, 그 위로 검은 구름 띠가, 또 그 위로는 크고 흰 뭉게구름이 피어 있었지.

바다로 떨어지는 붉은 해는 구름 없는 하늘을 곱게 물들였으며, 검은 구름 띠에는 아무런 변화를 주지 않았으나 흰 뭉게구름에는 주홍빛 찬란한 아름다움을 주면서 떠났다.

나는 이제부터 구름을 준비할 생각이다. 검은 구름은 안 된다. 흰 뭉게구름을 멋있게 만드는 것이다. 그리하여 아름다운 노을을 그려내고 싶다.

(2012년 7월)

안부전화

아침에 신문 보고 있는데 이충우 선배님이 전화해왔다.

"형님! 왜 하셨어요?" 하니 " '부재중 수신번호'에 자네 이름이 찍혀 있기에 했네." 하신다. "예?" 하며 옆을 보니 외손녀가 방실방실 웃고 있다. "HP을 장난감처럼 눌러대니… 죄송해요!" 했다.

"그 정도 나이(생후 18개월)에 한창 HP 좋아하지. 껄껄껄" 하신다.

"결혼식에 갔었지. 장모 이마에 뽀뽀 하던 사위 직업이 뭐더라?"

"변호사입니다. 수녀 되는 게 좋겠다던 제 아이 꼬셔서(ㅋㅋㅋ) 하게 되었으니, 아양 좀 떨어야지요." 했다.

처서 지나 입 비뚤어진 모기 찾아내어 알려주고, 모기약 뿌려 쓰러진 놈 손가락으로 집어 "에이 징그러워!" 하며 애교 부린다. 아빠 닮아 볼우물이 있어 웃을 땐 더 예쁘다.

안부 여쭈어볼까 하다가 미국과 달리 우리는 '발신자'만 요금 물리니 E-mail로 횡설수설하자며 끊었다.

편지 보관상자 열어서 받은 '경축전보' 찾아 읽는다.

'신인상 수상을 진심으로 축하드리며, 계속 좋은 글 부탁드립니다.' 15년 전에 받은 거다. '6인 수필집'은 보내드렸지만 '책도 공해'라는 아집 있어 '단행본'은 발간을 보류하고 있다. '꽤 괜찮은 글'이 60여 편 있지만 아들 장가보낼 때 혼례식장에 찾아오는 하객에게 주는 작은 선물로 발간할 예정이다.

요즘 그 60편을 읽어보면 '내가 과연 이 글을 썼냐!' 싶다. 지금은 그런 글 써지지 않는다. 허긴 이 나이면 절필할 때도 되었지. 후후후….

편지함에는 '어떤 가보'의 '川流不息(思)'를 휘호해주신 외숙의 편지, 琴兒 피천득 선생의 성탄절 카드, 수녀님이 손수 만들어 보내온 '부활절 카드' 등이 있다.

요즘은 생활 속에서 참고가 될 만한 게 살다보면 생길 때, 써서 E-mail로 보낸다. 마지막 문단은 꼭 '하하 호호' 나 '미소를 짓게 하는 결구'로 마무리한다.

'신앙고백' 필요하면 보내겠음다. 10주 교육받고, 학점 A^+받은 '명작'이지요. 그것 읽고 교리반에 나가게 되고 세례 받을 때, 내게 "세례미사에 참례해서 축하해 주시게." 하면 가서 만찬, 술, 꽃다발까지 받고 옵니다. 저는 금아 선생의 '장미'를 필사해서 편지글과 함께 빨간 장미 7송이를 사가지고 가지요.

가는 길 오는 길 1만 보 넘지 않으면 걸어 다니는데 '건강하게 사는 비결'입다다.

오늘은 경맥 가을 축제에 가서 술에, 밥에, 가무 즐기고 양말 3켤레 받아 왔는데, 형님은 바쁘셨는지? '모르는 일'이셨는지?

외숙의 편지는 '오늘이 설이건만 누님이 아니 계시니 허전한 마음

가눌 길 없구나. 너희들이야 오죽하랴만 인명은 재천이니… 너희 남매들 효성이 극진했고, 모두가 인생을 성실하게 살고 있으니 고인께서도 안면하시겠지.

어머님 아니 계시더라도 형제 남매간 우애가 변함없이 돈독(敦篤)하길 바란다.'가 요지다.

중형과는 야산 함께 걷고 나서 막걸리 마시며 형의 '지음'과 셋이 고스톱 치다가 웃고, '레지오 마리애' 주회에 같이 참석하느라 주 이틀 만나며, 미국 사는 큰형께 안부 전화도 가끔 올리며 산다.

김대중 대통령 선종 때는 전화로 "국장에 참례했나?" 하셔서 안 했다 하니 "너는 교수라더니 그렇게 바쁘냐?"며 질책하시더란다.

"가난한 이웃을 돕는 건 성경에서도 나오는 '의무'지만, 도와주고서 국내외的으로 결과가 나쁘게 나타났으니(북핵)…" 했다가 "시끄럽다!"는 대갈일성에 쑥 들어갔단다.. ㅋㅋㅋ.

동생이 태어난 지 2주…, 엄마가 동생 보살피고 있는 제 집에 우리 내외가 아기 보러 갔다.

먹을 걸 줘야 좋아하는지라 냉장고에서 토마토 주스 통을 따서 주니 꿀컥 꿀꺽 세 번을 마시더니 "하삐" 하며 내게 준다. "고맙다." 하며 한 모금 마시는데 돌려달란다. 주고 나서 "할머니 줘라." 하니 맛을 음미하면서 다 마신다. 반 모금쯤 남은 걸 "엄마!" 하며 준다.

돌아오는 차 안에서 할머니는 "기가 차네. 뭐 고런 게 다 있어! 내일 골프 안 맞겠다! 제기랄!" 한다.

"늙으면 애 된다는 말 맞네! ㅎㅎㅎ" 하며 놀렸다.

집 빌라에 도착, 경비 할아버지에게 하소연하니 "우리 손자도 내게는 입에 쑤셔 박으며 먹으라면서 키워주는 할머니에게는 안 준답니다. 후후후" 한다.

고스톱 치다가 "10분간 휴식합시다." 하고나서 집사람에게 문자 메시지 보냈다.

'아기는 어른 따라 하느니라! 토마토 주스 먹이다가 "할머니도 목마르니 한 잔 다오." 하며 가르쳐야 하네.'

"노인들이 의자에 앉아 '팔운동' 할 때는 '1시간 치고 10분간 휴식'을 철칙으로 삼으시오!" 정형외과 의사의 가르침 때문에 쉬었다.

녀석 이름이 '曙(새벽 서) 聿(붓 율)'인데 '새벽에 일어나서 붓으로 공부해라'- 이름 덕인지 어휘력이 뛰어나서 자주 놀랜다!

(2009년 10월)

변(便)

똥오줌은 인체와 관련하여 중요한 요소다. 그래서 그것들에 대하여 이것저것 써 보고자 한다.

똥오줌 색깔에 숨어 있는 비밀

적혈구는 우리 몸속에 120일간 산소와 이산화탄소를 운반하고 나면(그동안 총 144km를 돎) 죽어서 간과 지라(비장)에서 파괴된다. 물론 죽은 수만큼 제때 생성되니, 1초에 무려 240여만 개가 죽고 그만큼 새로 난다.

뭐? 240여만 개라고? 아연실색이란 말은 이럴 때 쓰는 것이리라. 하기야 몇 시간밖에 살지 못하는 세포 속의 미토콘드리아, 3~4일 사는 소장의 융모세포, 10여일을 살고 죽는 대장상피, 일주일 뒤에 죽어버리는 백혈구에 비하면 꽤나 오래 사는 편이다. 이렇게 모든 세포는 끊임없이 생멸을 반복한다. 하루에 1%씩 세포갈이를 한다고 하니 결코 어제의 나와 오늘의 나는 같은 내가 아님이 확실하다.

피 한 방울에 적혈구가 물경 3억 개가 들어 있다면 누가 믿겠는가? 백혈구나 혈소판은 산소가 없으면 곧바로 생명을 잃지만 적혈구는 산소 없이도 35일까지 살 수 있다. 헌혈 받은 피를 오래 보관할 수 있는 이유다. 그리고 피가 붉은 것은 적혈구, 적혈구에 들어있는 헤모글로빈, 헤모글로빈을 구성하는 철, 그 철이 산화된 산화철이 붉은 탓이다. 한마디로 쇠가 녹슬어 붉어지는 원리와 같다. 한 사람 몸에 들어있는 철은 약 4g정도인데 그것의 60%는 적혈구를 구성하는 헤모글로빈에 있다. 따라서 철분이 부족하면 산소 공급이 원활하지 못하여 빈혈이 된다.

늙어빠진 적혈구는 간과 지라에서 파괴된다고 했다. 적혈구 속의 헤모글로빈이 파괴되면서 빌리루빈(bilirubin)이란 누르스름한 색소 물질이 생겨난다. 이것은 쓸개에 모였다가 십이지장으로 빠져나가 대변에 묻어 배설되기도 하고, 또 콩팥에서 걸러져서 방광에 모였다가 소변에 녹아나간다. 똥오줌이 '똥색'인 것은 바로 '적혈구의 시체' 탓이다!

어쨌거나 우리 몸 구석구석에 애써 생명의 산소와 죽음의 이산화탄소를 날랐던 적혈구는 석 달을 살고, 죽어서 대소변을 누렇게 물들인다. 빌리루빈이 술술 빠져나가지 못하면 얼굴, 눈동자, 피부가 샛노래지는 황달에 걸린다.

벌레의 이름(개똥벌레)

중국의 채근담에 따르면 '썩은 풀은 빛이 없지만 변하면 반딧불이가 되어 여름에 빛을 낸다.'는 구절이 있다. 그러나 우리 선조들은 반딧불이가 개똥이나 소똥에서 생겼다고 생각해 개똥벌레라고 불렀다. 흔히 보이는 곤충이라 개똥참외, 개똥밭과 같이 보잘것없다는 의미로 '개똥'이라는 말을 붙였다는 설도 있다.

애기똥풀

문우(文友) 서명언 님은 「애기똥풀」이라는 제목의 글에서 이렇게 썼다.

'구강과 항문은 조화롭게 소통돼야 한다. 쥐를 잡아 항문을 꿰매 놓으면 오랜 시간 배설 못한 쥐는 발광 직전에 이르러 종족도 잡아먹는다고 한다. 생리적인 순환이 막히자 식욕이 배설인 양 역상을 하는 행동이 보인다는 것이다. 과연 쥐만이 그럴까. 구차하게 변기에 매달려 배를 잡고 넋 타령을 해대는 일은 없어야 한다. 부족한 듯 먹고 잘 삶은 고구마 한 덩이 쑥 내어 놓으면 얼마나 상쾌한가. 사실 웰빙의 개념은 웰변(well便)이다.'

대변검사

드라마 '허준'에 보면 임금의 대변을 어의가 검사한다. 빛깔을 보고 냄새를 맡아보고 이상이 있으면 진맥하며 몸 상태를 관찰한다. 변이 건강의 기준이라는 것이리라.

대변을 쉽게 빨리 보려면

엄지와 검지 사이의 오목한 곳을 누르면 좋다. 한의학에서 말하는 경혈이 지나가는 자리로서 대장 운동을 활발하게 하기 때문이다.

드라마 '허준'에 보면 스승 유의태는 닭의 항문에서부터 긴 대침을 끝까지 장 속으로 밀어 넣어 어의 양인수 대감을 이긴다. 대감은 벌(罰)로 "조선 제일의 명의는 유의태다!"를 세 번 반복한다. 체내의 경혈 연구는 한의학의 진수이다.

소피의 효능

인기 드라마 『주몽』에 보면 소피를 약초와 뭉쳐서 '요탄(尿彈)'을 만든다. 한나라 군사와 싸운 해모수 장군의 '다물군'이 사용한 그것은 살상(殺傷)효과는 없지만, 불과 합할 때 파열하는 특성이 있다. 야간 전투에 연에 실어 적진에 날려 보낸 다음 파열하게 하여 적들을 혼비백산하게 만들고 싸움을 대승으로 이끈다.

라일락의 천적 오줌

형님 집에 라일락 고목이 있었다. 맥주를 즐기신 형님은 거름이 되라고 1년 넘게 그 밑에서 소피를 보셨다. 잘 생긴 고목이 시들시들해져서 정원사에게 보였지만 이미 독이 전신에 퍼진 그 '명품'은 끝내 살려낼 수 없었단다.

거름으로 쓰려면 다른 곳에서 썩혔다가 줘야지, 바로 주면 독에게 나무가 진다고 한다.

소피보는 자세

내가 나이지리아에서 일할 때 처녀들이 둑에 서서 오줌 누는 장면을 자주 보았다. 그 이유를 알아보니 맹수들의 습격을 겁내어, 서서 볼일 보는 게 몸을 피하기에 좋기 때문이란다.

유의사항

세계문화유산으로 지정되어 있는 종묘에 가니 노인들이 삼삼오오 시간을 보내고 있다. 한 분이 말한다. 아줌마가 따라오며 "오줌 잘 나오는 약인데 20만원이요." 하더란다. 돈이 없다니까 10만원, 5만원, 결국 만원에 사라더란다. 늙으면 오줌 누기도 힘든가 보다. 전립선 검사도 매년 해야 된단다. 미당(서정주)은 공기 좋은 곳 '카자흐스탄'에서 살다가 치료시기를 놓쳐 갔단다. 전립선암으로.

화장실에서 너무 힘주면 큰일 난다. '에라 모르겠다. 끝까지 해보자. 배 째라!'며 대변보면 안 된다. 혈압이 높은 사람 큰일 난다.

똥오줌과 관련된 말들

1) "그 녀석 닥치는 대로 먹어 치우고, 물욕도 많네. 똥 빼고 다 먹는 놈이네."

2) 교우들과 고스톱 치던 신부님께 "똥(오동) 잡수세요." 하니 성직자 신분으로 '똥 먹는다.'는 게 이상해서 사꾸라(벚) 먹었다가 돈 잃었단다. 똥 빼고 다 먹는 놈이나, 똥 안 먹은 성직자나 똥이 문제다.

3) 똥이 무서워서 피하나, 더러워서 피하지.

4) 똥기다. 똥겨주다 : 귀띔해주다 . 깨달아 알아듣도록 꼬투리나 암시를 주다.

5) 똥줄 : 급히 내갈기는 똥의 줄기~이 타다 : 몹시 힘들다.

6) 똥집 : 대장을 속되게 이르는 말.

닭똥집 무지 맛있다: 육식을 싫어하는 사람도~ 구운 건 좋아한다.

똥집이 풀리다 : 화가 나 있다가 기분이 풀리다.

7) 똥창이 맞다 : '배짱이 맞다'를 속되게 이르는 말. ~이 맞아서 어울려 다니다.

8) 똥파리 : '아무 일에나 간섭하거나 잇속을 찾아 덤비는 사람'을 얕잡아 이르는 말.

9) 오줌에도 데겠다. : '몸이 너무 허약함'을 빗대어 이르는 말 .

10) 오줌 누는 새에 십리 간다: 잠시 동안이나마 쉬는 것과 쉬지 않고 계속하는 것은 상당한 차이가 있다는 말

11) 개 눈에는 똥만 보인다. 평소에 가까이 하고 좋아하던 것이 먼저 눈에 띄는 것을 이르는 말

12) 된장녀: 응가여자. 머릿속에 똥이 가득 차서 똥이라는 표현을 쓰면 삐지니까 된장으로 빗댄 것임.

13) 똥 매너: 속물(Snob)들이 하는 행동을 빗대어 하는 말

14) 똥구멍을 간지럽게 하다. : 화난 기분을 풀어주다.

성경에 이런 구절이 있다. '몸으로 집어넣는 것은 다 좋은 거다. 몸에서 나오는 것이 더럽다. 똥은 더러워서 피해야 하고 똥 같은 사람 안 되도록 노력하며 살아라.'

변비 끝에 싸고 나면 "똥 같은 언행 일삼는 정치꾼 같은 놈들 다 내버렸다. 에이 속 시원하다."한다.

'변'의 다른 뜻은: 사건, 사고다. 變이다. (2006년 12월)

인명재천(人命在天)

강아지가 안 보인다. 복수가 차서 누워 있는 걸 봤는데 어떻게 되었느냐고 경비아저씨에게 물으니 안락사 시켰단다. 20만원이 들었는데 주사 값 5만원에 화장비용이 15만원이란다. 주유소에서 기름 넣고 나면 주는 건빵을 던져 줄 때마다 꼬리를 치며 먹던 놈이었다.

20여 년 전 젖먹이를 사서 키우다가 죽인 기억이 난다. 냉장고에서 찬 우유를 꺼내 먹였더니 설사를 하다가 가버렸다. 뒷산에 묻어 주었는데 지금은 돈 들여 안락사 시키고 화장을 했다니 세월이 많이 변했구나 싶다.

불치의 병(루게릭)으로 6년 동안 고생하는 교우가 있다. 그가 안락사를 시켜달라고 하여 가족들이 신앙을 헛가졌다고 달랬다 한다.

세계적인 이론물리학자 스티븐 호킹 박사는 22세 때 발병하여 휠체어에 의지해 생활하고 있으며, 자녀를 3명 두었고, 컴퓨터와 음성합성장치로 강연과 대화를 하고 있다.

생명공학의 두 거두 황우석 교수와 영국 윌머트 박사가 루게릭

치료술을 함께 개발하자고 기자회견한 기사를 보여주며 희망을 가지라 했는데 더 참을 수 없다며, 산소호흡기를 떼어버리라고 졸랐다 한다. 하기야 치료기술은 개발이 되어도 상용화 하는 데는 많은 시간이 걸릴 것이니 치유혜택을 기대하기는 무리다.

너무 고통스러우니 이제는 영원한 안식을 주시라고 기도하고 싶다. 나도 가족도 그를 안락사 시킬 수는 없다. 다만 기도할 뿐이다.

오늘 방문하니 불치병으로 죽기가 서러운지 자꾸 운다. 죽음은 끝이 아니라 새로운 시작이며, 영혼이 육신을 떠나는 것이 죽음이고, 육신을 떠난 영혼은 새로운 삶을 산다(세상 마지막 날에는 육신이 부활하여 다시 영혼과 함께 또 다른 새로운 삶을 산다)고 위로한다.

온몸 근육이 마비되어 이제는 심장을 뛰게 하는 심근마저 문제가 있다고 의사가 진단했다니 6년 고생도 끝이 나나보다.

인명재천(人命在天)은 영원불멸할 수 없는 피조물의 숙명이다. 창조주인 하느님은 인성(人性)을 취하셨기에 33살에 인명(人命)을 다하셨다.

8순노인 할머니에게 큰아들이 죽었다 했더니 남자가 6순 지났으면 갈 때도 되었다 했단다. 6순도 되지 않은 둘째가 죽었다 했더니 인명은 재천이라고 했다 한다.

어머님 돌아가시자 외숙께서 이렇게 우리를 위로하셨다. "오늘이 설이건만 누님께서 아니 계시니 허전한 마음 가눌 길 없구나. 너희들이야 오죽하랴만 인명은 재천이고, 세월은 모든 것을 망각케 하는 것이 아닌가. 너희 남매들 효성이 극진했고 모두가 인생을 성실히 살고 있으니 고인께서도 안면하시겠지."

내가 잘 아는 후배는 하나뿐인 아들이 20세도 안되었는데 백혈병으로 갔다. 자식 잃은 엄마는 정신적인 충격 때문에 우울증으로 고생하고 있다.

그런가하면, 죽고 싶다고 함부로 죽을 수 없는 게 우리 인생이다. 오늘 신문에 난 기사를 옮긴다. 「법도 울었다」라는 제목이다. '하반신이 마비된 남편의 자살을 도와 숨지게 한 혐의(촉탁 살인)로 기소된 김모(58여) 씨가 울먹이며 피고인석에 섰다. 김씨의 남편 박모씨는 30여 년 전 척수염에 걸리는 바람에 하반신이 마비돼 휠체어에 의존해 살아 왔다. 이 때문에 김씨는 남편을 대신해 포장마차도 하고, 건물 청소도 하는 등 닥치는 대로 일을 하면서 홀로 생계를 꾸려야 했다. 어려운 생활 속에서도 김씨는 세 자녀 모두 대학 공부까지 시켰다. 환자는 10년 전 괴로움을 견디다 못해 농약을 먹고 자살을 시도했다. 더는 가족들을 고생시키지 않겠다는 생각에서였다. 그러나 자살이 미수에 그치면서 박씨는 그 후유증까지 겹쳤다. 가족에 대한 미안함 때문에 괴로워하던 박씨는 자신의 집에서 양잿물을 마셨다. 그리고 때마침 귀가한 아내에게 "약을 먹었는데도 죽지 않는다."며 "나 좀 죽게 도와 달라"고 했다. 김씨는 남편의 목에 감겨있던 붕대를 졸라 숨지게 했다. 김씨는 남편의 사망 직후 인근에 사는 시누이에게 전화해 "산책을 다녀와 보니 남편이 죽어 있었다."며 자살로 위장했다. 그러나 병원 영안실 직원이 염을 하던 중 박씨 목 주위에 난 상처를 의심해 경찰에 신고하면서 범행이 들통났다. 김씨는 경찰 조사에서 "청소 일을 마치고 돌아와 보니 남편이 또 다시 독극물을 마시고 "죽여 달라"고 애원해 순간적으로 일을 저질렀다."고 털어 놨다. 김씨 가족과 친척들은 "김씨가 30여 년간 남편의 대소변을 다 받아내고 저녁이면 남편을 휠체어에 태우고 동네 주변을 산책하는 등 극진히 병 수발을 했다."며 재판부에 선처를 호소했다. 재판부는 징역 3년에 집행유예 5년을 선고해 선처했다.

판결 직후 재판을 지켜보던 김씨의 자녀들은 김씨를 끌어안고 "엄마, 이제 괜찮아요. 울지 마세요."라며 흐느꼈다.

명 판결이다. 몸뿐 아니라 마음도 아파 세상을 하직하고픈 인생에게 소원을 들어주는 것이 '인명재천(人命在天)'이라는 하늘의 뜻을 차라리 따르는 것이 아닐까 생각해 본다. (2005년 여름)

*뇌졸증으로 고생하던 친구(金大漢군)이 갔다. 중, 고, 대 10년 지기(知己)이고 이사 가는 곳마다 문병 갔는데…. 몇 달 전 『신약성경』 읽어보라고 가지고 갔더니 부인이 "10여 년 전에 갖다 주신 것도 있는데, 몇 쪽 읽지 않아 아직 새것입니다." 했다.

13년째 병 수발 한다며 혈압 약에 대해 말했다. "약 2알씩 복용하다가 주치의에게 가니 혈압이 거의 정상 수준이 되었다며 약 1알로 줄여서 처방하겠다고 하더군요. 1알씩 복용한 지 1주일 만에 쓰러졌는데 그게 3번째라서 방법이 없다고…. 혈압은 조금 낮더라도 위험하지 않으니 이 점 참고 하시는 게…."

옛날에는 한의원에 가서 침 맞았지만, 지금은 무조건 병원 응급실로 직행해야 한단다. '3시간 안 병원 도착'이 치료 제1의 원칙이다. (2008년 봄)

정답이 없다

집 앞 공원 청소에 나선다. 경비원에게 빗자루와 쓰레받기를 달라고 하니 만류한다. 구청에서 가끔 할머니들에게 일당을 주면서 시키므로 할 필요가 없다며. 회원으로 있는 단체의 봉사활동 숙제라고 하고 청소용구를 받아드는데 여행지에서의 기억 하나가 머리를 스친다. 공항을 빠져나와 열 시간이 넘도록 참았던 담배를 피워 물고 스탠드 재떨이를 찾고 있을 때 가이드가 말했었다. "아무데나 버리세요. 그래야 청소부들도 일거리가 있습니다."

길부터 쓸기 시작한다. 이런 일을 해보는 게 도대체 얼마만인가. 새마을운동 교육에 다녀와서 한동안 골목 쓸기를 했었다. 그게 1975년이니 30년이 다 되었다.

공원에 들어선다. 한쪽에 어린이 놀이기구가 있지만 이곳은 길 건너 빌딩 사무실의 젊은이들이 많이 찾는 소공원이다. 농구 골대 두 개는 일요일인 오늘도 그들 차지다. 3층 빌라의 지붕과 키 재기를 하려는 은행나무들과, 두터운 그늘을 크게 드리운 느티나무들, 그 사이사이에 벤치가 놓여 있다.

쓰레기는 담배꽁초가 대부분이다. 어쩌다 흙에 반쯤 묻힌 비닐봉지라도 캐내면 '왕건이'를 건진 기분이다. 놀이터 모래밭에서 천 원짜리 한 장을 발견한다. 아이 셋이 놀고 있어 물어본다.

"얘들아 아저씨 돈 주웠다. 잃어버린 사람?" 남자아이 둘이 서로 얼굴을 쳐다보더니 그런 일 없단다. "얼마짜리인지 맞추면 그냥 줄게." 혼자 놀러 나온 듯한 여자아이, 고개를 세차게 흔든다. 난처하다. 문득 쓸 데가 생각난다. 꼬깃꼬깃 접힌 돈을 주머니에 넣었다.

얼핏 깨끗해 보였지만 쓰레기는 찾으려 드니 없는 것도 아니다. 어느새 모자 속에 땀이 찬다. 공원가로등 옆 벤치에 앉는다. 지난겨울 은행나무, 나 셋이서 대화했던 바로 그 벤치다.

말을 먼저 건넨 건 벤치였다. "나무야, 너도 여기 앉으렴. 다리 아프겠다."

나무가 대답했다. "괜찮아, 난 서 있는 게 앉은 거야."

내가 벤치에게 말했다. "너도 겨울에는 사람들이 앉아주지 않아서 외롭겠다."

나는 그때 3층 베란다에 앉아 그들 곁에 있는 착각을 했었다. 주황색 가로등 불빛이 분위기를 잡았고….

후문 쪽, 느티나무 그늘에서 신문지를 줍다가 '다짜고짜'를 묻은 자리를 살핀다. 그날 딸 재희가 나뭇가지를 꽂아주었는데 비에 씻겨 보이지 않는다. 다짜고짜는 5년 전에 재희가 야자(야간자율학습) 끝나고 귀가하던 길에 주워온 새끼거북이 이름이다. 늦가을 기온이 뚝 떨어진 밤, 슈퍼마켓 입구에 웅크리고 있던 녀석이 재희에게 발견되었다. 몸길이가 내 새끼손가락 두 마디쯤 되는 놈이다. 수족관에서

갓 팔려나온 후 잘못된 듯했다. 샤워로 마사지를 시키고 따뜻한 물에 담가두었더니 녀석은 고맙다는 듯 목을 길게 빼어 머리를 꾸벅꾸벅 했었다. 그 해 겨울, 두 번씩이나 없어져서 식구들이 온 집안을 뒤진 후에 재희가 붙인 이름이 '다짜고짜'다.

아파트에서 동면 없이 잘 먹고 자라다가 작년 늦가을 이곳 빌라에 이사 와서 녀석은 환경의 변화를 이기지 못했다. 봄이 오고 5월이 되어도 먹는 것 자체를 잊어버리기나 한 듯 내 속을 태우더니 며칠 전 목을 빼어 하직인사를 했다. 녀석의 목이 그렇게 긴 것은 그날 처음 보았다.

쪼그리고 앉아 꼬챙이 한 개를 다시 꽂는다. 녀석은 늘 겁이 많았다. 허겁지겁 먹다가도 들여다보면 물속으로 얼른 숨었다. 우리는 그때마다 시선을 피해주었고, 더 이상 먹지 않으면 물이 더러워지지 않도록 남은 먹이를 건져내주는 정성을 들였었다. 외로울 것 같아 친구들을 사 넣어 주었지만 다 오래가지 못했다. 그놈들 때문에 아내는 다짜고짜에게서도 정을 떼었고, 재희는 대학생이 되어 바빠졌다. 나는 녀석을 손바닥만 하게 키우고 싶었는데….

녀석의 장례식을 치렀다. 몸을 씻기고 티슈로 싼 다음 은색 비닐봉지에 담아 삽을 들고 공원에 갔다. 비닐봉지는 관이었다. '아메리카 인디언의 가르침'에 나오는 구절을 인용하면서 왜 느티나무 밑에 묻는지를 재희에게 설명했다.

> 할아버지는 늠름한 전나무 한 그루를 가리키셨다. "내가 가거들랑 내 몸을 저 나무 곁에다 묻어주게. 저 나무는 무수히 새끼를 쳐서

그 숲으로 나를 따뜻하게 해주고 보호해줬으니까…. 내 한 몸이면 저 나무의 2년 치 양식은 될 걸세.

재희가 말없이 고개를 끄덕였다. 우리 둘은 녀석의 머리와 등을 한 번씩 쓰다듬었고 관에서 꺼낸 채로 묻었다.

"꼭꼭 밟아주자. 더 꼭꼭."

후문을 나서서 공원 옆길을 쓸고 청소를 끝낸다. 경비원에게 청소용구를 돌려준다. 주운 돈을 꺼낸다. "손주 갖다 주세요." 하면서.

점심을 먹다가 주운 돈 얘기를 했다. 그 자리에 그냥 두고 왔어야 하는지 마음 한 켠이 찜찜했기 때문이다. 재희가 말했다.

"이제 가면 언제 오나 하는 거 있잖아요. 막대기 새끼줄에 돈 꽂는 거…."

"노잣돈 말이냐?"

"네."

재희는 녀석을 생각하고 있었다. 다짜고짜의 노잣돈이라…. 그래, 녀석에게 노잣돈이 필요할 리 없겠지만 그 방법이 한결 나을 뻔했다. 그것은 머리로 생각하는 것과는 다른, 감성에 의한 판단이 아닌가. 어쩌면 꼬챙이에 꽂힌 걸 보고 누군가가 기분 좋게 가져가는 것이 그 돈의 바람이었을지도 모를 일이다.

인간 삶의 에너지이기도 한 감성은 그 자리에 그냥 두라는 도덕성이나 경비원 손주에게 주라는 배려심 만큼이나 우리 행위의 모티브가 될 수 있다. 하지만 이들 세 가지 형태로 나타나는 행위의 그 어느 것도 정답은 아닌 듯하다.

공원 청소는 또 어떤가. 내가 할머니들의 일자리를 빼앗았다면 이것도 생각해볼 일이다. 봉사활동의 사회정화기능은 일반론이지만, 일자리는 생계이며 생계는 절실한 문제가 아닌가. 더구나 소수의 의견이 옳을 수도 있으니 어느 것이 정답인지 나로서는 자신이 없다.

안 하던 청소를 한 탓일까. 오늘은 이래저래 정답이 없다. 정답이 없다함은 다 정답이라는 의미도 되는 것이다. 정답이 아닌 것들이 정답이라면 이것 또한 그 스스로 정답이 아니기는 마찬가지다.

세상만사에 정답이 없다. 그런 세상을 우리는 열심히 살아가고 있다.

(2000년 봄)

고함

빈 소주잔에 물 반…
장미 두 송이가 꽂혀있네
서너 송이보다 정답군.
옆에는 장미나무가 서 있다
꽃 한 송이, 좀 덜 핀 외로운 한 송이가
안쓰럽게 붙어 있다
장미나무는 꽃 보듬으며 키우다가
두 송이를 빈 소주잔에 보시해 줬나봐
('이제 가야지,) 가시게!' 하면서

琴兒(피천득) 선생의 '장미'가 떠오른다.

> 잠이 깨면 바라다보려고 장미 일곱 송이를 샀다.
> … 중략 …
> 집에 와서 꽃병을 보니 미안하다. 그 꽃 일곱 송이는 다 내가 주

고 싶어서 주었지만,
장미 한 송이라도 가져서는 안 되는 것 같아서 서운하다.

서정과 해학을 담아 일생을 사신 선생님,
“나처럼 살다 오시게!”
말씀이 뇌에 꽂힌다.
98세에 선종하신 선생의 고함소리가.

실패를 성공의 디딤돌로

중 1때 아버지가 돌아가셨다. 할아버지께서 마차에 식솔들을 태우고 낙동강변에 가서 유람을 즐기셨는데, 민물고기를 낚아 회로 드셨다. 삼촌 등 모두 '지명' 전후에 간디스토마로 '선종'하셨고.

돌아가시기 전에 '천주교 교리 문답집' '사람은 무엇을 위하여 세상에 났느뇨?' '천주를 알아 공경하고, 자기 영혼을 구하기 위해 났느니라.'를 암송하시는 것 보고 나도 중 2때 세례를 받았다.

어릴 때 어머님이 호롱불 밑에서 바느질 하실 때마다 동화책을 보느라 시력이 나빠져서 초등학교 때부터 안경을 썼다.

대학 입학원서를 법대 지망으로 쓰려니 담임선생님 "아버지 직업이 뭐냐?"

"돌아가셨습니다." "어머님이 고생 많으시겠구나. 상대로 가라. 법대 가서 고시 2수, 3수 하게 되면 골치 아프니." "예" 하며 상대에 입학, 강의시간 중에도 잔디밭에 누워 애밀 브론테의 『폭풍의 언덕(Wuthering Height)』 읽으며 학점 따고 졸업.

입사시험에서 은행과 회사 등 합격했는데, 은행 신체검사에서 폐결핵 초기진단, 불합격 받게 됨.

은행장 등 역임하시고 (주)한국비료 사장으로 재직하시던 당숙 어른께 말씀드리니 "한비로 와라. 초기이니 약 복용하면서 근무하면 되겠지."

5년 근무 후, 국영기업체 된 한비 떠나 (주)대우 등 근무, 나이지리아 라고스 지사장 시절 오바마 같은 흑인 남녀대학생 선발, '21세기는 Africa의 시대'라는 자부심 많은 사원들, 지사장 비서는 영국대학에서 공부한 재원, 회장으로 모신 현지인은 영국에서 정치학박사 학위 받은 알라지(이슬람교의 성지 아라비아에 다녀온 사람에게 주는 작위), 대통령 선거에 출마하고 부인은 3명, 미장원 등 운영하는 부인이 생계 꾸리는 지경.

2년 근무 후 181cm에 59.5kg(채소는 양배추만 많고, 양고기 먹는데 식성에 맞지 않았음) 회장께 '이실직고' 하니 서울 본사에 전화, 사장이 "인사발령 끝나 자리 없습니다." 하니 "자리 하나 만들어."

지사장들이 양주, 양담배를 '뇌물'로 주는 무역회계부장(해외지사 감사(監査) 등 업무로 5대주(남미만 제외) 출장 다니며 2년 일함.

이사 근무 중에 3년 연상(年上)의 지인이 월남하여 미국에서 사업하다가 한국에서 소기업 인수, 전무 자리 주며 회사를 키워 달라고… 중견 기업으로 키웠더니 "큰 성장 위해 Ceo를 더 젊은 사람으로 바꾸십시오." 하는 말 듣고 IMF 때 물러나게 되었음.

인생을 늘 긍정적으로 사고(思考)하고, 꼼꼼히 따지는 것 싫어하며 살아, 나에게 사기 치려고 하는 놈들 많음(나이지리아에 사기꾼 많아 비서에게 전화 받게 넘기고, 문서 검토 시켰음).

땅 산 것 외에는 아내에게 의논하며, 사기 당하지 않으려 노력하며 산다.

상대방이 말 걸어오면 일단 끝까지 듣는다. "그래요. 그렇군요." 하다가 결정적인 하자(瑕疵) 찾아내어 "그렇게 좋은 것이라면 귀하께서 하시지요!" 해버린다.

나이지리아 근무 시 쓴 「말」이 등단 전 제출한 첫 수필이고, 등단작 「검정우산」에 이어 어머님 호롱불 아래 책 읽던 이야기 「추억의 전승」이 『창작수필』에 실렸음. 중 2때 시인인 국어선생님이 써오라고 하신 작문 「눈」이 첫 글짓기(KBS대구방송국에 가서 읽으라 하셔서 읽었고, 그때부터 글짓기가 취미가 되었음)이다.

실수, 실패하면 그것을 천착하며 주의하고, 그 사례(事例)를 성공의 디딤돌이 되도록, '전화위복'이 되게 노력하면서 산다.

2013년 2월

저자 모연(慕緣) 서병태(徐丙泰)